精益生产实践

第 2 版

杨申仲　主编

机械工业出版社

本书是作者多年从事外资企业高层管理工作的经验总结，也是作者对"精益生产"这一管理概念的实践总结。

本书共十章。从我国制造业面临的挑战，精益生产的发展，精益企业生产与精益思想，精益生产运营，精益技术管理，精益品质管理，精益物料、采购及供应商管理，精益设备管理，精益安全管理到财务（总务）管理等内容，进行了全面具体的实操性介绍。

书中汇集了大量可借鉴的企业实际应用管理图表，针对性强，实用性强。

本书可供广大企事业单位各层管理工作者参考、借鉴，对于大中专院校管理专业的师生也有参考价值。

图书在版编目（CIP）数据

精益生产实践/杨申仲主编 . —2 版 . —北京：机械工业出版社，2021.12
ISBN 978-7-111-69371-0

Ⅰ. ①精⋯ Ⅱ. ①杨⋯ Ⅲ. ①精益生产 Ⅳ. ①F273.2

中国版本图书馆 CIP 数据核字（2021）第 206123 号

机械工业出版社（北京市百万庄大街 22 号　邮政编码 100037）
策划编辑：吕德齐　责任编辑：吕德齐　高依楠
责任校对：史静怡　封面设计：鞠　杨
责任印制：常天培
北京铭成印刷有限公司印刷
2022 年 1 月第 2 版第 1 次印刷
169mm×239mm・22 印张・450 千字
0 001—2 500 册
标准书号：ISBN 978-7-111-69371-0
定价：69.00 元

电话服务　　　　　　　　　　网络服务
客服电话：010 - 88361066　　机 工 官 网：www.cmpbook.com
　　　　　010 - 88379833　　机 工 官 博：weibo.com/cmp1952
　　　　　010 - 68326294　　金　书　网：www.golden - book.com
封底无防伪标均为盗版　　　　机工教育服务网：www.cmpedu.com

《精益生产实践》第 2 版编委会

主　编：杨申仲

参　编：杨申仲　张　锐　王立勇　谷玉海　杨　炜
　　　　张玺成　田　琰　闫根秀　崔　凡　赵　凯
　　　　王秋丽　刘宗宝　马会产　于　平　杨　红
　　　　李德水

前　言

当前，我国已进入深度工业化阶段，这个阶段有三个重要特征：其一，市场经济已从广度发展转变为深度发展，企业的生存机遇已明显下降；其二，企业已从单一制造转向产业链的高端延伸，或产品系列及批量加大迫使企业去寻找新的突破；其三，产品利润空间已经逐步萎缩，企业过去依靠低劳动力成本或提高工作负荷支撑企业运行力度明显下降。

同时，我国经济正面临着一场前所未有的挑战——产品更新明显加快；生产成本不断上涨；客户（市场）要求日益增高；企业（单位）的利润率一降再降，进入了"微利时代"。从经济发展来讲，这是一个不可避免的大趋势。为了抓住当前市场机遇，在行业中站稳脚跟，并实现企业成长所必需的积累，通过精益生产，逐步建立精益经营管理及思想，使产品生产周期再缩短5%～10%，产品库存再降低10%～15%，生产效率再提高5%～10%，不合格率再降低5%～10%等。精益生产与经营的本质就是追求效率和价值体现，即做同样的事情比对手做得更好，使企业不断提高满足市场要求的执行力！

企业领导和管理人员学习本书，可以全面理解企业管理的概念，从而带领企业消除浪费，实现价值管理过程，并降低或清除生产过程中的非增值活动，降低制造成本并支持拉动生产系统的实施。本书将通过大量生产实践案例和实际应用管理图表，结合当前经济发展特点，突出针对性强，实用性强，可采纳和参考性强的特点，使企业能更快了解和应用国际先进管理方法，来指导当前的工作。

编　者

目　　录

前言

第一章　我国制造业面临的挑战 … 1
第一节　制造业面临严峻形势 … 1
第二节　创新是制造强国的发展核心 … 2
第三节　制造业调整和振兴计划 … 3
第四节　企业生产成本控制 … 5
第五节　制造业可持续发展的措施 … 11
第六节　制造业产业结构调整方向 … 14

第二章　精益生产的发展 … 17
第一节　单件小批生产 … 17
第二节　批量生产 … 18
第三节　精益生产方式 … 20
第四节　精益生产原则 … 21
第五节　工业互联网与智能制造 … 26

第三章　精益企业生产与精益思想 … 29
第一节　建立精益生产管理模式 … 29
第二节　精益企业管理 … 30
第三节　培育精益企业 … 31
第四节　精益本质 … 34
第五节　营造精益思想 … 36

第四章　精益生产运营 … 38
第一节　丰田生产核心解析（TPS） … 38
第二节　生产运营管理 … 44
第三节　作业工艺表与工序检验标准 … 48
第四节　批次管理 … 62
第五节　初物管理 … 63
第六节　在制品管理 … 65

第七节	生产能力展现	68
第八节	生产计划及控制	71
第九节	现场运营的职业健康	78

第五章 精益技术管理 … 85
第一节	技术管理	85
第二节	产品工艺管理	89
第三节	新品开发	94
第四节	技术工作流程	98
第五节	技术档案管理	102

第六章 精益品质管理 … 106
第一节	品质管理的内容	106
第二节	建立品质评价体系	108
第三节	质量保证体系	124
第四节	工艺品质管理表	134
第五节	异常情况管理	141
第六节	抽样检验	154

第七章 精益物料、采购及供应商管理 … 155
第一节	物料管理	155
第二节	采购管理	161
第三节	供应商管理	166

第八章 精益设备管理 … 175
第一节	现代设备持续发展	175
第二节	实施设备工程技术路线图	179
第三节	强化现代设备管理	187
第四节	监测检验与故障诊断	199
第五节	设备润滑	204
第六节	设备维保、修理及更新改造	209
第七节	特种设备管理	220

第九章 精益安全管理 … 226
第一节	企业安全管理	226
第二节	危险等级划分	236
第三节	安全性评价	238

第四节　安全风险管控 ·· 280
　　第五节　精益安全管理方法 ·· 295
第十章　财务（总务）管理 ·· 309
　　第一节　财务（总务）管理制度 ·· 309
　　第二节　年度综合计划预算 ·· 316
　　第三节　财务工作流程及图表 ·· 325
　　第四节　财务支出款项规定 ·· 333
　　第五节　常见九种浪费 ·· 334
　　第六节　岗位职权职责 ·· 335
　　第七节　工作报告要求 ·· 339
参考文献 ·· 342

第一章 我国制造业面临的挑战

当前世界处于百年未有之大变局，我国经济发展在坚持稳中求进工作总基调下，准确把握新发展阶段中，全面贯彻新发展的理念，加快构建新发展格局，着力推动高质量发展，同时要精准实施宏观政策，保持宏观政策连续性、稳定性、可持续性，把握好时效度，使经济发展达到更高水平均衡。进一步引领产业优化升级，强化国家战略科技力量，积极发展工业互联网，加快产业数字化、网络化、智能化。

我国制造业在全球经济发展的新形势中，建设有中国特色和竞争力的创新体系，而我国的制造业企业需要在这个创新体系中，找到并确定自主发展的位置。

第一节 制造业面临严峻形势

装备制造业是为国民经济各行业提供技术装备的战略产业。产业关联度高，吸纳就业能力强、技术资金密集，是各行业产业升级、技术进步的重要保障，是国家综合国力的集中体现。

一、机械工业发展总体评估

机械工业是装备制造业的重要组成部分，其经济总量占国内整个装备制造业的2/3以上，对同期全国工业相关指标发展的贡献率均占全国工业各行业首位，是拉动工业和国内生产总值增长的重要行业之一。

1. 具体表现

1）固定资产投资和出口的快速增长是我国机械工业高速增长的两大动力。新中国成立70年来，中国机械工业平均年增长为17.3%，高于同期全国工业增长速度。

2）我国机械制造业就规模和总量而言，已居世界首位。

3）部分机械产品在全球市场上已有较强的竞争力。中国发电设备、输变电设备、大中型拖拉机、内燃机、铲土运输机械等已跃居世界第一位，2018年我国汽车产量为2780.9万辆，连续十年居世界第一，对世界汽车产量的贡献居各国之首。

4）我国机械工业的效率和效益亟待提高。

5）我国机械制造业发展正处在转型升级的关键时期。

多年来装备制造业发展支撑着国家GDP的持续增长。我国GDP已连续多年超过全球GDP增长率。

2. 近年来机械工业主要经济指标在原有基础上普遍回升

1）机械工业增加值增速高于全国工业平均水平。

2)主要业务收入增速提升。

3)利润总额继续增长等。

3. 近年来机械工业发展亮点

(1)自主研发持续推进　在《中国制造2025》强国战略等相关产业政策的引导下,机械工业转型升级、创新发展持续推进。

大型核电、水电、火电和风电设备、特高压交直流及柔性直流输变电设备、油气长输管线关键设备、大型煤化工关键设备、高档数控机床等高端设备自主研发取得突破。

(2)创新能力建设受到重视　"创新驱动、创新引领"已成为越来越多企业的自主选择,对创新能力建设的实际投入持续提升。大型压缩机试验台、水轮模型试验台、电站安全阀试验台等新产品研发的基础试验检测平台相继建成。

(3)积极探索转型发展新路径　机械企业积极探索发展的新路径、新业态、新模式不断涌现。为推动传统行业向制造服务业发展,国内鼓励企业积极探索发展新路径。目前机械工业服务型制造已全面延伸到所有大行业,实现从研发设计到产品回收处理和再制造等各个环节完备的服务链条。

二、装备制造业发展面临严峻形势

1)针对制约制造业发展的瓶颈和薄弱环节,必须立足当前,着眼长远,加快转型升级和提质增效,切实提高自造业的核心竞争力和可持续发展能力。准确把握新一轮科技革命和产业变革趋势,加强战略谋划和前瞻部署,扎扎实实打好基础,在未来竞争中占据制高点。当前我国装备制造业已步入发展的挑战期。

2)当前全球发展环境严峻,由于多种不确定因素,困难仍会增加。

第二节　创新是制造强国的发展核心

近年来,国家多次发布有关指引改革创新和产业升级的重要文件,这些文件的理念和思路是政府新思路、新观念在具体领域的体现。

一、新思路、新观念

突出三个特点:

(1)更加突出创新驱动　强调创新在提高社会生产力和综合国力方面的重要地位,把创新摆在制造业发展全局的核心位置。提出以融合促创新,最大程度汇聚各类市场要素的创新力量,推动融合性新兴产业成为经济发展新动力和新支柱。

(2)更加突出深化改革　近年来,国家提出了全面深化改革的重大战略部署。明确指出要使市场在资源配置中起决定性作用,更好地发挥政府作用,破除一切制约创新的思想障碍和制度藩篱。将深化体制机制改革作为支撑和保障,努力破除我国制造业发展的体制机制障碍,解决制约我国制造业转型升级的深层次矛盾,激发市场活力。充分发挥互联网对资源的逆向重组作用,倒逼相关产业领域加速变革。

(3) 更加突出人才为本　人才强国已经上升为国家战略。人才是提升国家核心竞争力和综合国力,为全面建成小康社会和实现中华民族的伟大复兴的重要保证。坚持人才为先的发展思路,要加快培育制造业发展急需的经营管理人才、专业技术人才、技能人才,建设一支素质优良、结构合理的制造业人才队伍。

二、破除一切制约创新的思想障碍

"破除一切制约创新的思想障碍",就是要把创新打造成为推进制造强国的发展核心力量。

1) 要完善国家制造业创新体系。围绕产业链部署创新链,围绕创新链配置资金链。强化以企业为主体、市场为导向、产学研用相结合的制造业创新体系。加强顶层设计,加快建立以创新中心为核心载体,以公共服务平台和工程数据中心为重要支撑的制造业创新网络。

2) 要加强关键核心技术研发,力争在集成电路、新一代移动通信、大数据、智能机器人、节能与新能源汽车等领域,突破一批关键核心和共性技术。更加注重"四基"发展,在关键基础材料、核心基础零部件(元器件)、先进基础工艺及产业技术基础方面不断提升发展水平。

3) 要强化企业技术创新主体地位。健全技术创新市场导向机制,充分发挥市场对技术研发方向、路线选择、要素价格、各类创新要素配置的导向机制,充分激发企业技术创新的活力。

第三节　制造业调整和振兴计划

一、汽车产业振兴计划的重点工作

1. 创新驱动,绿色发展
1) 加快老旧汽车报废更新。
2) 加快推行新能源汽车技术研发及产业化。
3) 促进和规范汽车消费信贷。
4) 积极培育具有国际竞争力的汽车零部件企业做大做强。
5) 加快城市道路交通体系建设。
6) 提高资源回收利用率,构建绿色制造体系。

2. 扩大出口,趋势好转

加快国家汽车及零部件出口基地建设。建设汽车出口信息、产品认证、共性技术研发、试验检测、培训等公共服务平台。支持汽车整车及零部件出口企业建设境外营销服务网络,在海外开展推广宣传活动。

3. 自主创新,初具规模

1) 以企业为主体,加强产品开发能力建设。建立整车设计开发流程,提高传统乘用车的节能、环保和安全技术水平,建立汽车产业战略联盟,以促进汽车产业

2) 重点支持新能源汽车动力模块产业化、内燃机技术升级、先进变速器产业化、关键零部件产业化,以及独立公共检测机构和"生产""教学""科研"相结合的汽车关键零部件技术中心建设。

3) 实施新能源汽车战略。推动电动汽车、充电式混合动力汽车发展,扩大在公共交通领域中的应用。

4) 实施自主品牌战略。在技术开发、政府采购、融资渠道等方面制定相应政策,引导汽车生产企业将发展自主品牌作为企业战略重点。

4. 结构调整,已经起步

1) 1.5L以下排量乘用车市场份额达到35%以上,其中1.0L以下小排量车市场份额达到15%以上。重型货车占载货车的比例达到28%以上,形成有中国特色的汽车产业。

2) 关键零部件技术实现自主化。进一步提高汽车节能、环保和安全技术水平。

3) 新能源乘用车产销形成规模。2020年所有汽车销量排行榜中,新能源乘用车同比增长9.8%,全年累计销量达到110.9万辆,有力促进了我国低碳经济的发展。

5. 增值服务,不断创新

加快发展汽车研发、生产性物流、汽车零售和售后服务、汽车租赁、二手车交易、汽车保险、消费信贷、停车服务、报废回收等服务业,完善相关的法规、规章和管理制度。支持骨干汽车生产企业加快建立汽车金融公司,开展汽车消费信贷等业务。

6. 产业重组正在完善

1) 通过兼并重组,形成2~4家产销规模超过300万辆的大型汽车企业集团,4~5家产销规模超过200万辆的汽车企业集团。产销规模占市场份额90%以上的汽车企业集团数量由目前的14家减少到10家以内。

2) 支持汽车零部件骨干企业实施兼并重组。

3) 完善汽车企业重组政策。

二、装备制造产业调整振兴计划的重点工作

1. 装备自主化

(1) 依托十大领域重点工程,振兴装备制造业 十大领域具体为高效清洁发电、特高压输变电、煤矿与金属矿采掘、天然气管输液化储运、高速铁路、城市轨道交通、农业和农村、基础设施、生态环境和民生、科技重大专项。

(2) 抓住九大产业重点项目,实施装备自主化 支持钢铁、汽车、石化、船舶、轻工、纺织、有色金属、电子信息、国防军工重点项目创新开发,开展创新成果评定和奖励。

2. 提高自主创新能力

1) 加大科研投入力度,集中攻克一批长期困扰产业发展的共性技术;加快建

设一批带动性强的国家级工程研究中心、工程技术研究中心、工程实验室；加强技术改造投入，提升企业产品开发、试验、检测能力。

2）加快完善产品标准体系。

3）鼓励使用国产首台、首套装备，不断加以推广应用。

3. 大力扶持企业做强做大

1）形成若干家具有国际竞争力的科工贸一体化的大型企业集团和一批参与国际分工的"专、精、特"专业化零部件生产企业。

2）重点支持装备制造骨干企业跨行业、跨地区、跨所有制重组，逐步形成具有工程总承包、系统集成、国际贸易和融资能力的大型企业集团，同时不断推进有条件的企业兼并重组。

4. 发展现代制造服务业

1）围绕产业转型升级，支持装备制造骨干企业在工程承包、系统集成、设备租赁、提供解决方案、再制造等方面开展增值服务，逐步实现由生产型制造向服务型制造转变；鼓励有条件的企业延伸扩展研发、设计、信息化服务等业务。

2）大型企业集团的现代制造服务业收入占销售收入比例达到20%以上。

三、制造业长期任务

着力改变低效率、低效益运行状态，真正实现依靠科技进步、劳动者素质提高、管理创新等内涵式发展方式，是中国制造业长期的重要任务。

第四节　企业生产成本控制

当前我国制造业开始进入深度工业化阶段，具体表现为市场经济从广度发展转变为深度发展，生产从单一制造转向产业链的高端延伸。这要求企业不断提高实现市场需要的执行力，寻找新的突破，所以强化企业生产成本控制显得更为重要。

企业生产成本主要包括材料费、人工费、制作费用和与生产有直接关系的各种费用等。本节主要阐述企业用工成本和设备成本的控制。

一、企业用工成本控制

1. 用工成本持续增长，企业不断挖掘员工潜力

有关数据表明，城镇单位就业人员平均工资近十年来已增长 4.9 倍；制造业就业人员平均工资从 2005 年的 12671 元增长到 2015 年的 41650 元，11 年增长 2.29 倍。2014 年上海五险的个人与企业费率合计分别为基数的 10.5% 与 35%，公积金的个人与企业费率均为基数的 7%；五险一金的企业总费率为 42%。所以企业平均用工成本＝单位就业人员平均工资＋企业缴纳的五险一金。所以企业通过不断挖掘员工潜力，激发员工生产与工作的热情，促使企业效益不断增长，从而使用工成本增长得到有效控制。

资料反映企业用工成本与员工知识结构、学历关系较大，具体见表 1-1。

表1-1 2019年我国31省区市人口学历占比一览

地区	大专以上占总人口比重	本科以上占总人口比重	研究生占总人口比重
北京	50.49%	35.30%	8.42%
上海	30.73%	18.42%	2.80%
天津	28.87%	15.87%	1.52%
内蒙古	20.55%	9.76%	0.44%
江苏	17.56%	8.57%	0.75%
辽宁	17.15%	8.30%	0.70%
浙江	16.45%	7.98%	0.70%
重庆	15.42%	6.46%	0.49%
山西	15.15%	6.56%	0.48%
新疆	14.88%	6.06%	0.37%
湖北	14.70%	7.07%	1.35%
海南	14.70%	6.21%	0.07%
广东	14.39%	6.01%	0.37%
黑龙江	14.37%	6.77%	0.38%
宁夏	14.14%	6.44%	0.28%
四川	14.14%	6.54%	0.53%
青海	13.75%	6.99%	0.30%
陕西	13.71%	6.38%	0.70%
山东	13.40%	6.01%	0.45%
湖南	13.21%	5.44%	0.42%
吉林	12.94%	6.94%	0.89%
安徽	12.20%	5.31%	0.36%
江西	12.14%	5.94%	0.21%
甘肃	11.93%	5.95%	0.36%
河北	11.32%	4.35%	0.26%
云南	11.28%	5.68%	0.22%
福建	11.21%	5.13%	0.25%
河南	10.74%	4.60%	0.27%
广西	9.46%	3.83%	0.20%
西藏	8.50%	4.37%	0.08%
贵州	8.32%	3.85%	0.09%

2. 企业管理模式不断创新，有效提升生产效率，从而降低企业用工成本

随着经济持续发展，企业生产组织方式不断进步，20世纪80年代，多数企业生产组织方式为单元生产；20世纪90年代，相当多的企业生产组织方式改变，并建立生产线或流水线；2000年以后，许多企业建立自动线及柔性加工系统。要实现中国制造的转型升级，中国制造企业是主体。企业不仅要学习先进的生产组织方式和管理模式，更要创新中国的生产管理模式。只有找到与转型期相匹配的生产管理模式，通过全体员工共同努力，促进企业生产效率不断提升，才能重塑企业的竞争力，真正实现中国制造的华丽转身，同时提高用工成本收益率使企业用工成本相对降低。

3. 开展绿色制造，降低生产资源消耗，使企业用工成本得到有力控制

当前迎来人力成本增加、生产效率和产品品质有待提高的挑战，多数企业还存在能耗高、资源利用率低的问题，对经济社会的可持续发展造成了巨大压力。动员全体员工实现绿色制造已经迫在眉睫。

绿色制造就是没有或少有环境污染的制造，它将贯穿于产品的全生命周期，如在产品设计、制造时就必须考虑生产资源的可回收性或可拆卸性；制造过程中采用无切削、快速注射成形、挤压成形、增材制造等节能、节材的新技术与新工艺。绿色制造带来的效益不仅体现在缓解环境压力的层面，它还能为企业节约能源和乘车资源消耗，从而使企业用工成本相对降低。

二、设备成本控制

设备运营的过程主要包括设备的选购、安装调试、使用、维修、改造、更新、报废等。设备成本是企业中的各种与设备相关支出的综合，主要包括购置费用、运营费用、设备管理人工成本、维修材料费、外来维修费、停工损失和设备运行的水、电、气的费用等。

做好设备成本控制，对降低企业生产成本有很大的作用及意义。

企业生产对设备运营有较高的要求，一方面要保证设备运行的各项技术指标的正常；另一方面要使设备的管理成本保持在较低的水平上。在设备管理工作中必须积极进行成本控制，尽可能达到人与设备资源的合理配置，提高设备利用率，发挥设备投入应用效果。通过对设备实施科学的管理，努力实现"5Z"（零事故、零故障、零缺陷、零库存、零差错）的目标，从而达到最佳的设备综合效率和设备资产保值及增值。

三、设备成本控制的实施

1. 建立科学的现代设备管理体系

1）建立科学的设备管理体系是现代设备管理理念的核心内容，对设备寿命周期的所有物质运动形态和价值运动形态进行综合管理，成为设备成本控制的有效手段。现代设备管理体系吸收了现代管理科学理论和现代科技成果，应用和发展了故障诊断监测技术和统计推断的管理技术，引入了寿命周期费用等概念，建立以全寿

命周期管理、预防维护制度为核心的设备管理体系，使设备管理部门从日常维修转变到状态监测上来，使设备管理进入了一个全新的阶段。

2）设备管理制度体系是设备管理体系的基础。可以建立以设备基础管理、运行管理、检修管理、备件管理、能源管理、润滑管理等为主线的设备管理制度体系。

3）实施科学的档案管理是设备管理体系的重要方面。要对其适时进行优化、修订和完善，通过动态管理来确保其科学性和有效性；要了解设备的使用性能，掌握操作要领，实施有针对性的维护和检修方案，充分发挥其潜能；要认真记录设备的性能指标，翔实记录各种备件的更换时间、损坏原因，以及检修所需时间、更换周期，这些对检修计划、备件储备都具有重要意义。

2. 强化设备前期管理成本控制

1）设备的前期管理包括设备的选型、采购、安装调试等。设计、选用什么样的设备，对投产后运行的经济效益、设备维修投入起着决定性的作用。设计选型时既要考虑到设备的可靠性、适用性、维修性、安全性等因素，又要考虑到企业实际情况，尽量同原有的设备系列化，只有这样才能为设备后续生产、运行、维护的经济性打下良好的基础。不能单纯追求在设备购置中降低投资。从设备寿命周期最济经这个角度看，前期的合理投入有利于降本增效。

2）设备的可维修性是降低维修费用、减少停工损失的重要因素。强调购置设备时要注重对设备可维修性的考察。运用价值工程考虑寿命周期成本和使用效益，这是控制设备综合成本的有效办法。总之，在设备购置时，要对设备的购置费用、品质、性能、可维修性、使用维修费用进行综合分析，并考虑其经济效益、产品质量、生产效率等，求得最佳的价值。

3）设备技术资料是分析故障的依据，是排除设备故障的前提条件，对设备的后期管理起着重要作用。要力求做到设备的资料完整，重视资料的收集和建档工作。近年来企业的进口设备越来越多，强化资料保管建档显得更为重要。

3. 加强设备管理中的全面预算管理

全面预算管理是控制成本的有效措施。通过认真调查与统计分析，科学地制订设备管理的全面预算计划，并将指标层层分解、层层控制，对预算外的项目和费用严格监控，层层把关，同时认真进行实绩分析，有效地将费用控制在预算范围内，从而减少设备管理的浪费，降低成本。

4. 做好设备使用维护维修成本控制

1）设备维修成本是企业设备成本比较明显的部分。要降低维修成本，必须同其他环节的工作相配合，抓好全部各环节的管理。要注意加强设备制造单位和使用部门的横向联系，加强内部各部门人员的协调配合，共同管好设备，以达到设备寿命周期成本最低、综合效率最高的目的。

2）建立设备管理责任制度，完善考核机制，将综合效果与人员的工资收入直接挂钩。保证设备的正常运转，首要是做好设备的维护保养。谁主管，谁负责，操作员工发现问题后及时汇报，采取必要措施防患于未然；同时交接班记录必须翔实客观，交接班时必须对设备进行细致检查，发现问题及时处理，杜绝带病作业，努力保证维修的效果。

　　3）加强设备的点检工作。综合分析故障原因，具体包括：设计不良、操作不良、施工不良、运转不良、点检不良、诊断不良、修理不良等。对策包括：制造不发生故障的设备、彻底验收试运转设备、正确运转操作、正确定期检查、延长设备使用寿命、提高保全信赖性等。

　　4）加强对设备的故障变化规律的研究。设备的磨损大致可分为初期磨损阶段，正常磨损阶段和剧烈磨损阶段。要在初期磨损阶段爱护使用，在正常磨损阶段精心维护使用，在剧烈磨损阶段前及时修理。

　　5）预防维修是企业应该首先考虑的维修方式。应根据设备的不同情况，运用预防维修方式，确保设备的正常运行，以减少维修费用，如对状态易于监测的故障实施预防维修。同时对于重点设备重点部位要重点监控，选择经济性的预防维修方式，努力杜绝设备零部件的非正常损坏及设备事故的发生。

　　6）加强润滑工作。许多设备故障是由润滑不良引起的，维修人员必须掌握润滑材料的性能并合理选用，了解设备的润滑特点，避免因管理和使用中的盲目性，引发众多润滑故障，加剧设备磨损、缩短设备的使用寿命，造成较大的经济损失。对选定的代用油品和润滑油添加剂的应用，需进行试运行，若发现问题，应及时采取技术措施，只有在确认润滑效果良好后，方可正式使用。积极推行润滑工作规范化管理，对设备润滑实施定点、定量、定质、定人、定时管理。

　　5. 加强设备的修旧利废工作

　　1）积极推行修旧利废工作。对于确实有修理价值的零部件，采用科学的修复技术，进行彻底修理，以备后用。通过严格评估和总结，不断提高设备修理质量，降低维修成本，提高备件自给自修能力。

　　2）在企业内部建立有效的激励机制，重视技术改进工作，推广科学的修复技术，不断提高维修队伍技术创新的积极性，鼓励员工对设备中存在的不合理处进行技术革新与改造，改善设备的工作性能，实现资源的重复利用，不断降低成本。

　　6. 对设备进行分类管理

　　根据设备的综合效率，按照重要程度进行分类，对重点设备重点部位进行重点管理。其主要评定要素包括：故障的影响、有无替代设备、开动状况、修理难度、对质量的影响、原值等。通过对以上要素进行综合评分，一般地讲，重点的 A 类设备约占15%，一般 B 类约占70%，次要的 C 类占15%左右。管理人员根据设备的 ABC 分类，有重点有效地实施设备管理与成本控制。

　　7. 设备成本控制的全员管理

　　设备管理中的成本控制不能仅靠设备部门，而是要依靠企业的全体人员。通过完善岗位责任制，将设备成本控制工作建立在广泛的群众基础上。要充分调动各环节部门的积极性，正确处理部门间的利益矛盾，特别是操作人员的积极性和主动性，有效地解决设备运行中的各种问题，提高设备管理效率，降低设备的运行与维护成本。

8. 建立有效的设备管理与成本控制评估体系

构建符合实际情况的设备成本控制指标评估体系，真实有效地反映设备的投入产出情况和设备对于企业市场竞争的贡献能力。

1）要建立真正反映设备运用状况的设备统计指标，准确反映设备的待机时间、开机时间、故障时间、有效工作时间，以及设备和生产效率、生产量。

2）要建立设备技术状况评价指标，包括设备完好率、故障率、可利用率。

3）建立设备维修管理评价指标，包括设备维修时间、维修次数、维修人员工时利用率与维修质量等。

4）建立以追求设备寿命周期费用最低为目的的设备寿命周期费用统计与评价指标，对设备成本进行统计分析。

5）建立设备安全性、环保性评价指标，包括设备诱发事故次数、综合安全性评价、排污与噪声等环保指标。

9. 加大设备管理与技术创新力度

管理创新和技术创新是推动设备不断进步的重要途径，也是降低设备成本的有效手段。现代化的设备管理重点在"管"而不在"修"，设备管理要以效益最大化为原则。

1）创新管理方法和管理手段，要从传统的事后维修到实行点检定修制和对主体设备推行"零故障"管理；从忽视质量管理到改进和强化设备的质量管理，特别是备件和检修质量的严格控制；从质量体系的认证到"一体化"管理体系运行等理念融入设备管理全过程。

2）重视设备技术创新。技术创新是设备管理现代化的前提条件，通过技术创新，可以提升设备装备水平，取得良好的经济效益。

10. 强化培训，提高员工设备成本控制意识

1）企业成本与经验呈反比关系，经验越丰富，企业成本降低的可能性越大。建立学习型组织，可以降低成本和提高效益。通过平时对员工进行深入浅出的专业培训，创造机会让他们把这些理论知识运用到生产实践中去，对他们进行不定期的测试考核，并与员工的经济利益相结合，从而促进员工学习、理解、掌握和运用所学理论解决实际问题，通过反复地培训、实践、考核，逐步提高员工实施成本控制的业务水平，全面提升设备管理的整体水平。

2）要从培训和引导两个环节入手，通过建立健全员工上岗培训机制和开展全员参与的岗位技能培训，提升员工的自主维修能力和综合素质。通过组织现场观摩、征集成果论文、举办展示板巡展活动、在基层班组播放录像片、开展班前

5min学习，以及举办研讨会、座谈会、总结表彰会等多种形式的宣传和舆论引导工作，使广大员工对设备管理与成本控制工作在思想上达成共识，并积极参与其中。

3）优秀的企业文化可以提高企业的学习能力，指导企业员工的行为。企业文化应当是企业员工共同的追求、价值理念和思想行为准则，对于员工的生产经营观念、凝聚力、忠诚度、自我控制、成本意识等具有很大的影响。一个具有优秀企业文化的企业，其员工必然具有良好的节约习惯和强烈的主人翁精神，能自觉维护企业的各项规章制度，奋发向上，积极进取，自觉提高业务素质和工作效率，降低劳动消耗。

设备成本的控制不是简单地限制各种支出，而是运用科学的管理理念，按照经济规律的要求，从管理的不同方面主动地去降低成本。只有掌握设备管理和成本控制的主动权，不断优化工作程序，才能促进员工、设备、管理等要素的和谐共存，才能促进企业的不断发展。

第五节　制造业可持续发展的措施

一、加快转变经济发展方式

加快转变经济发展方式，推动产业结构优化升级。要坚持走中国特色新型工业化道路，坚持扩大国内需求特别是消费需求的方针，促进经济增长由主要依靠投资、出口拉动向依靠消费、投资、出口协调拉动转变，由主要依靠第二产业带动向依靠第一、第二、第三产业协同带动转变，由主要依靠增加物质资源消耗向主要依靠科技进步、劳动者素质提高、管理创新转变。

特别对制造业要加快转变经济发展方式，具体如图1-1所示。

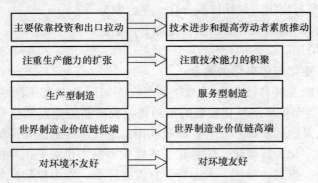

图1-1　我国制造业加快转变经济发展方式

二、制造业可持续发展的途径

1. 抓紧做好制造业转型升级

制造业要从生产型制造转向服务型制造，具体如图1-2所示。随着产品的生产变成大批量定制方式，产品的利润空间越来越受到挤压，而服务的增值，在制造过程中所占的比重越来越大，并逐渐形成制造与服务相融合的新的产业形态——服务型制造。

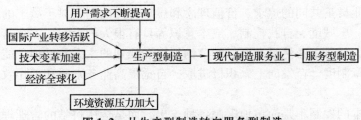

图1-2　从生产型制造转向服务型制造

服务型制造向客户提供的不仅仅是产品，还包括依托产品的服务，也包括围绕产品生产的各类服务，同时要逐步完善新机制，促进服务业发展。

围绕制造业生产制造过程的各种业务，逐步向制造过程的两端延伸，创新地开展专业的服务活动，这类服务活动总称为现代制造服务业。现代制造服务业属于生产性服务业。

2. 现代制造服务业的分类

1）专业的研究开发、设计、试制。
2）第三方物流、供应链管理优化。
3）工程总承包、交钥匙工程、整体处理方案。
4）检测、维修、零部件定制服务。
5）咨询，诊断，评估，审计，再保险。
6）电子商务，基于网络的呼叫、应答内容服务。
7）软件开发与应用，如软件服务化、平台服务等。
8）产品生命周期结束后的回收、处理、再制造。
9）会展、培训。

三、推进工业化与信息化的融合

随着生产不断发展与智能化，工业生产在不同时期会有不同组织形式，如图1-3所示。根据当今世界信息化发展的新趋势，我国制造业要抓住有利时机，把握工业化和信息化发展的规律和趋势；积极利用信息技术改造提升传统产业，不断提高各类装备的数字化、智能化、信息化、柔性化、网络化水平；并把信息技术融入研发设计、生产、流通、管理、人力资源开发各环节，着力推动产业升级，提高核心竞争力。

1. 工业信息化的新的表现形式

1）产品与装备融入信息技术。
2）设计、制造过程、管理实现数字化。
3）转变生产模式、制造模式，如图1-4所示。

4)从精益生产到精益企业,如图1-5所示。
5)培育、发展新兴产业。

2. 信息化与工业化的融合不断催生新的产业

两化融合发展模式有三个阶段,如图1-6所示。两化融合不仅不断催生新的产业,同时新技术层出不穷,模式不断创新,也孕育了新的产业,如光电子产业、传感元件产业、电子标签(RFID)产业、智能控制、服务业等。

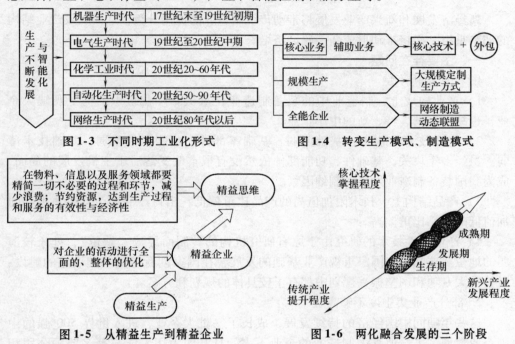

图1-3 不同时期工业化形式

图1-4 转变生产模式、制造模式

图1-5 从精益生产到精益企业

图1-6 两化融合发展的三个阶段

3. 两业对接

通过制造业与物流业的对接,应加强供应链管理,并带动第三方物流产业的发展,如图1-7所示。制造业按供应链管理的理念,将企业内部物流与企业上、下游

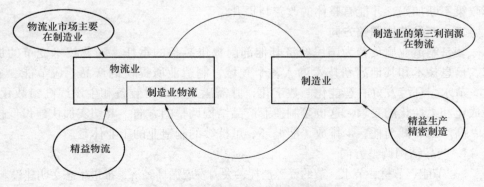

图1-7 制造业与物流业的对接

及社会物流连接起来，实现精益生产与精益物流，从而使制造业与现代服务业对接，加速供应链企业群体的发展，并将带动第三方物流产业的形成，从整体上提升我国制造业的效益。

第六节　制造业产业结构调整方向

新经济发展和新兴产业发展将带动传统制造业的优化升级，从而引发产业结构的调整重组，必将推动形成新一轮经济增长。

一、主要存在问题

1. 产业结构不良

1）产业构成上，制造业中的装备制造业比重低。产业组织结构上既缺大企业，也缺专、精、特、新的中小企业。

2）产业技术结构上，基础薄弱。基础零部件、功能部件薄弱，基础技术薄弱。虽经多年攻关，基础件、功能部件依然没有根本改变落后于主机发展的局面，成为我国装备制造业发展的制约因素。

3）产品结构上，技术附加值高的产品比重偏低，出口产品中劳动密集型和附加值低的产品比重偏高。

4）产业共性技术的研究由于原有研究机构的转制而导致"缺位"，处于较薄弱的地位。这几年来国家重视产业基础的发展，在国家创新能力基础设施的建设、科技重大专项和调整振兴规划中都有了较具体的规划和方案。

2. 部分产业集中度不够高

这些年随同中国经济的持续发展，成长了一批大企业，进入世界 500 强的中国企业数增多了，但其中制造业的企业不多，且其实力还不能与著名跨国公司相比。同时我国的中小企业中缺乏一批竞争力和技术创新能力强、具有相当规模的"专、精、特、新"的企业。一方面积极稳妥推进企业兼并与重组，不断增强和培育具备更强国际竞争力的优质企业；另一方面需要国家不断采取扶持措施，配套改革政策不断加码，才能有整体的改善与提升。

二、产品结构调整方向

装备制造业肩负着为国民经济其他部门提供装备的重任，随着技术变革的加速，信息技术和其他高新技术渗入各个领域，制造业所提供的产品，应节能、节材、节水、环境友好、智能化、数字化，并需满足用户对装备和生产线高参数化、集成化和柔性化的要求。这也是制造业产品结构调整的方向，要切实加快建设低投入、高产出、低消耗、少排放、能循环、可持续的制造业的工业体系。

1. 产品结构调整方向

1）节能、节材、节水、节约资源消耗，大力发展循环经济，推进生态文明建设。

2）绿色制造（清洁生产）。

3）新能源及能源结构调整。
4）智能化（自动化、数字化）。
5）大容量、高参数、低排放、高精度、高效率、宜人化。

2. 抓好科技重大专项

国家中长期科学和技术发展规划纲要及科技重大专项：
1）核心电子器件、高端通用芯片及基础软件产品。
2）极大规模集成电路制造装备及成套工艺。
3）新一代宽带无线移动通信网。
4）高档数控机床与基础制造装备。
5）大型油气田及煤层气开发。
6）大型先进压水堆及高温气冷堆核电站。
7）水体污染的控制与治理。
8）转基因生物新品种培育。
9）重大新药创制。
10）重大传染病防治。
11）载人航天与探月工程。

总之，制造业是科技进步的最大载体，科技进步与制造业的发展是相辅相成的。

3. 发展低碳经济

全球气候变化是各国面临的共同挑战，需要每个国家、企业和个人共同担负起责任。金融危机后，绿色经济、循环经济和低碳经济的实质是能源有效利用、清洁能源开发，核心是新能源发展和节能减排的创新。

1）联合国政府间气候变化专门委员会。近期正式公布气候变化报告，报告资料显示：全球温室气体排放量在近30年增加了15.6%，地球大气层中聚集的二氧化碳已超过过去200年中的自然水平。全球气温在21世纪可能上升$1.1 \sim 6.4℃$，海平面上升$18 \sim 39cm$，全球20%的动植物种将面临灭绝。

2）可持续发展的生态环境和气候变化问题是人类社会面临的最大挑战，而低碳经济为我们提供了一个最新的解决方案。低碳经济将成为减缓气候变化与实现可持续发展的主要途径和必由之路。低碳经济是以低能耗、低污染、低排放为基础的经济模式，是人类社会继农业文明、工业文明之后的又一次重大进步。

3）低碳经济实质是能源高效利用、清洁能源开发、追求绿色GDP的问题，核心是能源技术和减排技术创新，产业结构和制度创新，以及人类生存发展观念的根本性转变。发展低碳经济将是一场涉及生产模式、生活方式、价值观念和国家权益的全球性革命，世界各国努力通过发展低碳经济，促进经济发展方式转变，寻找新的经济增长点。

三、加快结构调整，促进可持续发展

1）我国制造业近年来的发展，一方面使我国制造业在规模和总量上位居世界前列，但另一方面也积累了诸多矛盾。应对当前世界经济发展不稳定因素，既要有应急措施，更要通过实践科学发展观来转变发展方式，提升产业素质，实现产业可持续健康发展。

2）在新形势下，我国装备制造业应未雨绸缪，着力于自主创新、结构调整，促进两化融合、两业对接，推行绿色制造，实现转型升级。

当前，致力于结构调整，适应市场，抢占市场，方能捷足先登，转"危"为"机"，努力实现存量能力的优化调整和新增先进能力建设并重，推进制造业的全面进步。

第二章 精益生产的发展

随着社会的进步和生活水平的提高,各种产品随消费水平而变化,其生产方式和管理模式随着发生变化。客观上要求对生产方式和生产管理模式进行必要的变革,随之不断出现如计算机集成制造(CIM)、业务过程重组(BPR)、供应链、敏捷制造、福特生产方式、丰田生产方式等先进模式。与此同时,组织生产的方式随着经济的发展也在不断发生变化,构成生产力的诸要素也处于不断的变化之中。主要表现在劳动者已经从主要依靠体力,再到主要依靠技能方向转变;劳动工具从简单的工具,到刚性自动化工具,再到具有一定智能的柔性自动化工具方向转变;劳动对象从个性化产品,到标准化、多样化产品方向转变;信息从与劳动者各自独立,到企业内集成,再到企业间集成方向转变。生产管理模式的变革表现为由以企业为中心的管理正在转向以顾客为中心的管理。

改革开放以来,尤其是加入 WTO 以后,我国利用外资有了长足的进展,外商独资企业、合资企业大量出现,不少现代化大生产规律的先进管理思想和技法传入国内,对我国企业管理的科学化、现代化,以及经济的高速成长起到了明显的催化和加速作用。

第一节 单件小批生产

从工业经济诞生到 20 世纪初,生产都是以手工单件生产为主。它采用的设备、工具都非常简单,但是员工都拥有精湛的技艺。在这种生产方式下,迎合客户进行专门设计和生产是很容易做到的,因为它生产的产品更像一件艺术品——没有两件是完全一样的。不过,这种生产方式的产品产量非常低,而且质量没有保障,价格也非常昂贵。

这种生产方式在工业化初期非常盛行,主要因为其所需的管理简单。单件生产的企业大都很小,通常只有几十个人。很多工人本身就是业主,没有明确的分工和生产组织。

一、单件生产效率低下

由于单件生产效率低下的固有弱点,单件生产越来越不适应工业发展的需求。随着市场需求的成长,这种依赖少数人的生产越来越力不从心,必须将从少数人员作业转变为工厂人员的协作,从而满足规模和效率的要求。

二、单件小批生产特点

经济发展到今天,原始的单件生产已经基本淘汰。但是,单件小批生产的一些做法仍然对企业管理具有借鉴价值,最突出的有以下两点:

其一，对机会市场敏锐观察。单件生产企业往往直接来自于客户需求。在发展前景不明朗的新兴市场，往往要用敏锐的眼光发现市场的先机，并通过自身的努力创新需求并发展壮大。

其二，充分尊重客户需求。单件生产企业虽然规模不大，但是充分利用自身贴近需求、灵活应变的能力，最大限度地满足客户。

第二节　批量生产

批量生产是工业发展史上的一次重大变革，它标志着现代工业的真正开始。

一、福特公司开创零部件互换性

没有批量生产不能称之为工业。但在当时批量生产却经历了一段艰难的探索过程。首先，要实现批量生产，就必须让所有的零件能够如一，而且非常方便地相互连接。这就是零件互换性。

为了达到互换性，亨利·福特规定每个零件都采用统一的计量标准。由于这一项重要的工艺革新，零件获得完全的互换性，使福特公司取得了巨大的生产效率。福特公司一名装配工的平均工作周期由514min下降到2.8min。

随着生产规模的扩大，工厂变得越来越繁忙。福特发现工人从一个工位走到另一个工位，耽误了不少时间，也造成了工作的混乱。1913年，福特在底特律新厂房里诞生了又一个创举，建设了世界上的第一条流水线。流水线的出现使工人的工作周期又从2.8min缩短为1.9min。

零件互换性和流水线的出现为批量生产方式奠定了坚实的基础，同时也带动了劳动组织结构、产品开发、生产装备等一系列的巨大变革，与批量生产相适应，实行最大限度分工，工厂采用半熟练的工人，而且几乎不需要培训来实行岗位替换。当然，分工同时带来了组织的变化，工厂成立了各种各样的职能部门，出现了专业的设计人员和专门的管理人员。根据批量生产需要，生产装备采用高效率的专用设备，用生产线来制造产品。与单件生产相比，流水线生产产量大、效率高、成本低。

二、通用汽车公司新建事业部

福特公司依靠批量生产的方式几乎将竞争对手逼入绝境。通用汽车公司的经营也一度跌入低谷，斯隆先生出任总裁后，这位天才般的管理者敏锐地看到，福特公司采用单一品种原则，在带来成本优势的同时，由于缺乏与批量生产方式相适应的设计、生产和销售系统在内的组织和管理体制，将许多客户拒之门外。随着消费需求开始走向多样化，对于汽车的消费，"每个人的财力和目的"都有不同，有人只是作为代步工具，有人需要显示其身份和地位，有人则要表现自己的个性。为了满足日益多样化的市场需求，斯隆总裁把通用汽车公司的产品按照售价，从低到高分为五个车型系列，并据此成立相对独立的以产品市场和利润为中心的事业部，即为五个轿车事业部和制造零部件的事业部，并要求每个事业部定期地对销售、市场占有率、库存及盈亏等情况做出详细的报告。斯隆的创造性思想将规模经济与范围经济融合起来，解决了为降低制造成本要求产品标准化和用户要求车型多样化之间的矛盾。

福特和斯隆开创的批量生产方式革命，使美国的汽车公司霸占了世界的汽车市场。在汽车工业取得批量生产方式成功之后，美国其他产业公司也采用了批量生产方式，并且在世界各国逐渐普及。

三、丰田生产方式

1. 日本提出新的生产方式

1955 年，批量生产方式在美国进入全盛期，由于欧洲批量生产方式的兴起，美国的竞争优势不断丧失。同时，随着物质的丰富、人们生活水平的提高等变化，对美国许多企业来说，批量生产方式的弊端开始显现出来。

第二次世界大战后，日本的工业倒退了几十年，工业基础薄弱，技术水平落后，产品质量非常差。在 20 世纪 50 年代，日本货成了假冒伪劣的代名词。现实告诉日本人，日本不能按美国的方式发展企业，日本要振兴国民经济，必须在有效利用每一份资源的基础上努力改进质量。也就是要让质量改进和节约资源统一起来，实现双重目标。

2. 丰田公司赴美国考察

1950 年初，丰田英二先生到底特律的福特公司鲁奇工厂进行了为期三个月的细致考察，丰田英二发现福特公司用一组冲床来专门生产某一种特定的零件。这样制造车身的冲压设备就需要好几百台；由于对数量的片面追求，忽视因检修或待料等造成的停工，及由于产品质量问题而出现大量半成品和成品库存等现象，致使产品转型缓慢。丰田英二和他的同事大野耐一一起研究并得出结论，这种批量生产方式不适用于日本。

3. 丰田变革生产方式

为适应狭窄的市场，大野耐一先生建立了著名的"适时生产"系统。即根据市场的预测，只生产市场需要的产品。同时，在它的整个生产/供应链上贯彻需求的原则，及时提供适销对路的产品。

为此，丰田公司邀请戴明先生对公司的生产方式变革进行指导，并积极实践戴明倡导的 PDCA 循环和统计质量管理思想。通过贯彻市场预测的观念，使产品质量在制造过程中得到保障，而不是像批量生产方式一样出现大量的返修。为实践这种管理哲学，丰田公司充分发挥小组团队的作用。丰田公司创造性地设计了安灯（ANDON）系统。在丰田公司的每个岗位上都有生产线停止的开关，当员工发现问题时就按下这个开关，提醒班组长和团队成员，班组长将会很快到达安灯发生的地方，与员工一起解决问题，以确保问题不流到下道工序。如果问题比较严重，相关的技术人员也会很快到达现场，直到问题解决才重新启动流水线。表面上停线浪费了时间，但这减少了大量的返修时间，使需要返修的半成品也能被及时发现，从而提高产品质量；同时充分调动了全员的参与，锻炼了员工的技能，提高了小组的团队合作精神。随着小组解决问题能力的增强，使生产线的实际停线时间越来越短。

同时丰田公司建立起一套互利的供方关系。丰田公司利用自身的管理、技术等优势，帮助供应商进行改进，共同分析成本，共享改进的收益。这样所有供应商都能够按照丰田生产方式组织生产，与丰田公司保持一致。因此丰田公司的供应商供货频率、供应链的库存水平，以及应变能力都相应得到提高。同时，与批量生产方式的生产体系不同，生产一辆小客车所需的全部材料、设备和制成品成本中，丰田汽车公司自制成本只占27%。因此，丰田公司只需要3.7万员工每年就能生产400万辆汽车，而通用公司自制部分占总成本的70%，年产汽车800万辆却需雇员85万人。丰田公司将供应商分为多级，一级供应商对丰田公司按模块化、大总成供货。由于供应商数量有限，方便对供应商的评估与改进，以及长期稳定协作，所需的采购人员也大大降低。在产品开发过程中，丰田公司也尽可能地利用这些协作厂的资源，大量的设计任务向供应商转移，并且可以做到并行开发。这样，丰田公司可以用比较小的投入，在很短的时间内开发出一个新产品。

在用户关系上，丰田公司营销人员都是以小组为单位，小组作为一个集体统一计酬，小组成员在用户向他们提出具体问题时共同参与讨论，小组成员在派往经销点售车前都要在丰田公司自办大学中接受产品、维修、服务、销售等方面的知识培训。其次，丰田公司的营销非常重视顾客对品牌忠诚度的培养，在用户购买了一辆丰田汽车后，用户就成为丰田家族中的一员，销售人员会经常打电话询问，为客户解决汽车使用中的问题。第三，丰田公司采用订单销售方式，展场除了三四台展车以外看不到别的汽车，减少了场地和库存积压；在客户确定订单后，10天后选购的汽车将会由工厂生产出来并直接送到客户家中。由于精益方式带来的快速制造周期是十分有效的。

4. 丰田进入收获期

丰田生产方式在20世纪60年代的日本开始进入收获期。当时许多日本企业已经基本掌握丰田生产方式的精神，并利用它培育了企业强大的竞争能力。1962年，日本汽车在美国汽车市场的占有率接近4%；1974年，日本汽车在美国汽车市场的占有率接近15%；20世纪80年代初，日本汽车在美国市场的占有率达到21.3%，美国三大汽车公司陷入了空前的经营危机；1989年，日本汽车在美国汽车市场的占有率一路攀升至30%。

第三节 精益生产方式

一、丰田生产方式总结——精益生产

1985年初，由麻省理工学院发起成立了一个工业部门－政府－大学合作组织——国际汽车计划（IMVP），旨在全面研究丰田首创的生产方式。历经五年的努力，在探索和对比不同生产方式的基础上，IMVP 汇总了 116 篇专题报告，将丰田生产方式总结为精益生产方式，并由 IMVP 的三位领导人出版了《改变世界的机器》一书。

精益生产方式是批量生产方式的发展，本质上是效率经济。精益生产继承了批量生产方式的基本原则，同时避免了批量生产方式片面追求数量带来的大量浪费和对市场反应的迟钝，从而能够以更少的资源、更快的速度、更优的品质为客户创造价值。

美国通用弗雷明汉总装厂与日本丰田高冈总装厂指标对比（1986 年），见表 2-1。

表 2-1 通用弗雷明汉总装厂与丰田高冈总装厂指标对比（1986 年）

项 目	通用弗雷明汉总装厂	丰田高冈总装厂
每车总装工时/(人·h)	40.7	18.0
修正后的每车总装工时/(人·h)	31	16
每百辆车总装缺陷数	130	45
每车占总装面积/m²	8.1	4.8
平均零件库存时间	2 周	2h

单件生产到精益生产的发展历程给我们一个非常重要的启示：任何一个新的理念都不是无缘无故地产生的，它总是在旧理念已经显得不再有效时候才出现。

二、推进精益生产

1) 随着以知识经济、网络经济为主要特征的第三次浪潮的到来，竞争已经不再是简单的产品和市场的竞争，要取得竞争优势，必须整合组织的资源、管理和技术等各方面的能力。其中管理创新与技术创新是驱动企业拥有持续竞争优势的两个轮子，某种程度上，管理创新要比技术创新更能创造持久的竞争优势，一个组织的核心竞争力往往体现在对创新文化的培育上。

2) 要突破传统管理模式，必须建立系统的新流程和方法，明确前进的目标，逐步建立新技术、新标准，创造新程序、新价值，随着时间的推移不断整合，建立协同价值的管理运行体系。

3) 通过推进精益生产、6s 管理、六西格玛、矩阵管理、流程再造和知识管理等先进管理，各企业都会取得一定的应用效果。

第四节 精益生产原则

一、精益生产原则

精益生产的原则是效率经济，以更少的资源、更快的速度、更优质的品质为客户创造价值，由流畅制造、制造质量、全员参与、标准规范化、持续改进为精益生产五项原则，如图2-1所示。

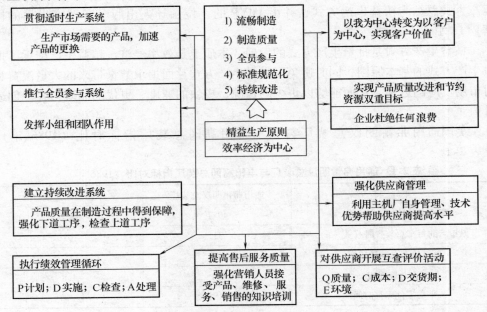

图2-1 精益生产原则示意

二、现场管理——生产力提升与工作程序化

推行精益生产可以分为现场管理、系统建设、供应链提升、精益文化集成四个层次管理，具体如图2-2所示。

图2-2 精益生产管理推进的四个层次

精益经营系统的安全、质量、效率、成本、组织发展五大目标，都必须依靠现场管理最终实现。如果现场管理不好，即使业务流程再好、专业能力再强，管理效能也不会高。现场才是增值的地方，任何工作的贡献都要通过现场努力才能得到最终体现。精益生产是一个客户链的理念：现场是公司管理的基点，应该以现场为中心，帮助现场提升管理水平，通过现场管理水平的提高拉动整个公司管理水平的提升。

由于各企业的现状和特点不同，现场管理的内容也不同。关键是通过管理来改善现场的瓶颈与薄弱环节，以及在基层建立自主管理体系。

1. 抓住现场薄弱环节

加强现场管理是精益生产的初级阶段。在这个阶段，从实际情况出发，循序渐进地开展精益生产，才能持续有效地推进精益生产。

但是，现场问题众多、错综复杂，如果不能找准切入点，有的放矢，就难以达成短期绩效,反而增加变革的阻力和挫伤变革者的信心。

推进现场管理就像打一场攻坚战,需要抓重点,布防线。抓重点就是寻找现场管理的瓶颈,集中优势兵力,重点突破;布防线就是找准现场管理的薄弱环节,防止因管理漏洞而减弱管理效能。瓶颈的有效突破和基础扎实可以实现以点带面,点面结合,稳步提升现场管理水平。

2. 推进现场自主管理

基层组织是现场的主人,是开展现场管理提升工作和巩固成果的主力军。因此,推进现场管理必须同时开展基层组织自主管理,激发基层组织的意愿和热忱,让基层组织在现场管理中锻炼和成长,实现自我管理、自我完善,推动现场管理的持续改进。

三、系统建设架构

管理是一个系统。当现场管理达到一定水平的时候,就会出现生产组织、人力资源、质量管理、工程技术、供应链管理等相关部门能力不足的情况。如果不能加强管理系统建设,精益生产的发展成长将会受阻,最终破坏现场管理的成果,使精益生产半途而废。

管理系统建设就是将现场和业务部门作为一个整体,以制造质量、流畅制造、全员参与、标准化、持续改进五项原则为指导,不断改善组织与流程,优化管理系统,以面向整个公司推进精益经营系统建设。

1. 建立工作流程

建立工作流程以保持业务、人、方法、规范的协调发展,图2-3为建立工作流程关系图。

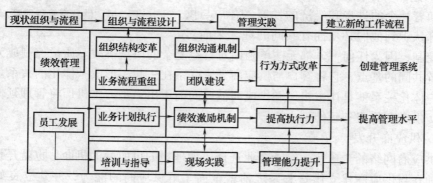

图2-3 建立工作流程关系图

2. 业务部门组建

在企业快速发展过程中,部门也在迅速膨胀。它们经常因增加业务而增设部门,业务扩展再分解部门,甚至为了特定项目搞个部门,最后部门林立。

业务部门的成立本来是组织分化的结果。因为公司业务规模的增长必然要求新建必要的专业部门，但是专业部门分解过细，则会导致功能比较分散。比如：有些公司的质量系统分为质量管理部（负责质量体系运行）、品质控制部（自制件质量控制）、部件检验部（负责供应商零部件检测）等部门。

精益生产最终培育的是经营管理的系统能力。没有合理的业务集成，最终很难培育强大的专业组织能力，就难以应对公司未来发展带来的挑战。

业务集成实质就是在流程优化的同时，以企业价值链为基础，进行功能整合，建立精干、高效的组织结构。

3. 三支团队

有竞争力的企业必须是一个绩效滚动的企业。建设管理系统的同时必须建设绩效体系。

绩效是由企业各级组织和个人的共同努力实现的成果。因此，提高绩效的同时需要进一步完善自主团队、专业团队、领导团队三支团队。

四、供应链提升

供应链管理的实质就是将精益生产向供应链延伸。现代供应链已经是一个相互依存的企业生态系统，精益生产如果只是改变企业内部小气候，不能改变企业生态系统这个大气候，其价值就是有限的。

供应链管理贯彻从供应商进入直到退出的整个生命周期，是一个包含供应商开发、供应商评估、供应商发展的管理循环（见图2-4）。

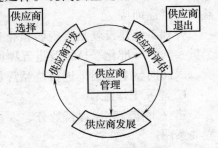

图 2-4　供应商管理循环

1. 建立一体化关系

随着社会的进步和经济的发展，客户与供应商都认识到他们必须拥有共同的理念来面对质量控制，因为任何一方都无法单独面对日益复杂的质量挑战。质量控制成为整个供应链共同的基点，它将客户与供应商紧紧联系在一起，形成一体化的关系。

一体化关系就是让主机厂和供应商彼此向前迈出一步，主机厂将管理延伸到供应商，供应商将服务延伸到主机厂。

2. 供应商开发

供应商网络的全球化，给予企业选择更加理想的供应商的机会，也就是说，企业必须在与供应商建立供货关系之前就全面了解供应商的能力，并建立良好的互信，确保供应商符合自己的要求。

现代的供应商开发，不是简单地吸引或者选择供应商，而是与供应商共同进行产品与质量开发。企业在产品开发之初，即开始对供应商的选择，以共享供应链资源，促进企业与供应商同步开发产品并确保质量。

3. 供应商评估（QSTP）

QSTP即是质量、服务、技术、价格，如图2-5所示。

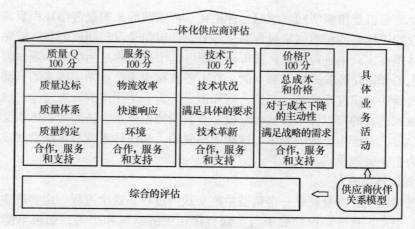

图 2-5　QSTP 评估要素

传统的商业关系是以价格为纽带的供方关系，所以主机厂和供应商必然是对立的。一体化供应商的关系将单一的价格纽带上升为质量、服务、技术、价格四个方面的全面评价。同时，QSTP 评估体系实现了与供应商发展策略有机结合，将 QSTP 评估结果直接作为与供应商合作、扶持供应商，或者淘汰供应商的依据，从机制上实现了供应商关系从短期商业关系提升为长期共赢的战略伙伴的关系。

4. 供应商发展

现代产业是一个高度横向一体化产业链，产业链之间的相互依存关系越来越紧密，任何一方的发展都离不开产业链的整体发展。供应商发展逐步成为供应商管理的中心环节。

在激烈的市场竞争中，客户要求迅速变化和不断提高，为确保企业产品、服务持续保持竞争力，就必须致力于供应商发展。

通过实施有效的供应商发展策略，可以有效整合供应链，建立供应链集成平台，实现供应链的竞争优势，从而获得企业与供应商的长期合作与共同成长。

五、企业精益文化

精益生产方式是在工业化发展进程中形成的一种管理理念和经营哲学，揭示了现代生产方式的一般规律和方法。每个企业必须依据精益生产的基本理论和具体实践，走出一条属于自己的经营管理成功道路，形成精益模式并融入企业文化，才能成为名副其实的精益企业。

精益模式意味着企业管理系统的成熟，意味着企业管理具备了创新能力。跨国公司顺利地进行大规模的全球扩张，除了具有充足的资本和先进的技术以外，凭借的就是其管理模式不断创新。建立精益模式实质就是企业精益生产实践和理论升华的过程，是一个组织学习和知识创新的过程。

1. 组织学习与知识创新

精益模式的建立实质是企业精益实践知识体系成熟完善的结果。而企业知识体系的成熟完善就是组织实践、学习、理论化、再实践的长期艰苦循环积累的过程。

企业知识体系的积累通常包含两个环节，即组织学习与知识创新。首先，将已有知识体系在实践中进行学习，获得新知识。这个过程称之为组织学习。但是组织学习产生的知识是经验式的、孤立的，并不能直接成为企业知识体系的一部分。企业将这些新的知识进行总结、归纳，将知识上升为一个严谨的管理理论，然后将管理理论融入已有的知识体系，就会形成企业新的知识体系。新的知识体系又可以再实践再学习，又产生更新的知识。这样周而复始，知识体系就会不断发展成熟，最终演变为企业管理模式。

2. 知识体系升华

推进精益生产本身就是一个精益生产实践的过程，这个过程一定会产生许多实践知识。但是，这些知识隐藏于与实践直接相关的组织和个人，如果不能及时收集、整理和提炼，将很快在时光的流逝中消逝。因此，挖掘并提炼精益生产就成为积累精益经营系统知识体系的重要一环。在这一方面已经有了一些比较有效的方法。如成立专家委员会、建立知识库等。

无论什么组织与形式，精益生产推进到一定程度，企业都必须注重提炼精益经营系统知识体系，才能最终建立具有国际竞争力的经营管理平台。

第五节 工业互联网与智能制造

为抢抓新一轮科技革命和产业变革的重大历史机遇，世界主要国家和地区纷纷加强制造业数字化转型和工业互联网战略布局，全球领先企业积极行动，抢占这一新的产业竞争高地。

作为全球生产中心和供应枢纽，我国也迎来全球价值链重构的战略机遇，国家明确加快发展工业互联网，面向制造业未来发展做出重大决策部署。

一、工业互联网推动制造业智能发展

1）通过制造资源在线汇聚与复用，培育制造业发展新动能。工业互联网通过对工业设备、产品、系统、服务的全面连接，打通消费与生产、供应与制造、产品与服务之间的数据流，实现研发设计、生产制造、运维服务等海量制造资源的在线汇聚和沉淀，通过工业知识的模型化和软件化加快关键核心技术创新突破，推动制造业加速迈向万物互联、数据驱动、软件定义、平台支撑、智能主导的高质量发展新阶段。

2）通过新技术、新产品、新模式、新业态培育，开辟制造业发展新空间。工业互联网平台有助于加快培育网络化协同、个性化定制、服务化延伸、智能化生产、数字化管理等新模式新业态，孵化智能产品、智能设备、智能服务等数字化新产业，有力推动新技术的创新、新产品的培育、新业态的扩散和新模式的应用，形成数字化转型新路径，开辟制造业发展新空间，形成经济新的增长点。

3）通过制造能力开放共享与动态配置，形成制造业协同发展新格局。依托工业互联网平台，聚合制造商、供应商、消费者、开发者等主体，实现更大范围的数据流动，形成基于平台的业务协同、能力共享、市场拓展等开放式发展方式，促进社会化资源的网络化动态配置。

二、我国工业互联网发展主要特色

近期工业互联网平台快速发展，初步形成综合型、专业型、特色型平台体系，示范带动作用日益凸显，主要特色如下所述。

1）跨行业跨领域综合型平台引领作用不断增强。2019年遴选的海尔、东方国信等十大跨行业的工业互联网平台，推动资金、人才、技术等要素跨部门、跨企业自由流通，加快构建资源富集、创新活跃、开放共享的产业生态，正在形成海量用户和海量应用双向迭代的格局。

2）在工业互联网平台从概念走向落地的过程中，涌现出了一批面向特定行业和区域应用落地的特色型平台，有力推动了平台与实体经济的深度融合。在行业应用方面，工业互联网平台已广泛应用到包括工程机械、钢铁、石化等在内的30余个国民经济重点行业。在区域落地方面，北京、长三角、粤港澳大湾区等结合当地优势产业，因地制宜，探索形成基于工业互联网平台的"块状经济"产业集聚区推进模式。

3）聚焦关键技术的专业型平台技术融合不断创新。一批专业型工业互联网平台，聚焦研发设计、生产制造、经营管理等产品全生命周期的特定环节，基于深厚的经验积累，深度应用大数据、人工智能、区块链等新兴技术，加快工业工艺、原理、知识的显性化、代码化和软件化进程，不断提高技术融合创新能力。

三、各行业智能制造发展迅猛

随着我国工业经济持续增长，各行业在工业互联网和智能制造得到很大的发展，相关的健康管理与故障诊断技术作为实现智能运维的关键手段，对提高工程装备的可靠性、安全性与经济性有着重要意义。国内外工业界的众多公司与研究机构在健康管理系统与故障诊断技术开发中给予持续关注，并投入大量人力物力。智能运维与健康管理技术、健康监测系统的研发不仅与使用目的相关，也与工业装备类型、特点与使用要求密不可分。为了能够更清楚了解健康管理系统、故障诊断关键技术在行业中的应用，此处从五大重要典型工业领域出发，介绍了制造加工产业智能制造、石化产业智能制造、船舶行业智能制造、高铁行业智能制造以及航天航空智能制造的发展概况、系统架构、关键技术以及应用案例。

1. 制造加工产业智能制造发展

制造加工产业是国家工业发展的基础，在实施制造加工过程中，数控装备健康状态对生产加工过程具有很大的影响，轻则影响产品加工质量，重则造成停机、停产，甚至造成生产事故。通过对数控装备进行高效的健康检测，一方面，可以实现对数控机床健康状态的快速、批量检测，对整个企业数控机床的智能制造进行可视化的管理，为制订生产计划和维护修理计划提供强有力的数据支持；另一方面，可以持续提高产品质量和生产效率，为企业创造更多的效益。

2. 石化产业智能制造发展

石化产业是我国国民经济的最重要支柱之一。透平压缩机组、大型往复压缩机及遍及化工流程中的机泵群是石化关键设备的代表，通常在复杂、严酷的环境下长期服役，一旦发生故障可能导致系统停机、生产中断，甚至会出现恶性生产事故。石化关键设备故障智能诊断作为智能制造的核心关键之一，是判断系统是否发生了故障，损坏程度、故障类型的有效途径，也是故障溯源的基础。

3. 船舶行业智能制造发展

海洋运输装备制造业在智能船舶方面的创新已成为当前船海界研发的热点和前沿。由于船舶运行的特殊性，对船舶装备智能运维技术需求非常迫切，利用传感器、通信、物联网、互联网等技术手段，自动感知和获得船舶自身、海洋环境、物流、港口等方面的信息和数据，并基于计算机技术、自动控制技术和大数据处理分析技术，在船舶航行、管理、维护保养、货物运输等方面实现智能化运行，以使船舶更加安全、环保、经济和可靠。

4. 高铁行业智能制造发展

高铁装备是中国高端制造业崛起的重要标志，高铁车辆属于典型复杂机电系统，以分布式、网络化方式集成了机、电、气、热等多个物理域的部件，导致故障表现方式高度复杂化。由于缺乏有效技术装备和智能运行维护系统，我国铁路部门普遍沿用高效保安的定期维修方式。新时期已实施列车运行状态、重要部件等实时参数和设计数据等参数，对高铁故障早期特征，部件寿命预测展开研究应用，实现高铁高效、准确、低成本的运行维护。

5. 航天航空行业智能制造发展

健康管理系统是先进航天航空装备的重要标志，也是构建新型制造保障体制的核心技术，同时也在深刻地改变着先进航天航空装备的运行和维护模式，它可用以对关键部件制造进行实时监测，并对运行过程中系统部件尤其是发动机的运行信息及异常事件进行记录和存储，通过影响发动机的状态监测方法、维修方式及维护，最大化提升装备安全性、完好率，以最小化方式降低维护费用及运行危险性，进而减少维护费用，提高维修效率。

第三章 精益企业生产与精益思想

第一节 建立精益生产管理模式

一、传统企业缺陷

20世纪80年代以来，我国经济处于高速成长阶段，而在国际金融危机影响下，相当多企业的发展却陷入了效益低下、技术落后、亏损严重、大量工人下岗的困境，在向市场经济转轨、参与国际市场竞争的大潮中面临严峻的挑战。现代企业制度的实现，其主导思想是把国有企业改制成适应市场经济要求、产权清晰、权责明确、政企分开、管理科学的独立的法人实体。当前一大批企业处于比较困难的境地，究其原因关键在于企业未从根本上形成一整套适应现代化大生产和市场竞争需要的科学的管理机制。企业管理仍然处于传统的以企业为中心的管理阶段，主要表现在：管理以企业内部资源为中心；企业只要低成本；在计划方面，过于强调集中决策，决策只需要企业高层管理人员和领导参与，一般中层管理人员无须参与决策，也无须了解企业总体和未来的发展远景；在组织方面，强调按职能实行专业化分工，将一个完整的业务过程细分成简单的活动或操作，从而形成多层次的金字塔式的组织结构，使得沟通的效率大大降低，对外界变化的反应迟钝；在指挥方面强调下级服从上级，下级只有服从和执行上级指令的职责，而没有发挥主动性和创造性的余地；在协调方面强调同级之间一般不发生直接联系，分工越细，协调就越困难。

现代优秀企业是靠精心设计的高效刚性流水生产线来协调每个工人的操作的；在控制方面，严格按照制定的标准，通过下达的指令使生产进度符合计划的要求；在生产方面强调通过批量生产来提高效率，降低成本。在制造商起决定作用的稳定环境下，以企业为中心的生产管理是高效的，它使得企业像一部精心设计的机器般高效运转，不断地向顾客提供廉价而优质的产品。

二、建立精益生产管理模式

传统的管理模式即便是推行现代企业制度，也无异于在沙滩构筑海市蜃楼。因此，企业必须彻底实现向"以客户（市场）为中心"的管理模式的转变。它要求提高产品和服务的价值，要求对客户的需求做出快速响应；要求发挥员工的聪明才智和潜能，要求留住人才；要求进行迅速正确的决策和实施决策，要求组织扁平化，以缩短最高决策者与第一线工作人员沟通的时间；同时，还使不同层次的管理者都有一定的决策权，这就要求权力适度分散。决策分散使最了解情况的人能直接做出决策,有利于提高决策的正确性;但分散的决策有时会造成总体上的不一致,这就需要在企业内建立共同的愿景,要求员工具有全局观念,要求上下沟通,并要求各级管理人员具有较高的素质;管理人员的主要职能不再是发号施令,而是通过指导取得管理者与被管理者之间的相互理解和信任;要做到对客户需求做出快速响应,单靠一个企业的资源是力所不能及的,这就要求企业善于利用外部资源,采用供应链管理这种新的管理模式。

一个企业的成败,不仅取决于其适应市场变化的能力,而且也取决于其企业管理体系的所有方面。技术、设备、物资、劳动、质量等方面的科学管理对企业的生存和发展也会产生较大的影响。分析20世纪以来世界范围内经营成功的企业,无一例外,其经营成功秘诀除具备一种灵敏适应市场变化的特色外,亦在其内部形成一整套精益管理机制。日本的丰田、东芝、日产、索尼、松下、丰田、美国的通用、韩国的现代、三星,这些企业除能超前地预见消费者未来的需求动向外,都能在人、财、物等生产要素的结合及技术开发上倾注心血。

当前,随着我国宏观大环境由卖方市场向买方市场转化,加入WTO以来,对任何一家企业来讲,其生产经营活动面临的既是国内市场,也是国际市场,企业间的市场竞争日趋激烈。企业要想赢得市场竞争优势,不但要深入调查,以销定产,搞好营销管理;量入为出,精打细算,搞好财务管理;而且要合理组织,有序安排,搞好生产管理。相当一部分企业内部管理不善,生产过程组织无序,技术落后,设备老化,后果是产品质量得不到保证。

当前急需通过精益生产,建立精益企业,形成精益思想,使企业进入良性循环。

第二节 精益企业管理

一、经营与战略

企业管理分为经营管理与战略管理。

经营哲学就是"做同样的事情,我比你做得更好"。日本通过精益经营哲学成就了20世纪80年代以来的经济奇迹。

战略就是"改变游戏规则,发现利润区",美国利用敏捷战略法则,重塑了20世纪90年代至今的经济强势。

经营与战略就像DNA的双螺旋结构,决定了企业发展。

二、精益经营与利润

现在我们已经进入了一个微利时代,无论哪个行业利润空间都很小。很多企业苦心经营,只能获取微薄的利润,勉强维持企业的生存,稍有不慎,就会跌入亏损的边缘。

很多人将原因归咎为竞争太激烈、经济形势不好等。其实不然,我国经济持续快速发展，近五年来平均GDP（国民生产总值）增长超过6.5%。这意味着每年国家将有6.5%以上的新的市场机会。

改革开放的政策提供了企业飞速发展的土壤和空间。国内企业从来没有经历过经济萧条的洗礼，加上经营观念、经营意识、经营能力都非常薄弱，导致今天竞争稍微激烈一点就招架不住。企业要想继续生存，唯一的办法就是树立经营意识，改变经营观念，增强经营能力，消除企业多余的脂肪，让自己强壮起来——这就是精益生产。

三、从精益中提高经营效率

由于全球产业调整，作为工业经济的标志性行业——制造业正在向发展中国家转移，由于有低劳动成本优势，我国必将成为世界的制造中心。这对于快速发展的我国企业来讲，是一个千载难逢的机会。这个时期将是企业经营管理全面提升的黄金时期，企业将可以通过提高经营效率获得丰厚的回报，并培育出核心竞争能力。

经营效率的焦点就是投入产出比。对于一个具体的企业来说，要以尽可能少的投入实现尽可能多的价值，最好的办法就是减少浪费，这就是精益。精益经营已经成为全球企业普遍采用的经营方法，只有实现精益，才能成为真正的国际企业。

近年来，战略管理成功的企业数量有比较明显的上升。由于战略管理带来的巨大诱惑，让很多企业忽视了经营管理的基础性作用，导致陷入了战略管理的误区，这是一个危险的信号。

企业的能力成长是一个连续的过程，不可能期望仅仅通过战略实现突变。即使是战略也需要经营，否则战略管理将在竞争中枯竭。长期而言，最终的市场领导者将是战略管理和经营管理都非常优秀的公司。

因为精益经营对经营效率的不懈追求，其成为每个致力于不断发展的企业的永恒主题。

第三节　培育精益企业

一、精益企业成长过程

精益生产方式是在企业管理发展进程中形成的一种管理理念和经营哲学，精益生产揭示了现代生产方式的一般规律和方法。对于企业而言，则必须有一个具体的实践和成长的过程。这个过程由三个相互联系的要素组成：变革管理、精益化、精益经营系统。

（1）变革管理　企业精益化是一场变革。要促成精益化，首先是改变人，每个员工都能改变观念并接受新的知识。

（2）精益化　精益并不是一个结果，而是一种行为过程。企业从现状转变为一个精益的组织，按照精益经营系统的理论模型实践运用，它必须通过企业学习和成长的规律逐步积累，并在精益化的过程中获得企业的绩效和竞争力。

（3）精益经营系统　精益经营系统是企业应用精益生产方式在管理实践中形成具有自身特色和要求的管理系统。

二、变革管理

1. 从高度思考变革

1）精益挑战的不仅是方法的革新，更是人的观念和思想。很多企业可以承受高强度的磨难，克服高难度的技术，就是不能挑战自己固有的观念和思想。

2）建立精益经营系统是传统企业必须经历的一场痛苦的、脱胎换骨的变革，是对企业经营方式进行的根本性变革，是帮助企业适应新的更富挑战性的市场环境的变革。

3）精益生产不仅仅能解决质量、效率、成本问题，更重要的是建立一种新型的经营管理方式，在于改变经营观念，培养塑造管理团队，使企业文化焕发新的生机与活力。从长期来讲，这才是公司真正需要解决的困境。

2. 营造氛围

良好的开端是成功的一半，在变革之初必须高度重视营造变革的氛围，氛围是一种势能，会在变革过程中不断释放能量。

营造变革的氛围关键是激活并引导变革的欲望，变革是一个长期的过程。激活与引导变革欲望需要明确地告诉组织者我们所处的形势，并清晰地描绘未来。如果没有让组织者明白我们所处的形势，组织者将不会有紧迫感；如果没有清晰的愿景描述，员工将会无所适从，也激发不了他们的变革热忱。

3. 找准支点

成功的变革也必须找到恰当的支点，如图3-1所示。

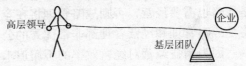

图3-1　变革支点示意图

一般来讲，企业中有两类人有强烈的希望变革：一类是基层员工，他们长期被压抑和忽略，希望在变革中找到自己的空间；另一类是高层领导，他们站得高看得远，也承担着巨大的经营压力，从公司生存角度希望变革。对于高层领导而言，他们是变革的发动者，是变革的操控者；而基层员工就是变革的支点。

当然支点不是现成的，它需要塑造。首先应该确立以现场为中心的理念，提升现场管理团队的地位，让现场成为企业各个业务部门服务的客户，充分尊重现场的意愿和需求。其次，应该将大量的管理资源用于提升现场管理团队的能力。如通过人力资源部门培训管理团队，或者调动企业各业务部门的精英人才充实现场管理团队等。

一旦现场管理团队的支点作用发挥出来，将会大大改变企业的工作作风和行为方式，原来每天在琢磨领导意图和应对策略的中层干部就会转向。热烈的变革运动，就会改变这些中层干部，让他们将精力放在现场变革上来，从而打破沉闷的层级管理。

4. 培育力量

变革首先应该发现并培育一支胜任变革的力量。很多人形容变革是打破一个旧世界，建设一个新世界，这不仅风险高，而且成本也很高。我国的改革开放没有直接对国有经济体制进行突变式的改革，而是积极培育新生的个体、民营、合资等经济成分，使其不断发展壮大，推动了国内经济的快速稳定发展，并成功实现向市场经济的重大改变。

因此，变革应该是建立新生力量成长的环境。企业变革的潜在力量总是存在，关键在于如何发现和培育，并使之成为一支独立的新生力量。

（1）变革需要外部的力量推动　如到先进企业学习与实践，以及采用合资、聘请咨询顾问等方法，纯粹依靠内部自我变革很难有新的力度和视野。

（2）变革需要内部发现和培育力量　如在企业开辟特殊环境培养人才，使之成为变革的主力军。

5. 管理变革三层次

变革的本质就是改变管理方式。变革方式包含三个层次的含义和内容——组织方式变革、行为方式变革和思维方式变革，如图3-2所示。

组织方式变革是指企业的组织结构和业务关系等与组织构成及其运作方式有关的改变。组织方式变革是变革中最直观、最直接的变革。因此，在许多管理变革中，首先想到的就是改变企业不合时宜的组织结构与业务流程，调整相应职责与人员。行为方式变革是看得见的变革，但不是最核心的变革。最核心的变革是思维方式的变革。真正彻底的变革应该是思想的变革、文化的变革。精益经营的变革必须从改变每一个员工的思想观念入手，常抓不懈，让各级管理者和员工牢固树立精益的理念，建立并适应精益经营理念和精益企业文化。

图 3-2　管理变革三层次

三、企业精益化

经营管理系统是管理过程、方法和人集成的系统，如图 3-3 所示。企业精益化的实质就是企业价值流不断优化、精益方法不断深入和全员参与不断加强的过程。

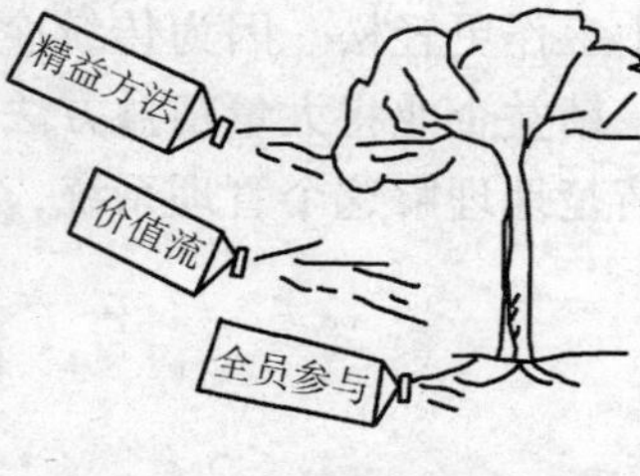

图 3-3　企业精益化三要素

1. 价值流

价值流是企业所有活动产生价值的过程。只要为客户提供合格的产品/服务，就是价值流。丰田汽车公司和通用汽车公司生产每一辆汽车，就有一个价值流过程；麦当劳和肯德基生产每一个炸鸡腿，就有一个价值流过程。每个企业的价值流是不一样的，关键在于发现它。

企业的价值流就像一条奔腾不息的河流，如果不加以改造，就很难用于航运、灌溉，滔滔江水就会白白浪费。改造它的办法很简单：那就是疏导。

2. 全员参与

我们比较容易记住力挽狂澜的英雄，却容易忘却真正的推动力量——公司每一位默默付出的员工。没有全员参与的公司，就像大树失去根基，即使有再好的阳光、水分、养料，也会枯萎。领导看到现场散落了几个零件，非常生气，于是找来员工教训一番，这似乎很正常。领导制订一项规定——"零件不能撒落在地上"，下次可能出现的就是零件掉到地沟里去了，谁也没有看到。

捡起掉到地上的零件，修复一个有问题的零件，擦掉设备上的灰尘，改进一个作业方法等看上去是小事，无法与企业大事相比拟，但这些小事会启发员工形成良好习惯和理念，会激发员工参与企业大事的积极性，因为公司大事成就于每一个员工的小事之中。

经营管理者所要做的就是引导员工担负责任、激发智慧。

四、精益经营系统

企业管理越精益，精益方法就越丰富、深入。没有枝繁叶茂，就没有参天大树。

1. 因地制宜

不同的枝叶适应不同的气候，如热带主要为常绿阔叶林。企业的精益方法也应该根据企业的环境不同而有所不同，否则将会因为不能适应企业环境而退化、萎缩，不会形成精益经营的管理气候。

枝叶在不同的生成阶段形态也不同。企业的精益经营系统也是随着企业的成长不断发展、丰富的。

2. 管理切入点

企业越发展，管理分工越细致，管理方法越专业，这无疑会增加管理的复杂性。如果没有掌握管理切入点，企业越发展越会感到管理的脱节。精益企业的管理系统要比传统企业的管理系统更复杂，但是人们在精益企业中工作却要比在传统企业中工作更轻松。因为传统企业没有科学、细致的管理系统，其管理当然就费劲了。精益企业将大量精益方法融合成一个有机的管理系统，这样每个企业的员工只要清楚地理解这个管理系统，就能像驾驶交通工具一样轻松自如。

第四节　精益本质

精益可以概括为"变革、能力、系统"六个字。

一、精益是管理变革

很多企业经常感叹生存空间太小。他们认为效率不高，多雇几个工人就行；品质不行，多检查几次就行，反正利润高着呢。现在这样不行了，因为客户不给企业犯错的机会，利润只能靠一分一厘地抠，我国企业进入了一个深度工业化的期间。

深度工业化阶段具有以下三个显著的特征：

1) 市场机会从广度转变为深度。一个重要的特征是资本不再是生产要素中最稀缺的资源，这使简单的钱生钱变得非常困难，没有对行业的独到理解，企业的生存能力会显著下降。

2) 企业开始从单一制造向产业链的高端延伸。现在很多企业在生产规模上已经很有优势，但这是简单的局部优势，因为没有自主知识产权的产品，其利润空间已经严重萎缩，生存质量明显下降。

3) 服务业迅猛发展，吸纳了大量的人力资源，正在迅速瓦解持续十几年的低劳动力成本优势。过去依靠低劳动力成本、高工作负荷支撑企业运行的企业将面临前所未有的劳动力危机。

这些变化给企业带来的管理挑战是严峻的，它意味着过去的成功及赖以生存的管理逻辑将无法再支撑企业的持续发展。企业必须跨越这道无法回避的坎，实施管理方式的变革。

早认识到这个问题，就能掌握变革的主动权，获得未来的成功。

二、提高经营组织能力

有很多企业的领袖非常优秀，白手起家，短短十余年就将公司迅速发展成行业内小有名气的企业。他们具有敏锐的洞察力和深度的商业直觉，他们经常用很短的时间对一个由专家组成的团队用一个月辛苦换来的分析报告做出决策。

在企业成长初期，企业面临诸多的竞争压力和商业风险，企业成功的关键是把握企业生存与发展机会。企业通过创业阶段的积累，会逐步形成一种能人文化。这些企业能人是当之无愧的成功者。在能人文化中，领导层与管理层存在较大的思维方式和理念上的差别。这种差别会导致巨大的沟通障碍和认知偏差。在这样的企业中，管理就像舞长龙，做任何一个动作都需要龙头带领，越到龙尾越舞不出什么花样，企业的执行力和创造力也就相对较弱。

随着企业的壮大，管理的专业性和复杂度会达到一定程度，通过这种能人文化来管理企业将变得力不从心。因为依靠企业能人的个人能力已经无法驾驭这艘已经驶入大海的航船。此时，企业成功的关键是提升整个企业的管理能力。企业最大的挑战就是让企业的领军人彻底改变管理思路，即让企业关注焦点从把握机会转变为提升企业经营能力，实现能人文化向团队文化的转变。只要形成团队文化，它就可以依赖团队的力量更好地捕捉机遇。

如何培养团队的力量？

首先，企业需要树立这样一个理念：企业管理的最高智慧并不存在于个人，而存在于团队的共同思考。企业的经营管理水平，最终决定于团队能力。

其次，需要团队领导改变管理方式，要将培育团队作为管理的主要工作，而不是指挥团队实现业绩。作为企业领军人，他具有企业需要的独特知识与经验，他的最大价值在于让整个团队分享这些独特的知识与经验，将个人能力上升为团队能力。

团队能力成长起来了,团队领导也可以得到升华,跃升到更高的层面去思考问题。

最后,需要激发团队的热忱。团队是由不同个性、不同经历的成员构成的整体。团队成员的思想是非常丰富的,一旦被激发出来,将会形成强大的创造力。

三、有竞争力的管理系统

我国现在有很多企业,从规模上讲已经是世界级的大公司,可是并没有获得与其规模相一致的竞争地位。

这种差距的根源究竟在哪里?除了资金、技术等实力存在一定差距之外,最根本的就是缺乏国际同类公司经过长期积累建立的管理系统。这个管理系统就像企业筑起的高台,使每个站在这个高台上的员工获得一个高度,从而让企业在竞争中比一般企业技高一等。

企业必须系统地学习管理方法,像登山一样一步一个脚印地不懈攀登,不断提升自己的高度。经营的目的就是持续培育企业的管理系统,最终建立起有竞争力的管理系统。

第五节 营造精益思想

实施精益生产应该在思想、团队、机制、方法四个层面上系统思考,如图3-4所示,才能最终建立名副其实的精益生产,否则将会是盲人摸象,始终领悟不到精益生产的实质和全貌。

一、精益经营哲学

精益首先是经营思想,而非管理工具。

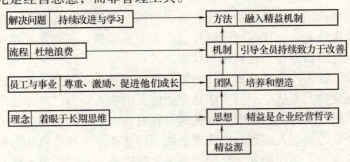

图3-4 系统思考精益生产

很多企业拥有庞大的规模、雄厚的资金、先进的技术等,却不一定拥有精益的经营。日本丰田汽车公司在20世纪70年代已经是一个十分精益的企业了,但那时它的规模并不大。

精益是一种经营思想,它激励人们在所做的任何事情上,消除浪费,在尽可能短的时间内对客户需求做出反应,从而使利润最大化。

精益思想归纳为以下五点:

1）让客户了解价值。
2）识别价值流。
3）使价值不间断地提升。
4）让客户拉动价值。
5）追求尽善尽美。

二、团队是精益生产核心资源

精益生产是一个团队优先的管理体系。在精益生产中，团队始终是精益生产最核心、最重要的资源。

没有训练有素的员工与团队，精益生产就不会有长期的生命力。

精益企业强调将挖掘和发挥人的智慧作为管理的第一任务，甚至可以为了培养和塑造团队而暂时放弃短期绩效，直到团队有意愿、有能力接受它。

人的理性是有限的，片面强调最快决策，实质是剥夺了团队学习和达成共识的时间，最终是欲速则不达。精益生产的发展速度，并不取决于部分人员的远见卓识，而是团队全体成员的成长速度，这是培养和塑造团队的有效途径。

三、引导全员改善机制

很多企业有非常完备的制度，但是缺乏有效的执行。因为这些制度是管理者根据他们的意志制订的。精益生产更强调机制，即人与制度的融合与互动，机制是团队实践的结果。

机制是活的，以人为中心，一切都是以能够激励和引导员工为准则。这样机制就能真正激发全员的参与感、成就感，从而使团队成员做到及促进他们不断挑战自我，持续改进。而不是像传统制度那样去束缚和控制员工的行为。

【案例】某公司通过多种形式积极开展提案改善活动，多年来取得较好的效果。

该公司通过一定的制度化的奖励措施，引导和鼓励员工积极主动地提出并实施任何有利于改善企业经营品质、提高企业管理水平的革新建议、改进意见和发明创造等的活动。并对提案的员工给予适当的奖励与表扬。任何行业的任何工作，不论是现场操作、文书或管理工作，都存在着许多浪费，例如时间、场所、士气的浪费等，这些都直接影响企业的效益。因此必须对这些不合理的现象加以改善。

该公司总装车间对职工提案研讨进一步落地，取得很好效果，激发了全体员工生产热情；该公司生产车间利用上班前10min召开班前会议，由二位员工分别宣讲提案情况，使整个车间生产现场运营水平不断提升。

四、精益方法实践

在精益生产理念中，方法是最后的关键。只有具备良好的思想、团队、机制的企业，方法才会被赋予生命和灵魂，并被创造性地实践和发展。

如果某个方法不能有效，首先要检查的不是方法是否科学，而是思想、团队、机制是否出现问题。方法是人创造的，只要思想、团队、机制到位，即使方法不是很好，也容易做到不断改进。

第四章 精益生产运营

第一节 丰田生产核心解析（TPS）

丰田生产核心的根本出发点和落脚点是杜绝企业产、供、销过程中的一切浪费。

丰田生产方式是一种以通过消除所有环节上的浪费来缩短产品从生产到客户手中时间的理念。它是丰田汽车公司在过去几十年的实践摸索中逐步完善起来的一套体系。其目标是降低生产成本，提高生产过程的协调度，杜绝企业中的一切浪费现象，从而提高生产效率，提高质量，降低成本，保证交货，为企业带来较高的收益回报。丰田生产方式如图4-1所示。

一、丰田精益生产管理

精益生产管理（technical problem sammery，TPS）就是人们通过对丰田生产方式等特征进行深入研究，并将眼光

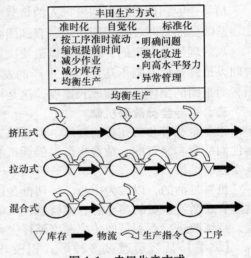

图 4-1 丰田生产方式

延伸到整个价值流。价值流即产品从原材料供应到最终交付给用户的所有过程，包括原材料供应过程、零部件供应过程、生产现场和产品销售代理过程，还包括产品的设计过程等。精益生产的原则不仅适用于制造业，也适用于其他行业。根据这种思维原则建立的生产方式就是精益生产方式。丰田生产方式是日本丰田汽车公司的生产管理方法，具有其自己的特点是侧重于生产过程的管理。

尽管丰田生产方式是一个体系，它的精髓可以概括为自动化、准时化和强烈的危机意识。自动化是指生产线一旦出现故障立即停机，以保证不出次品；准时化是指在规定的时间内生产出计划数量的合格产品；强烈的危机意识是指企业从上到下全体员工都意识到来自各方面的压力和动力，自觉地参加到生产的全过程中去，随时发现问题并解决问题。

二、丰田生产方式精髓

丰田生产方式的精髓主要表现在：

1）鲜明的纲领。丰田的纲领：上下一心，努力工作，致力于研究、创造，走在时

代潮流的前面；力戒华而不实，追求实质刚健；发扬温情友爱，建设美好家园。这些纲领也是丰田社训的重要组成部分，成为丰田模式的基本理论基础，对激发员工的创造力和积极性起到巨大的作用，是丰田成功的精神支柱。尽管环境在不断变化，但丰田汽车创始人丰田佐吉的这些关于产业发展的思想却始终不变，全员参加的质量管理小组、合理化建议制度、持续改善活动等对于丰田生产方式的形成起到巨大的推动作用。

2）明确的目标。降低成本，增加收益，高质量地进行生产，最大限度地使顾客满意。为了实现这个目标，丰田生产方式将降低成本作为最基本的目标。降低成本目标也是提高生产率的目标。为了实现这个基本目标，应该彻底消除生产中的浪费现象，包括过剩的库存和过剩的人员等。

3）三大支柱的支撑。指准时化生产制度、人员自觉化和严格的标准化。准时化（JIT）生产即以市场为龙头，在规定的时间内生产出一定数量和高质量的产品，JIT以需要拉动生产为基础，以看板管理为手段，从而形成全过程的拉动控制系统。人员自觉化是指人员与设备的有机配合行为。生产线上一旦发生质量、数量、品种等方面的问题，设备就会自动停机，并有指示显示，而任何人发现故障和问题，都会主动排除故障，解决问题，同时将质量管理溶入生产过程，变为每一个员工的自觉行为，将一切工作变为有效劳动。标准化是指从丰田公司的标准到国际标准。面对激烈竞争的新环境，随着国际化经营时代的到来，丰田以各国都认可的方式进行国际化生产，最大限度地实现国际标准化，以达到标准化全新要求。

4）坚实的基础是指持续不断的改善活动。改善是TPS的基础，可以说没有改善就没有TPS。丰田生产方式在追求降低成本最终目标的同时，还包括各种不同的目标（数量管理、质量保障、尊重人格等），所有这些目标都要通过丰田生产方式的基础——持续不断的改善活动来实现。使丰田生产方式真正取得实效的就是改善活动。不断提高附加价值的一切工作，包括生产过剩、库存、等待、搬运、加工中的一切活动，多余的动作、不良品的返工等都是浪费，这些浪费必须经过全员努力不断消除。持续改善是当今国际上流行的管理思想，它是以消除浪费和改进提高的思想为依托，对生产与管理中的问题，采用由易到难的原则，不断地进行"理解—准备—确认—实施"的循环，经过不懈的努力，以求长期的积累，获得显著效果。

三、推行TPS应注意问题

推行TPS需要强烈的危机意识，企业管理层的危机意识和紧迫感是实施TPS的前提。

改善是TPS哲理的基础与条件，推行TPS首先要从持续改善入手，才能取得显著效果。

1）推行质量管理。质量管理不是独立存在的体系，它必须融于生产过程。质量管理是不能脱离生产现场的加工操作及包装、运输的全部过程的，必须融为一体。

2）强化生产均衡化。生产均衡化是实现适时适量生产的前提条件。生产均衡化是指总装配线在向前工序领取零部件时，应均衡地使用各种零部件、生产各种产品。包括生产的品种、数量、时间三方面的均衡。为此，在制订生产计划时就必须加以考虑，然后将其体现于产品投产顺序计划之中。当前企业出现由短缺向相对过剩的变化，加之不少企业整体管理水平低，对市场前景缺乏科学的预测，造成仓库积压严重，也有不少企业完全处于存货式生产状态，市场销售状况忽高忽低，有的企业生产任务季节性强，有的企业还由于生产能力过剩和没有订单而处于停产状态，很难实现生产的均衡化，这也是推行TPS难以奏效的重要原因。

3）推行丰田生产方式必须进行大量的宣传和改进工作。丰田生产方式是一个完整的体系，不能片面从某一个方面来理解和实施，而是要对整个价值流进行全面的改进，这就要求加强在这方面的宣传、培训和交流，正确地理解。在实施过程中涉及企业的全体员工，需要他们的积极参与和全力配合，只有这样才能真正取得成效。这就要求企业的全体员工要充分认识精益生产会带来巨大效益，尤其是高层管理者，应对实施精益生产给予不断的强化和支持。

4）丰田生产方式是引进的模式，需要不断国产化。尽管TPS没有国籍，但国内许多情况与国外不尽相同，所以在国外成功实施的技术和管理方法对我国的企业不一定完全适用，盲目照搬国外成功的经验给我们带来的教训实在是太多。切不可简单照搬国外成功的管理方法和生产方式，而是要根据丰田生产方式的特征和我国企业的实际情况，对丰田生产方式不断进行研究和实践，使之更加适合我国的国情。

5）加强对员工的培训。培训既是推行TPS的突破口，又是TPS自始至终的工作内容，应在全公司范围内培训TPS的理念。同时，要注意研究国内外推行过TPS企业的成功经验与失败教训。按照TPS的要求大力推行生产的同步化。由于生产计划只下达至最后的工序，要通过看板的管理工具带动其他各个工序。前一工序的加工结束后，使其立即转到下一工序去，促使装配线与机加工节奏平行进行，使产品被一件一件、连续地生产出来。

6）企业家要有强烈的危机意识。第二次世界大战结束后，当时美国的汽车产量是日本的8倍，在与美国企业的激烈竞争中，丰田公司通过采用TPS方式，经过多年的奋斗终于赶上了美国。所以从一定意义上说TPS是危机的产物。当公司内部出现认为没有问题的人越来越多时，情况是最危险的；事实上对企业来说，每天都有危机。所以强烈的危机意识是实施TPS的前提，而及时暴露被掩盖的问题或缺陷则是TPS的基本原则。在强调危机意识时，要特别强调企业最高管理层的危机意识。而我国企业目前面对的也是国际化的市场，如何降低成本，增加利润，是每一个企业都无法回避的问题。我国的企业要学习丰田生产方式，必须进行三个方面的改革：①要进行全员危机意识的培养和教育；②优化生产现场，改善组织运营状况，提倡效率化；③建立充分的竞争机制。

图4-2为某工厂生产计划流程图；图4-3为某工厂生产任务安排流程图；图4-4为某工厂生产控制流程图。做好生产计划流程图、生产任务安排和生产控制流程图，是提高生产效率和产品质量、降低成本、保证交货的有效手段。

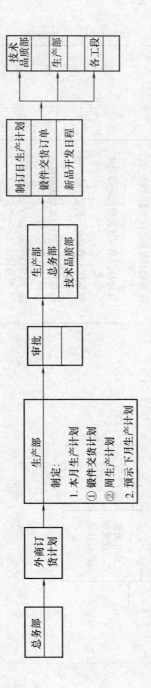

图 4-2 某工厂生产计划流程图

注：1. 提交表格由各有关部门签字确定。
2. 外商订单发生变化，由总务部再提交订单变化表，仍按上述顺序进行。

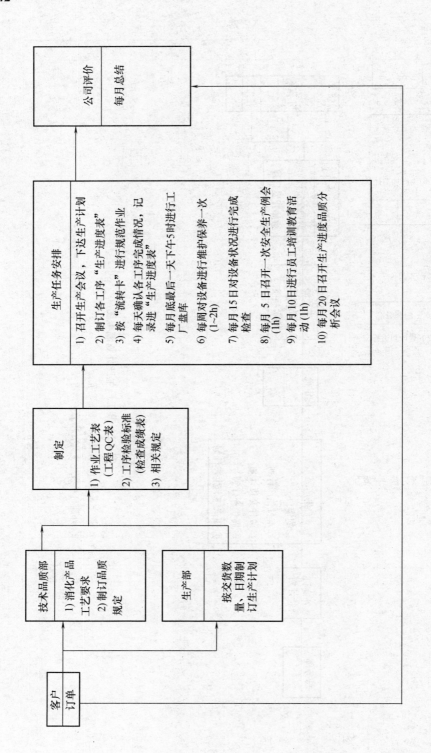

图 4-3 某工厂生产任务安排流程图

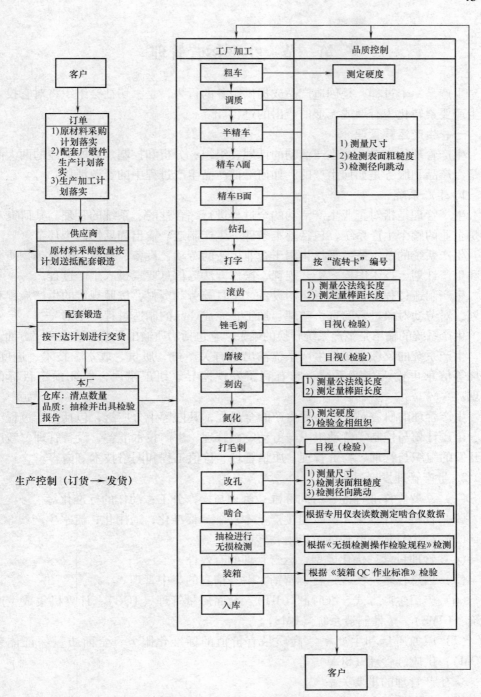

图 4-4 某工厂生产控制流程图

第二节　生产运营管理

生产是一个过程，是创造产品或提供服务的行为，是一切社会组织将对它投入的生产要素转化为有形或无形的产出的过程。

一、生产运营管理

生产管理是指对企业生产活动的计划、组织、分析和控制。它所关注的两大问题是：产品和服务是如何生产的？如何降低产品生产过程中的资源消耗？

1. 生产系统

生产管理是指对企业生产活动的全过程进行综合性的、系统的管理。其研究对象是企业的整个生产系统，包括基本条件、生产制造、输出和反馈四个环节。

生产系统的基本条件是指将用于企业生产的劳动、设备、材料、燃料等物质要素和生产计划、技术图样、工艺规程、操作方法等信息要素投入生产过程。

生产制造过程是指劳动者运用设备、工具等劳动资料，按照规定的生产流程和计划，对劳动对象进行筛选、整理、加工，完成产品的制造过程。

生产系统的输出是生产系统转换的结果，它包括物质输出和信息输出两个方面。

生产系统的反馈是指把生产系统输出的有关产量、质量、成本、技术、进度、消耗等信息再输入生产系统，它有利于发现差异、纠正错误，保证预定目标的实现。

生产管理的研究对象是企业生产的全过程，其内容十分广泛，包括生产过程组织、生产计划与控制、劳动组织与劳动定额管理、生产技术准备、设备管理、新产品开发的组织与管理、物资管理、质量管理、价值工程和网络技术等内容。

2. 生产管理发展过程

（1）泰罗　作业标准，时间标准；管理与操作分工；动作的标准化等。

（2）福特　作业分工，批量生产基本理念，标准化、通用化；流水生产线。

（3）行为科学　管理的重点由物转向人。

（4）管理科学　优化模型、运营管理的有效性。

（5）信息技术　实现运营、营销、财务信息的集中管理。

（6）丰田生产方式　准时制（JIT）、全面质量管理（TQC）、计算机集成生产系统（CIMS）、柔性制造系统（FMS）。

（7）服务质量和生产率　高质量有价值的标准化服务、全面质量保证体系（TQM）；供应链管理（SCM）等。

3. 生产管理的重要关系

（1）生产管理和经营　生产是一切组织存在的前提，生产管理是企业管理的一部分。它要根据企业经营决策所确定的一定时期中的经营意图，即经营方针、目标、战略、计划的要求及下达的具体任务，组织生产活动，并保证实现。从企业管理的分层来看，经营决策处于企业的上层，即领导层；生产管理处于企业的中层，即管理层。生产管理对经营决策起保证作用，但又处于执行性地位。

（2）生产管理和销售　生产管理活动改善了企业工作的质量。生产管理是销售管理的前提条件。它为销售部门提供用户满意的、适销对路的产品和服务。搞好生产管理工作对于开展销售管理工作，提高产品的市场占有率有着十分重要的意义。所以，生产管理是销售管理的后盾，对销售管理工作起着保证作用。在企业管理系统中处于执行性地位。

（3）生产管理与市场变化　市场的变化对生产管理提出更高的要求。在卖方市场条件下，产品在市场上处于供不应求的状态，因而只要产品生产出来，就能够卖出去。生产管理关心的是提高生产效率，增加产量。但是在市场经济条件下，市场变成了买方市场，竞争加剧，对商品的要求出现多元化趋势，不但要求品种多、质量高，而且需要价格便宜、服务周到、交货准时，这种对产品需求的变化对生产管理提出新的挑战。

4. 生产管理的内容

（1）生产过程与战略　生产过程的理念、特征；生产方式的选择；技术、工艺管理。

（2）生产系统的配置　厂址选择、工厂布局、设备及设施配置。

（3）生产系统运行的计划与控制　生产计划、作业计划、生产控制。

（4）生产作业活动的组织　劳动组织、作业分工，产品流程设计。

（5）生产要素管理　材料、设备、人力等。

二、生产管理的目标

1. 组织均衡生产

组织均衡生产就是必须重视按质、按量、按品种连续、均衡地完成生产任务。这对于充分利用企业资源、降低产品成本、保证产品质量都有明显的作用。由于市场的需求和资源的供应常常是起伏波动的，作为工业企业要完全克服这种波动对企业生产的影响，客观上是很困难的，管理者只能通过强化管理降低库存。有时候为了解决需求和生产之间的矛盾，增加库存会是有效的办法，特别是原材料供应和市场需求具有明显季节性的产品，在这种情况下到底是均衡生产还是非均衡生产更为有利，要通过严格的成本收益分析才能得出结论。因而生产管理者应当根据主客观条件，尽可能做到均衡生产。

2. 满足市场需求

强调按质、按量、按期完成生产计划，在计划经济条件下，企业单纯是一个生产组织，企业的任务就是按质、按量、按期完成国家下达的生产计划，这种观点是可以理解的。

在市场经济条件下，企业作为独立的经营实体，为了实现利润最大化，其生产管理的任务是将社会和市场所需的一定质量的产品，在需求的时间内按需求数量及时而又经济地生产出来。具体来说，生产管理的任务如下：

1）按照合同约定或市场需求的产品品种、质量，完成生产任务。在买方市场条件下，生产什么产品是由市场决定的，而不是由企业决定的。而产品质量则是企业竞争力的核心，提高质量是企业稳定客户、扩大市场、提高市场占有率的有力手段。

2）按照企业制订的产品成本计划完成生产任务。企业产品的价格是由合同约定或市场决定的，为了获得稳定的利润，企业应该制订产品的计划成本，生产管理的任务之一是保证产品成本不突破计划成本。

3）按照合同约定或市场需求的产品数量和交货期完成生产任务。数量不足要承担违约责任或丧失销售机会，产量过剩又会因增加库存而增加成本，加大风险。现代经济系统对企业交货不仅要求及时，而是要求准时，过早或过迟生产出产品都会给企业带来损失，生产管理要做好数量和交货期的平衡工作。

企业生产产品的质量（Quality）、成本（Cost）和交货期（Delivery），简称QCD，是衡量企业生产管理成败的三要素。保证QCD三个方面的要求，是生产管理最主要的任务。在企业的实际管理工作中，这三个方面的要求是互相联系、互相制约的。提高质量可能引起成本增加；为了保证交货期而过分加班，可能引起成本的增加和质量的降低。为了取得良好的经济效益，生产管理应很好地完成计划、组织、分析、控制职能，做到综合平衡。

三、生产组织形式

1. 生产线

生产线是指按对象专业化原则组织起来的多品种的生产组织形式。在一条生产线上，拥有为完成一种或几种产品的加工任务所必需的机器设备，这些设备的排列和工作地的布置，是由生产线上主要产品或多数产品的工艺路线和工序劳动量比例决定的。生产线可组织多种产品的生产，因而生产线灵活性较大。目前我国工业企业的生产组织形式中，生产线是一种行之有效的方法，具有很强的实用价值，特别适合于品种、规格复杂多样，产量又不大的工业企业。

2. 流水线

流水线是流水生产线的简称，是指劳动对象按照一定的工艺过程，顺序地经过各个工序的加工，并按统一的节拍完成工序的一种生产组织方式。流水线是比生产线更为先进的一种生产组织形式，和生产线相比较，流水线具有如下特点：

1）作业点高度专业化。每个作业点只完成一道或几道工序。

2）工艺过程是全封闭的，作业点按工艺顺序排列，加工对象在各工序之间平行地前进移动。

3）作业点数目与加工时间成比例。

4）工序有节奏地生产。即在相同的时间内生产相同数量的产品。

由于流水线所具有的作业点专业化程度高、生产过程节奏性强、生产过程的连续性好等特点，在进行大批量的生产时，流水线是一种较好的生产组织形式。

在流水线上，原材料、在制品的搬运量大大减少而节约了大量运输费用。同时由于生产过程的节奏性和连续性，也使生产过程的管理和控制工作简化。但由于流水线是按产品专业化组织生产的，因而流水线上工人的技术水平也比单件小批生产线上工人的技术水平低，从而加大了管理的难度，特别是基层工段的管理难度。另外流水线上的操作工人长时间重复一种操作，因而显得枯燥乏味。

3. 自动线

自动线是指技术上更为先进的一种生产组织形式。它是在生产线和流水线的基础上发展起来的。它是由自动化设备实现产品工艺加工的一种生产组织形式。自动线和流水线的不同之处在于，自动线上工人的任务仅仅是监督、调整和管理自动线，不参与直接操作，劳动对象的传送、装卸、检验、加工等都是由自动线自行完成的。

自动线具有降低工资成本、加速流动资金周转、缩短生产周期、稳定产品质量的优点。但是，自动线投资数额巨大，回收期长，自动线任一地方出现小故障，都会造成自动线生产的中断。因而采用自动线组织生产，需要工厂有较为雄厚的实力，产品结构和工艺稳定而先进，并且产品的市场需求量大。

4. 柔性制造生产系统

随着计算机在技术、工艺和制造领域的应用，以及先进技术装备（如数控、程控机床）的采用，与先进的管理方法和技术结合，逐步发展为柔性制造系统、计算机集成制造系统等。

（1）柔性制造类型　柔性制造是指在计算机的支持下，能适应加工对象在一定的范围内迅速变化的制造系统，柔性制造系统可分为以下三种类型：

1）柔性制造单元。它是由一台或数台数控机床或加工中心构成的加工单元。该单元根据需要可以自动更换刀具和夹具，加工不同的工件。柔性制造单元适合加工形状复杂、加工工序简单、加工时间较长、批量小的零件，它有较大的设备柔性。

2）柔性制造系统。它是以数控机床或加工中心为基础，配以物料传送装置组成的生产系统。该系统由电子计算机实现自动控制，能在不停机的情况下满足多品种的加工。柔性制造系统适合加工形状复杂、加工工序多、批量大的零件，其加工和物料传送柔性大。

3）柔性自动生产线。它是把多台可以调整的机床（多为专用机床）联结起来，配以自动运送装置组成的生产线。该生产线可以加工批量较大的不同规格零件。

（2）柔性制造系统构成　柔性制造系统基本组成部分如下：

1）自动加工系统。它是指以成组技术为基础，把外形尺寸、重量大致相似，材料相同，工艺相似的零件集中在一台或数台数控机床或专用机床等设备上加工的系统。

2）物流系统。它是指由多种运输装置构成，如传送带、轨道、转盘及机械手等，完成工件、刀具等的供给与传送的系统。

3）信息系统。它是指对加工和运输过程中所需各种信息收集、处理、反馈，并通过电子计算机或其他控制装置（液压、气压装置等），对机床或运输设备实行分级控制的系统。

4）软件系统。它是指保证柔性制造系统采用电子计算机进行有效管理的必不可少的组成部分，包括设计规划、生产控制和系统监督等软件。

（3）柔性制造系统优点　柔性制造系统是一种技术复杂、高度自动化的系统，它将微电子技术、计算机和系统工程等技术有机地结合起来，圆满地解决了机械制造高自动化与高柔性化之间的矛盾，具体优点表现如下：

1）设备利用率高。一组机床编入柔性制造系统后，产量比这组机床在分散单机作业时的产量提高数倍。

2）在制品减少80%左右。

3）生产能力相对稳定。自动加工系统由一台或多台机床组成，发生故障时有降级运转的能力，物料传送系统也有自行绕过故障机床的能力。

4）产品质量高。零件在加工过程中，装卸一次完成，加工精度高，加工形式稳定。

5）运行灵活。有些柔性制造系统的检验、装卡和维护工作可在第一班完成，第二、第三班可在无人照看下正常生产，在柔性制造系统中，其监控系统还能处理诸如刀具的磨损调换、物流的堵塞疏通等运行过程中不可预料的问题。

6）应变能力大。刀具、夹具及物料运输装置具有可调性，且系统平面布置合理，便于增减设备，满足产品需要。

（4）柔性制造系统的智能化发展　柔性制造系统的智能化发展趋势大致有两个方面：一方面是与计算机辅助设计和辅助制造系统相结合，利用原有产品系列的典型工艺资料，组合设计不同模块，构成各种不同形式的具有物料流和信息流的智能化柔性系统；另一方面是实现从产品决策、产品设计、生产到销售的整个生产过程自动化，特别是管理层次自动化的计算机集成制造系统（CIMS）。

第三节　作业工艺表与工序检验标准

一、作业工艺表

作业工艺表（工程QC表）是按产品的生产线在整个制造过程中所要经过每道工序编制的。

1）作业工艺表是由工厂技术部门和车间技术小组共同编制的；编制完毕要经过编制、审核、批准各负责人签字确认；当产品工艺变化，要对工序加工具体要求进行修订时，同样要经过编制、审核、批准各负责人签字确认。

2）作业工艺表是用来指导操作工具体操作的一种工艺文件，所以在表内要填写清楚各项要求，让操作工能理解工序操作中应注意的问题，在操作时严格按作业工艺表要求执行。

3）为了使操作工更好理解工序操作重点和要领，在表内"示意图"专门配备加工设备的图片和操作时相关仪器仪表正常运行参数要求的图片。

4）为确保每道工序加工品质，表内对使用设备作业前、作业中、作业结束操作者要执行具体事项必须说明清楚。

5）对重点工序，表内要在"管理重点"栏填写清楚，详见表4-1。

表4-1 作业工艺表样例（一）

作业工艺表			完成日期：	年	月	日	修订日期	批准	审核	编制
			批准	审核		编制				
图号	名称	工序名称	设备名称	作业标准时间			工具、检具名称		其他	
				工时						
				人员						
材质	规格	其他	安全配件	制造条件管理						
			口罩、手套、袖套	管理项目		管理评价	确认方法	确认次数		记录方式
			保护眼睛							
			工作服							
			工作帽							
			其他							

示意图：

作业程序		
作业前	作业中	作业结束
1.	1.	1.
2.	2.	2.
3.	3.	3.
4.	4.	4.
5.	5.	5.

管理重点：
1.
2.
3.
4.
5.

二、工序检验标准

工序检验标准（检查成绩表）是指为说明加工每道工序具体检验要求及检具、量具或仪器仪表检验要求而编制的工序检验文件，见表4-2。

作业工艺表和工序检验标准是相配套的两个文件，这是加强生产制造过程每道工序的基础文件，每道工序确保了品质要求，从而保证了产品达到品质要求。

表4-2 工序检验标准样例（一）

工序检验标准		完成日期：	年	月	日	修订日期	批准	审核	编制
		批准		审核		编制			
图号	名称	工序名称			设备名称		工装名称		其他

示意图：

检验项目管理						
序号	管理项目	具体管理要求	检具、量具名称	检验次数	抽检比例	记录方式

三、具体案例

1）表4-3和表4-4分别为某公司精车加工作业工艺表及工序检验标准。

表4-3 作业工艺表样例（二）

作业工艺表			完成日期：	年 月 日	修订日期		批准	审核	编制
			批准	审核	编制				

图号	名称	工序名称	工序号	作业标准时间		材质	安全配件
	泵齿	精车 A 面		工时		4140H	工作服
				人员			

示意图：

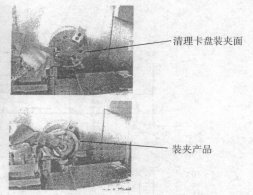

清理卡盘装夹面

装夹产品

① 先清理卡盘装夹面，后装夹产品
② 先关闭防护门，后起动设备

工序作业指导

设备名称	加工工步主要内容	使用刀具	刀具编号	加工参数	检验设备或计量器具	自检比例	确认方法	备注
数控车床 LK40	外圆/mm $\phi 204.11_{-0.12}^{0}$ 齿宽/mm 23 ± 0.20 倒角 $1.30mm \times 45°$ 小端面深度/mm 22.15 ± 0.1 倒角 $2mm \times 45°$	刀杆 刀片	T10	主轴转速/(r/min) 进给量/(mm/min)	检验设备： 1）齿轮径向跳动测量仪 3603A 2）表面粗糙度仪 计量器具： 1）游标卡尺 0~300mm 2）深度游标卡尺 0~200mm 3）万能角度尺 0~360° 4）R 规 5）内径百分表 18~35mm 6）环规 $\phi 29.7mm$	100%	巡检员复检	防锈措施：切削液、防锈油
	倒角 $25°$ 车至 $\phi 180_{0}^{+1}mm$ $R25$ $\phi 164mm \pm 0.5mm$ 深 $18mm$ $R24$ $\phi 153.77mm$	刀杆 刀片	T20					
	孔 $\phi 29.7_{0}^{+0.025}mm$ 倒角 $1_{0}^{+0.5}mm \times 30°$	刀杆 刀片	T30					

管理重点
1. 外圆； 2. 孔； 3. 平面度； 4. 同轴度； 5. 垂直度； 6. 表面粗糙度

表4-4 工序检验标准样例(二)

工序检验标准	完成日期:	年	月	日	修订日期	批准	审核	编制
	批准	审核		编制				
图号	名称	工序名称			设备名称	工装名称		其他
	水泵齿轮	精车A			数控车床			

示意图:

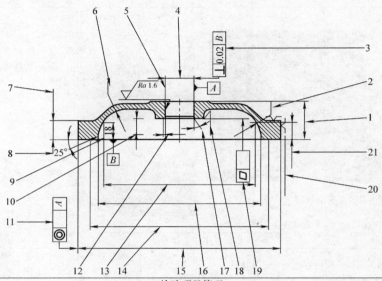

序号	管理项目	检测结果	检具量具名称	检验次数	抽检比例	记录方式
			检验项目管理			
1	长度		高度尺	每班	50%	检验记录单
2	圆弧		半径样板(R规)	每班	1%	检验记录单
3	垂直度		杠杆千分表	每班	5%	检验记录单
4	内径		内径百分表	每班	100%	检验记录单
5	表面粗糙度		粗糙度检测仪	每班	1%	检验记录单
6	圆弧		半径样板(R规)	每班	1%	检验记录单
7	长度		游标卡尺	每班	5%	检验记录单
8	倒角		万能角度尺	每班	5%	检验记录单
9	长度		深度尺	每班	1%	检验记录单
10	长度		高度尺	每班	10%	检验记录单
11	同轴度		齿轮径向跳动仪	每班	10%	检验记录单
12	内径		游标卡尺	每班	1%	检验记录单
13	内径		游标卡尺	每班	1%	检验记录单
14	内径		游标卡尺	每班	5%	检验记录单
15	外径		外径千分尺	每班	100%	检验记录单
16	内径		游标卡尺	每班	5%	检验记录单
17	倒角		万能角度尺	每班	5%	检验记录单
18	倒角		游标卡尺	每班	1%	检验记录单
19	平面度		径向跳动仪	每班	10%	检验记录单
20	倒角		游标卡尺+角度尺	每班	5%	检验记录单
21	长度		深度尺	每班	5%	检验记录单

注: 1. 检验员按照上列抽检比例执行抽检。
2. 记录方式: 小批量(流转数低于200件)试制产品按抽检比例对应的实际数量记录检测值; 批量生产产品(流转数大于200件)按检验记录单首检、巡检项目记录。

2）表4-5和表4-6分别为某公司热处理氮化工序的作业工艺表及工序检验标准。

表4-5 作业工艺表样例（三）

作业工艺表		完成日期： 年 月		修订日期	批准	审核	编制
		批准	审核	编制			
图号	名称	工序名称	工序号	工艺路线	材质	热处理前状况	
	泵齿	氮化	100	加工-调质-加工-氮化-加工-改孔-成品包装		调质-精加工	

示意图：

（示意图：顶部风扇、集风板、计算机程序控制柜、LZJ-10F耐腐型玻璃转子流量计、热电偶、2组PID的控温方式、NH₃进气管、炉内NH₃出气口、φ700、900）

技术要求

表面硬度 >　　　　　HRC
齿面表面硬度 >　　　HR15N
齿部心部硬度　　　　HRC
氮化有效硬化层
　深度 >　　　　　　mm
氮化白亮层 <　　　　mm
氮化扩散层 >　　　　mm
氮化物级别 ≤　　　　级

工序作业指导

序号	操作内容	设备编号及型号	装炉方式和装炉量	加热温度/℃	保温时间/min	氨分解率(%)	控制仪表	冷却要求	作业要求
1	清洗	无铅汽油							表面无油渍无锈斑
2	装炉烘干	RN-80-6 013或014	用树杈形料架230个/炉，进炉时炉温≥400℃						零件之间用专用件隔开，挂1~2个齿形试块

(续)

工序作业指导

序号	操作内容	设备编号及型号	装炉方式和装炉量	加热温度/℃	保温时间/min	氨分解率(%)	控制仪表	冷却要求	作业要求
3	第一段氮化						1) XMTA数字温度调节仪 2) HT3000H氮势控制仪	两段氮化连续进行	根据实时分解率调整氨流量和气体流速
4	第二段氮化								
5	退氮							立即空冷	
6	表面硬度检验	HR150A HRM-450T							按工序检验标准

显微组织及其他项目检验由理化室按规程检验

管理重点
1. 氨分解率必须控制在±5%之内,操作者随时调整氨气流量和气体流速。
2. 定期用分解率测定器校对pc分解率显示值,修正分解率系数。

表4-6 工序检验标准样例(三)

工序检验标准	完成日期: 年 月 日			修订日期	批准	审核	编制
	批准	审核	编制				

图号	名称	工序名称	设备名称	工装名称	其他
	水泵齿轮	氮化	氮化炉		

示意图

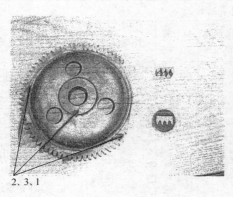
2、3、1

4、5、6、7、8

（续）

检验项目管理

序号	管理项目	具体管理要求	检测仪名称	检验频率	抽检比例	记录方式
1	材质		—	每批	—	检测记录单
2	表面硬度 HRC	>	洛氏硬度计	每炉	10%	检测记录单
3	齿部表面硬度	>	表面洛氏硬度计	每炉	10%	检测记录单
4	齿部心部硬度 HRC	>	洛氏硬度计	每炉	随炉样块	检测记录单
5	表面有效硬化层深度	> mm	显微维氏硬度计	每炉	随炉样块	检测记录单
6	氮化层 白亮层	< mm	显微镜	每炉	随炉样块	检测记录单
7	氮化层 扩散层	≥ mm	显微镜	每炉	随炉样块	检测记录单
8	氮化物级别	≤	显微镜	每炉	随炉样块	检测记录单
9	炉编号	（随炉登记）	—	每炉	—	检测记录单
10	数量/炉	220		每批	—	检测记录单

注：1. 检验员按照上列抽检比例执行抽检。
  2. 记录方式：小批量（流转数低于 200 件）试制产品按抽检比例对应的实际数量记录检测值；批量生产产品（流转数大于 200 件）按检验记录单首检、巡检项目记录。发现质量问题须及时上报主管部门按规定程序处理。

3）表 4-7 和表 4-8 分别为某公司镀铜工序的作业工艺表及工序检验标准。

表 4-7　作业工艺表样例（四）

作业工艺表	批准	审核	编制	修订日期	批准	审核	编制
产品名称							
工序名称		镀铜		材质			

示意图：

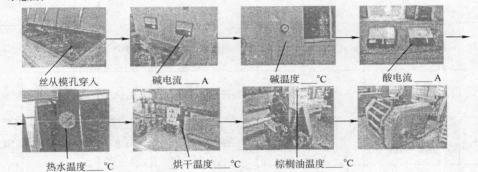

丝从模孔穿入 → 碱电流___A → 碱温度___℃ → 酸电流___A

热水温度___℃　烘干温度___℃　棕榈油温度___℃

操作时带好防护眼镜和手套

		工序作业指导	
序号	工序内容	加工参数	要求
1	穿丝		按正确顺序穿丝
2	（1）水洗		①丝从模孔中穿过 ②用钢丝球压紧 ③丝的位置低于液面
3	电解热碱洗	温度 电流	表面油脂基本清除干净
4	（2）水洗		基本清除丝表面碱液
5	电解酸洗	电流	彻底清除丝表面油脂
6	（3）水洗		基本清除丝表面酸液
7	镀铜		在丝表面镀上一层浮铜
8	热水洗	水温	基本清除丝表面酸液
9	烘干	温度	丝干燥
10	抛光	温度	将丝表面的浮铜压结实
11	收线		平整，离外沿2cm

管理重点
1. 所有拦液板要完好，并在同一水平线上
2. 所有气嘴、水嘴都保持通畅不磨损
3. 抛槽中轮子的出线点、模具、卷拔轮的进线点这三点必须在一直线上
4. 卷拔轮要保持光洁
5. 接触产品时必须带好干净干燥手套
6. 所有缸盖（槽盖）必须盖好

表 4-8 工序检验标准样例（四）

工序检验标准	批准	审核	编制	修订日期	批准	审核	编制
产品名称							
工序名称			镀铜		材质		

示意图：

操作时带好干净干燥手套

	产品检验标准			
序号	产品检验项目	合格品	一等品	优等品
1	划痕、毛刺		焊丝表面应光滑、平整，没有毛刺等，允许局部有轻微划痕	表面应光滑、平整，没有毛刺划痕等
2	直径公差/mm			
3	镀层均匀性	色泽有轻微差异	差异不明显	色泽均匀一致
4	圆度/mm	≤	≤	≤
5	硬弯		不允许存在硬弯、打结	

检验操作要点：

4）表 4-9 和表 4-10 分别为某公司粗拉拔工序的作业工艺表及工序检验标准。

表 4-9　作业工艺表样例（五）

作业工艺表	批准	审核	编制	修订日期	批准	审核	编制
产品名称							
工序名称	粗拉拔			材质			

示意图：

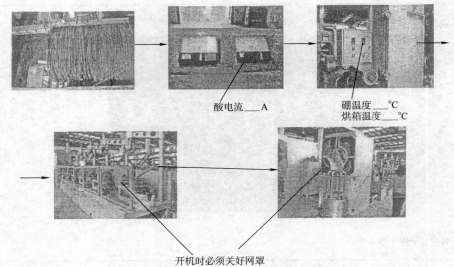

酸电流___A　　硼温度___℃　　烘箱温度___℃

开机时必须关好网罩

序号	工序内容	加工参数	要求
		工序作业指导	
1	放线		
2	机械除锈		剥去大部分铁锈
3	电解除锈	硫酸___g/L，电流___A	清除铁锈（数据由化验室提供）
4	水洗		洗去酸液
5	涂硼	硼砂___%　温度___℃	均匀、适量
6	烘干	温度___℃	干燥
7	拉拔	如下拉拔模配	圆整，不扁、不超、不毛
8	收线		平整，不散乱

拉拔模配　　　　　　　　　　　　　　　　　　　　　　　　　　单位：mm

$\phi5.5;\phi5.0;\phi4.3;\phi3.7;\phi3.2;\phi2.8;\phi2.5$

操作要点：1. 除锈干净；2. 涂硼均匀、干燥；3. 按正确顺序穿丝；4. 第一模用 SL-G-102B 粉拉拔，后面用 C 型粉拉拔；5. 调整好模具位置；6. 打开冷却装置；7. 调整收线较直轮

表 4-10 工序检验标准样例（五）

工序检验标准	批准	审核	编制	修订日期	批准	审核	编制
产品名称							
工序名称	粗拉拔			材质			

示意图：

开机时必须关好网罩

	产品检验标准			
1	检验项目	合格品	一等品	优等品
2	直径公差/mm			
3	圆度/mm			
4	毛刺与划痕	表面应光滑、无毛刺，允许有轻微划痕，划痕深度小于____ mm		表面光滑平整，无毛刺，无划痕
5	硬弯与碰焊	不允许存在硬弯、打结，碰焊圆整牢靠不断丝		
6	收线	收线平整，不散乱，头尾扎牢		

5）表 4-11 为某公司喷丸工序的作业工艺表。

表4-11 作业工艺表样例（六）

作业工艺表		完成日期： 年 月 日				修订日期		批准	审核	编制
		批准	审核	编制						
生产线	涂装线	标准时间	工具、夹具	喷砂架子		规格		辅助材料		
工序名称	喷砂							橡胶塞头		
设备名称	喷丸机	工时								
图号			人员							
数量	1	规格								
材质		安全配件	口罩手套、袖套							
			保护眼镜							
			保护工作服							
		制造条件管理	管理项目	要求		负责人	确认方法		确认频度	记录方式
			设备点检	正常运作			目视		工作前一次	设备点检表
			电流/A				电流表		工作前一次	设备点检表
			表面粗糙度/μm				膜厚仪		工作前一次	现场日报表
			清洁度	无污物			目视		工作前一次	现场日报表
			喷砂时间/min				定时器		工作前一次	设备点检表

示意图：

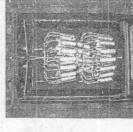

挂放整齐，间隙均匀，确保排气管无污物，灰尘吹尽余砂

作业程序		
作业前	作业中	作业毕
1) 检查上道工序制作的品质 2) 采用帆布手套吊挂消声器 3) 开启电源（回路起动） 4) 确认吊具输送管道位置 5) 橡胶塞头、塞住前管、尾管孔 6) 毛坯排气管吊挂于吊架具上、上下两层共48只、挂放整齐、同隙均匀 7) 前管护板挂挂在夹具上 8) 喷丸牌号：三角形、比例为50% 钢丸：圆形、比例为50% 9) 钢丸：直径φ1.5mm，比例为50%	1) 先开右门，再开左门 2) 输送物道将排气管、前管护板、喷砂架送入喷丸机，先关左门后关右门 3) 起动抽风机、叶轮ABC，提升机、螺旋悬吊板喷丸时间__min小飞边去除，表面无浮尘 4) 当电流<__A时，应及时后添加配置的砂量 5) 喷砂停止后才能打开机门 6) 用压缩空气吹净排气管吊板内余砂，输送机道格治具喷出喷砂机，戴胶面手套将工件从喷砂架取下，挂干净台车上 7) 喷砂过程中发现吹枪中带水时停止枪口对工件进行吹风（压缩空气），占满水渍会影响涂装质量，临时处理方法：①查找气管排水系统是否正常，口向下，排出全部积水；②枪采用橡胶手套收取确认合格后吊挂在干净台车上 8) 采用橡胶手套收取消声器吊挂在干净台车上 9) 首挂经品检确认合格后进入正常操作	1) 关闭气源阀门，清扫作业现场 2) 将完成品摆放台车上，并做好良品与不良品分标识，做好记录。良品流入下道工序，不良品送品检确认 3) 喷砂后至涂装工序间，消声器停留时间不得超过__h

管理重点
1. 工件表面清洁无浮尘、污物、余砂
2. 挂放喷砂处理后的排气管的台车表面无浮尘、污物，戴干净橡胶手套，每半天更换一次
3. 钢丸每月更换一次，每两周清洗一次，每一周清理一次钢丸，每天添加一次钢丸，确保电流__A

第四节 批次管理

批次管理是为了保持产品质量的可追溯性，为确保产品质量更使每一个员工加强作业责任性而实施的一项重要措施。

某公司批次管理（案例）。

1. 范围

规定某有限公司批次管理的职责和方法，以保持产品质量的可追溯性，在出现质量问题时，有针对性地采取纠正措施。

2. 职责

1）品管负责公司批次管理的归口管理、检查、考核。

2）采购部负责在下采购计划时向协作厂提出批次管理要求。

3）协作厂负责在吊板上打批次号。

4）生产班组应严格按批次管理要求在吊板上打刻月份、日期并注意做好早、中班之间的交接，对本道工序按批次生产的正确性负责，操作工、班长应按批次台账内容填写。

5）仓储科负责零部件批次标识的验收和记录。

6）技术部负责部品永久性标识的制定。

3. 工作流程

1）协作厂送货时，应在送货单上标明批次号。

2）仓储科对协作厂送来的零部件批次标识进行验收，并按批报检。

3）检验员按批进行检验，合格批入库，不合格批应按批予以标识并隔离存放。

4）合格批入库后，按批记入"零部件入、出库台账"，账、物、卡应相符。

4. 完成品的批次管理

1）工厂根据生产计划确定生产批次及完成品批号，并按生产批次分批领料，填写"领料台账"。

2）完成品出厂，应在产品包装箱上施加"零部件标识卡"（批次号），并附相关的原材料材质试验，出厂试验和试验单据。

5. 批次号编号方法

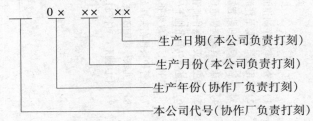

6. 记录管理
1）记录中批次填写的字迹和印章要准确、清楚和易认，符合归档要求。
2）批次记录如实填写，按月交品检存档。

第五节　初物管理

初物管理是指工厂第一批新产品在生产过程中的产量和质量的管理，这对工厂新产品管理十分重要。

下面为某公司初物管理规定实际案例。

1. 初物的定义

符合《初物管理单》的项目发生变更后，由初物发生供方送到主机厂的第一批次产品称为初物。

2. 初物的内容

详见附件："初物管理单"。

3. 初物管理的范围

本文规定了某制作零部件公司（以下简称供方）初物管理的职责、基本事项及工作流程，使初物质量得到保证，并确保批量生产质量的稳定。

4. 初物管理的职责

1）根据主机厂技术部门的要求，负责初物的生产制造工艺。
2）工段负责自主管理新品生产。

5. 初物管理的工作流程

（1）设计的初物的管理

1）样件阶段（见图4-5）。

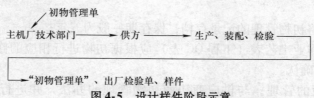

图4-5　设计样件阶段示意

2）小批初物阶段：供方依据主机厂采购部"购买件供货进度计划""初物管理单"、主机厂技术部门的提示进行小批初物的生产加工、装配、检验，附"初物管理单"、出厂检验或试验记录送交主机厂新品管理室。

① 开展批次管理，并保存检验、试验等记录。
② 包装箱上都要附上"零部件标识卡"，并注明初物。
3）批量生产：供方依据主机厂技术部门提示及"购买件供货进度计划"进行批量生产。

(2) 品质改善的初物管理

1) 样件阶段（见图4-6）。

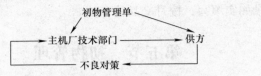

图4-6　改善初物样件阶段示意

2) 小批初物阶段，按（1）-2）执行。

3) 批量生产，按（1）-3）执行。

(3) 工段自主管理新品生产

1) 事前报告（见图4-7）。

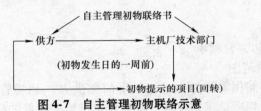

图4-7　自主管理初物联络示意

2) 样件阶段。供方根据回复的"自主管理初物联络书"内容进行样件的加工、装配、检验，填写"初物管理单"。

3) 小批初物阶段，按（1）-2）执行。

4) 批量生产，按（1）-3）执行。

(4) 转入批量生产的重点管理

1) 批量生产后，供方如收到主机厂技术部门的指定事项时，应实施其指定事项。

2) 供方应将初物管理的记录存档，保存期一般为五年。

3) 供方的作业工艺表（工程QC表）应根据初物进行相应的修改，并提交主机厂品质管理部确认。

(5) 供应商的管理　与供应商协商初物管理的办法，并进行必要的指导和管理。

6. 初物管理编号方法

编号示例如下：

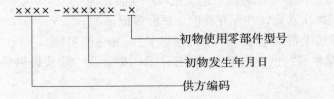

附件：

初物管理单

初物管理（初物品）	确认结果

零件号码：	零件号码：
流转单号：	完成日期：

判定	合格	不合格	1）暂定使用 2）修理、挑选 3）特别采用	图片（单据）

公司内部过程				检验负责人	检验责任者	返回技术部门
判定						
签名						

检验判定	合格	不合格	1）暂定使用 2）修理、挑选 3）特别采用	图片（单据）

第六节　在制品管理

　　加强工厂在制品管理是十分重要的，该项工作涉及工厂生产管理、仓库管理、品质管理、外协厂管理及财务管理。

　　以下案例为某工厂在制品管理标准。

　　1. 主题内容与适用范围

　　该标准规定了在制品的含义、主管部门及分工、管理内容及要求、检查与考核等内容。

本标准适用于公司各车间及外协零部件的在制品管理。

2. 分类

（1）在制品　企业生产过程中，正在进行加工或待进一步加工或待检验入库的毛坯、零部件和最终产品。

（2）在制品管理的分类　按在制品存放地点不同，分为现场（车间）在制品管理、仓库在制品管理和外协厂在制品管理；按管理表现形式的不同，分为实物管理和账卡管理。

3. 职责

1）生产部负责在制品管理的业务指导，具体负责外协单位在制品的管理。

2）各班组、工段（班组）是现场在制品管理工作的实施和执行单位。

3）仓库是仓库在制品的实施和执行单位，生产部组织人员予以配合。

4. 管理内容及要求

（1）在制品的物流管理

1）班组依据"工单"按限额规定领用材料，并填写领料（出库）单；领料（出库）单要填写完整、规范，涂改作废。

2）领用材料、毛坯、零部件投入生产、工序应及时登记在"流转卡"上，注明完成数量、合格品、废品，字迹清楚、填写规范。

3）班组生产任务结束后，在"工单"上填写实际完成数量、合格品、废品，转交调度员；调度员用完后交统计员存档。

4）生产过程中出现的废品，应填写"质量检查废品通知单"，注明名称、工料废数量，经质检员签字，交调度员，作为统计、考核和补料的凭证。

5）班组或车间生产任务结束后应及时办理入库手续：毛坯、零部件和总成经检验合格入库时，应填写"产品送库单"，内容要齐全、数字及规格准确，签字齐全，作为仓库、车间的统计、记账凭证。如因生产需要需直接转入下一车间的，应由保管员现场办理入库、出库手续直接转下一车间，特殊情况可由交接双方做好交接记录并在事后及时到保管员处补办入库、出库手续。

6）生产过程中，零部件出现丢失时，要填写"盘亏（盈）调整单"注明盘亏（盈）品种、数量及原因；经生产部同意后，按规定进行账面处理。

7）车间、工段（班组）必须指定专人负责、分工管理在制品的收、发、转移、报废、登记、结存等工作，并将信息及时向上反馈。调度员必须准确地掌握在制品的增、减、结存情况；调度员必须掌握在制品的收、发、转移情况；保管员必须准确、及时地反映出在制品的实物量，并保持账物一致。

（2）在制品的现场管理

1）生产现场的成品、半成品、废品要分区、分类定点存放，控制存放数量，零件摆放整齐，保证现场通道畅通。

2）配置适用、足量的工位器具，尽可能做到"过目知数"。各种工位器具要正确使用，零部件转移要防止磕、碰、划伤、变形。

3）上料点、下料点、零部件存放点等要定置，并设置标识牌。

4）清查盘点：现场在制品，班组随时盘点，作为交接内容；车间每月末进行一次月盘点，每年12月末进行年终盘点，并将结果于次月23日前把盘点汇总表报至有关职能处室。对于发生的盘亏（盈）要查明原因，填写"盘亏（盈）调整单"按规定进行账面处理。

（3）在制品的仓库管理

1）毛坯库、半成品库（或中转库）要建立账卡，出入库的零部件必须有手续，单据填写完整、签字齐全，根据凭证当日登记账卡，做到账、卡、物"三个一致"；要做到按实收、实付进行记账，严禁空收、空付、记空账。

2）保管员要根据零部件的类别、型号、特点分区摆放，做到"三清"（材料清，规格清，数量清）、"二齐"（堆放整齐，库容整齐），并尽可能"五五摆放"。

3）保管员要经常检查库存件，做到不锈、不坏、不混，库内保持通道畅通，有一个良好的工作环境。

4）仓库发料必须手续齐全，坚持先入先出的原则，做到数量不错、品种规格不错。发现出现质量问题的零件，不得补料，并及时通知有关人员安排返修和处理。

5）清仓盘点：平时要坚持随收发随盘点，月末盘点、半年盘点和年终盘点按规定条款执行。

（4）在制品的定额管理

1）生产部按公司"100%满足客户需求"的经营理念，确定在制品总周转量储备和各班组在制品周转量，通过各班组零件生产计划进行控制，并根据客户需求状况及时调整储备。

2）各班组根据确定的在制品周转量，合理组织毛坯及各种原材料的投入量，并随时与调度员沟通。

（5）在制品的账卡管理

1）生产部建立综合性生产统计台账，统计的内容主要有：各种规格的产品完成和入库情况，零部件毛坯、半成品的完成、转序和车间月度在制品数量情况。

2）各班组、工段（班组）分别填写"工单"和"流转卡"，并指定专人负责；所有在制品都要通过流转卡和工单，随时反映出其转移情况和现存数量。

3）生产过程中各类在制品投入、产出的原始凭证由车间或工段（班组）的统计人员分别分月装订成册，写明凭证的名称和年月，妥善保管，保存期一般为一年。

5. 检查与考核

1）生产部定期对各班组的在制品管理工作进行检查；各班组定期对工段、班组的在制品管理进行检查。

2）对发现的执行不力的问题，按严重程度每人次给予 20~100 元罚款处理；对发现的共性问题，给予负责人 50~100 元罚款处理；对车间总体管理存在的问题，给予车间主管和生产部分管人员最低每人次 50 元罚款，最高取消当月浮动奖金处理。

附件：

流转卡使用管理制度

1. 使用方法

1）本公司产品进入生产现场，必须由生产主管填写"在制品流转卡"，并确定每张卡上的产品图号、名称、本卡投料数量、卡号、日期。

2）本卡进入生产现场流转时，由各班组检验员填写相关内容，然后由操作工、班组长签字确认，最后经检验员签字，流转至下一道工序。

3）本卡最后一道工序暂定为热处理（氮化）前，由生产主管收回并保存（存档时间暂定为 24 个月）。

2. 目的

强化现场管理，促进品质管理，提高在制品的可追溯性。

3. 管理规定

1）本卡投入生产现场后，必须采取保护措施，确保卡体无油污、破损等现象。

2）检验员填写相关内容，不得涂改，修改须签字。

3）在流转过程中若有多道工序同时生产同一张卡上产品，相关数量由操作工相互交接，质量由各班组工序检验员确认合格后方可流转，同时由班组长协助管理。

4）每张卡必须随此筐产品流转至最后一道工序。流转过程中，确保做到"五不"准则——工序不清不流转；数量不全不流转；签字不全不流转；串卡产品不流转；无卡产品不流转。

5）本卡未尽事宜，由本公司负责解释。

第七节　生产能力展现

工厂生产能力是接受订单能力的依据，也是生产调度应该掌握的资料。

下面是某工厂生产能力调查案例。表 4-12 所列为生产能力一览表（生产设备），表 4-13 所列为生产能力一览表（检测设备），图 4-8 所示为生产的产能和潜能产量示意，为扩大生产能力应增添设备提供了依据。

表 4-12 生产能力一览表（生产设备）

设备名称	型号	单位	数量	制造厂名	工序	生产节拍/(min/件)	一般生产能力 件/天	一般生产能力 件/月	最大生产能力 件/天	最大生产能力 件/月
电阻炉	PX3-45-9	台	1		调质	40	350	7350	480	14400
工业热处理炉	RN-80-6	台	2		氮化	3.00	480	10080	480	14400
工业热处理炉	RJ-36-6	台	1		回火	3.00	480	10080	480	14400
方柱立式钻床	Z535	台	1		钻孔	3.00	480	10080	480	14400
卧式车床	C6136A	台	1		粗车	1.92	500	10500	500	15000
卧式车床	C6136A	台	1							
卧式车床	C6140/HK	台	1		工装加工	—	—	—	—	—
数控车床	LK40S	台	12		精加工	2.4	2000	10500	2000	60000
剃齿机	YN4232C	台	2		剃齿	2.6	500	10500	720	15120
万能剃齿机	YWA4232	台	2							
滚齿机	Y38-1	台	3		滚齿	12	320	6720	960	28800
滚齿机	YN3180	台	5							
齿轮磨棱倒角机	YM-IIC	台	1		磨棱	1.3	369	7749	1107	33210
MOBO 德曼双螺杆式空气压缩机	SA22C-0.8	台	1		打字	1	480	10080	960	28800
滚刀刃磨床	M6420D	台	1		修滚刀	—	—	—	—	—
履带式抛丸清理机	Q326	台	1		抛丸	1.5	480	10080	960	28800
插齿机	Y5120A	台	1		插齿	2.6	500	10500	700	15120
插齿机	Y5120A	台	1							
齿轮磨床	Y7125	台	1		磨剃刀	—	—	—	—	—

表 4-13 生产能力一览表（检测设备）

设备名称	型号	单位	数量	制造厂名	工序	检测节拍/(min/件)	一般检测能力 件/天	一般检测能力 件/月	最大检测能力 件/天	最大检测能力 件/月	备注
金相试样抛光机	PG-2D 型	台	1		金相检验	2	10	200	25	500	检验效率受金相试样设备及检测整个环节控制
金相试样抛光机	PG-2 型	台	1		金相检验	2	10	200	25	500	
金相试样镶嵌机	XQ-1 型	台	1		金相检验	20	10	200	25	500	
电动表面洛氏硬度计	HRM-45DT 型	台	1		金相检验	5	10	200	25	500	
显微硬度计	HV-1000 型	台	1		金相检验	2	10	200	25	500	
金相显微镜	4XC-D	台	1		金相检验	2	10	200	25	500	
洛氏硬度计	HR-150A	台	1		金相检验	2	10	200	25	500	
齿轮双面啮合综合检查仪	3101A	台	1		成品终检	0.5	850	17000	1600	30000	
齿形齿向测量仪	3204B	台	1		机加工检验	3	120	2400	400	8000	
便携式表面粗糙度测量仪	T1000A	台	1		机加工检验	2	200	4000	350	7000	
齿轮径向跳动测量仪	3603A	台	1		机加工检验	3	120	2400	400	8000	
智能气动标记机	JC-140T	台	1		流转控制	1	400	8000	500	10000	
偏摆检查仪	1-6	台	1		机加工检验	3	120	2400	400	8000	
微机控制荧光磁粉探伤机	CJW-4000	台	1		检测	1	400	8000	500	10000	

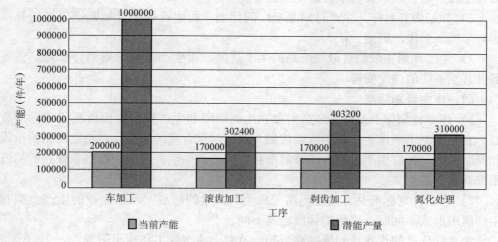

图 4-8 产能和潜能产量示意

第八节 生产计划及控制

一、生产作业计划

生产作业计划就是详细显示生产什么产品或半成品、生产数量多少、何时生产的计划。生产作业计划是生产计划的具体执行过程,是生产计划的延续和补充,是组织企业日常生产活动的重要依据,具有指挥和控制两种功能。其特点是把生产计划规定的季度、月度生产计划具体分配到各车间、工段、班组甚至个人,并按日期顺序安排生产进度。其功能主要表现在生产任务分解、分配和进度安排等方面,如图 4-9 所示。

二、制订生产作业计划

1) 指出在生产计划中的产品。
2) 决定生产计划的时间及计件单位。
3) 获得计划中的每个产品的需求信息。
4) 通过计算获得一个初步的生产计划。

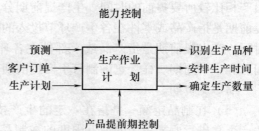

图 4-9 生产作业计划示意

5) 按此对生产计划进行能力调控,即对生产设备负荷、人员负荷与生产能力进行一次平衡工作,并对瓶颈工序进行调整。

三、生产作业计划要求

1) 计划期短。生产计划的计划期常常表现为季、月、周,而生产作业计划详细规定月、旬、周、日、小时的工作任务。

2）计划内容具体。生产计划是全厂的计划，而生产作业计划则把生产任务落实到车间、工段、班组、工人。

3）生产计划一般制订最终产品的生产进度，而生产作业计划则详细规定各零部件甚至工序的进度安排。

四、作业计划标准

1）作业计划标准是指为制造对象在生产期限和生产数量方面所规定的标准数据，它是编制生产作业计划的重要依据。通过制定合理的标准，对确定产品的投入和产出时间、做好生产过程各环节的衔接、缩短产品生产周期；控制企业在制品占用都有重要的意义。

2）作业计划标准是有关生产期限和生产数量的标准，因而企业的生产类型和生产组织形式不同时，采用的标准也就不同。

流水线生产的作业计划标准有节拍、节奏、流水线工作指示图等。

五、生产周期和生产提前期

（1）生产周期　是指产品或零部件从原材料投入生产起，到成品制成出产所经历的全部时间。产品的生产周期由各个零部件的生产周期组成，零部件的生产周期由该零部件的各个工艺或工序的生产周期组成。缩短产品的生产周期，对于保证按时交货、节约在制品占用、加速流动资金周转、提高劳动生产率都有重要的作用。确定产品的生产周期，一般要经过两个阶段：①要根据产品加工的生产流程，经过深入的调查研究，制订各零部件的生产周期。②在零部件生产周期的基础上合理考虑停工时间，再确定产品的生产周期。大型复杂的产品其生产周期的确定，往往要借助网络计划技术。

（2）生产提前期　是指产品（零件）在各生产环节产出或投入的时间同成品出产相比较所要提前的时间。生产提前期分为投入提前期和产出提前期两种：投入提前期是指产品或零件在各生产环节投入的时间与成品产出时间相比较所需提前的时间；产出提前期是指产品或零部件在各环节的产出与成品产出相比较提前的时间。和生产周期一样，正确制订生产提前期有利于生产过程的衔接，减少在制品占用，缩短交货期。

（3）在制品定额　是指在一定的生产技术组织条件下，各生产环节上为保证生产正常进行所需占用的最低限度的在制品数量。企业生产中，在制品占用过少，难以保证生产的正常、连续进行，但在制品占用过多，又会使生产场地拥挤，浪费流动资金。因而要做好生产作业计划，应合理制订在制品定额。

企业的生产类型不同，在制品定额的制订方法也有所不同。

1）在流水线生产条件下，企业生产中的在制品分为流水线内部的在制品和流水线之间的在制品两部分，制订在制品定额时也应分别予以考虑。流水线内部的在制品，根据性质和作用的不同，可以分为工艺在制品、运输在制品、周转在制品和保险在制品四种。

工艺在制品是指在流水线上各个作业点正在进行加工或检验的在制品。

运输在制品是指流水线上处于运输过程的在制品。一般在流水线上只计算周转在制品，不计算运输在制品。

周转在制品是指流水线上相邻的两工序由于生产率不平衡而形成的在制品。当前道工序生产率低而后道工序生产率高时，为了保证后道工序开工后能连续加工，在后道工序开工之前，前道工序之后应有一定的在制品储备，这就是周转在制品。

保险在制品，是指为了保证流水线某一环节发生意外时，仍能使流水线正常工作而设置的在制品。保险在制品定额标准的制订通常是根据经验和统计资料汇集而成。

2）成批生产条件下，生产过程在制品由车间内部的在制品和车间之间的在制品两部分组成。车间内部在制品定额是基于生产周期、生产间隔期和批量情况来确定的。

六、批量和生产间隔期

（1）批量　是指一次投入或产出的相同产品或零部件的数量，在成批生产条件下，产品是按照批量分批生产的。生产间隔期是前后两批产品或零部件投入或产出的时间间隔。

$$批量 = 生产间隔期 \times 平均日产量$$

可以看出批量和生产间隔期之间存在着密切的联系，在日产量均衡一定的条件下，批量大了，生产间隔期就会延长；相反，批量小了，生产间隔期就会缩短。在企业的生产管理实践中，增大批量，有利于减少设备调整费用，有利于提高设备综合利用率和工人的熟练程度，保证产品质量，简化生产过程组织。同时过大的生产批量又会延长生产周期，推迟交货，扩大在制品储备和占用，增加流动资金占用。所以要综合考虑，合理确定批量的大小。

（2）经济批量法　是指用总费用的大小来决定批量的一种方法。与批量有关的费用总共有两项，每次设备的调整费用可用 D 表示，每件产品的年平均储存费用可用 C 表示。很显然，总的设备调整费用随批量的增加而减少，总的储存费用随批量的增加而增加，经济批量法就是通过下列公式求得最小费用，用 Q 表示。

$$Q = \sqrt{\frac{2ND}{C}}$$

式中　Q——经济批量；

　　　N——年产量；

　　　D——每次设备的调整费用；

　　　C——每件产品年平均储存费用。

（3）最小批量法 是指以保证设备充分利用为主要目标的一种批量计算方法。这个方法强调设备充分利用和劳动生产率达到最高。

$$最小批量 = \frac{设备调整时间}{单件加工工序时间定额 \times 设备调整系数}$$

设备调整系数的大小，一般应根据企业生产规模、设备性能、工艺特点的不同而选择，一般应在 0.01~0.02 范围内，如果被加工产品或零部件只有一道工序，则可由如上公式直接得出最小批量，当经过多道工序加工时，选取"设备调整时间/单件加工工序时间定额"最大的工序为关键工序，由其决定最小批量。

七、生产作业计划的编制

编制生产作业计划一般是将企业生产任务分配到各车间，编制车间生产作业计划，然后由车间再分配到工段、班组直至个人。

编制厂级生产作业计划的方法，主要取决于车间组织形式和生产类型。如果是按专业化组织的车间，可以按生产任务直接分配给车间。如果是按工艺专业化组织的车间，应根据不同的生产类型，采取不同方法编制生产作业计划。

1. 在制品定额法

在制品定额法是指运用在制品定额，结合在制品实际存量的变化，按产品逆工艺流程，从产品产出的最后一个车间开始，逐个往前推算各车间的投入、产出任务。在制品定额法用在制品定额作为调节生产任务量的标准，以保证车间之间的衔接，这种编制生产作业计划的方法主要适用于大批量生产企业。

2. 累计法

累计法是指根据预先制定的提前期定额，规定各车间产出和投入应达到的累计的方法。这种方法将预先制定的提前期转化为提前量，确定各车间计划期应达到的投入和产出的累计数，减去计划期前已投入和产出的累计数，以求得各车间应完成的投入和产出数。采用这种方法生产的产品必须实行累计编号。累计编号是指从年初或从开始生产这种产品起，按照成品产出的先后顺序，为每一件产品编上一个累计号码。在同一时间上，产品在某一生产环节上的累计号数，同成品产出累计号数相比，相差的号数叫提前量，它的大小和提前期成正比。

$$提前量 = 提前期 \times 平均日产量$$

采用累计法编制生产作业计划的方法一般应用于成批生产的企业。

3. 生产周期法

单件小批生产的企业其生产作业计划的编制方法既不同于批量生产的企业，也不同于成批生产企业，由于这种生产方法不重复生产或不经常重复生产，因而不规定在制品占用额。这类企业组织生产时，各种产品的任务数量是接受订货的数量，一般不再进行调整。所以编制生产作业计划要解决两个方面的问题——保证交货期；保证企业在各个生产车间相互衔接。

八、生产调度

生产调度是指对执行生产作业计划过程中可能出现的偏差及时了解、掌握、预防和处理，保证整个生产活动协调进行。它是实现生产作业计划的一种手段，是企业生产企业计划的继续。

生产调度工作内容应包括以下几个方面：检查各个生产环节、零部件、半成品的投入和产出进度，及时发现生产作业计划执行过程中存在的问题，并积极采取措施加以解决，控制生产进度和在制品流转；检查、督促和协助各有关部门做好各项生产作业准备工作。

生产作业准备工作应包括生产技术准备和生产服务工作，检查设备运行状况，做好物资供应工作，合理配备劳动力，调整厂内运输；组织厂部和车间生产调度会议，监督有关部门贯彻执行调度决议，对日、周、旬和月计划的完成情况进行统计分析工作。

1. 提高生产调度工作质量

1) 生产调度工作要以生产作业计划为依据，保证全面完成生产作业计划规定任务。一方面调度人员要遵循生产作业计划的原则性，并适当地进行灵活处理，围绕生产作业计划开展调度业务；另一方面调度人员要在调度工作中及时发现问题，向计划人员反映以提高生产计划工作质量。

2) 生产调度工作必须高度集中和统一。在市场经济条件下，为保证生产工作的顺利进行必须加强横向和纵向的协调与领导。这就要求各级调度部门做好企业领导的助手，在领导的指挥下开展调度工作，下级生产单位和同级职能部门应坚决服从调度人员指挥。

3) 生产调度工作应贯彻预防性原则。调度人员应熟悉本企业生产的历史资料，善于分析、解决各种突发事故，做好生产前的准备工作、生产中的服务工作和协调工作，以预防为主，取得生产调度工作的主动权。

4) 生产调度工作要贯彻群众性的原则。调度人员应深入基层，亲自掌握第一手资料，调动广大职工的积极性、主动性，使职工自觉地克服和防止生产中的脱节现象，克服困难保证完成生产任务。

2. 加强生产调度工作的措施

1) 建立健全调度工作制度。一般来说企业的调度工作制度主要包括三个方面：一是组织调度，是及时处理生产中出现的问题而在厂部和车间建立的现场调度制度；二是为了使各级调度机构和企业领导及时了解情况而建立的把每日值班情况报告给上级调度机构和执行调度的报告制度；三是为了发扬民主，集思广益，统一组织生产而建立的调度会议制度。

2) 建立健全生产调度机构。强有力的调度机构是企业做好调度工作的组织保证，也是现代化企业调度工作的基本要求。企业应在厂部、车间、工段、班组中设立相应的调度机构或调度员，由专人负责。

3）适当配置和充分利用各种生产调度技术设备。调度技术设备是企业做好调度工作的物质保证。良好的技术设备能够大大提高调度工作的准确性、及时性和效率。常用的调度技术设备包括通信设备、远距离文件传送设备、通信系统、工业电视和电子自动记录系统。

九、生产进度控制

生产进度控制是指对原材料投入生产到成品入库为止的全过程进行控制，是生产作业控制的关键。生产进度控制主要包括投入控制、产出控制和工序控制三个方面。

1. 投入控制

投入控制是指控制产品零部件投入生产的数量、品种、日期，并使之符合生产作业计划的要求。也包括对原材料、零部件投入提前期的控制及劳动力、设备、技术等准备工作的控制。做好投入控制有利于保证生产连续进行，降低在制品占用，实现生产投入的均衡性。

2. 产出控制

产出控制是指对产品或零部件的产出数量、产出日期、产出品种、产出提前期的控制。它有利于保证均衡、连续、按时、成套地生产产品，完成生产作业计划规定的任务。

3. 工序控制

工序控制是指对产品或零部件在加工过程中所经过各道工序的控制。工序控制常用于单件小批生产和成批生产，对加工周期长、经过工序多的产品，不但要进行投入控制和产出控制，而且要做好重点工序控制。

4. 现场作业控制

它针对计划的执行并将生产活动进行的状况及时反馈到系统中，以便根据实际情况进行调整与控制。一般包括车间订单的下达、作业顺序、投入产出控制和作业信息反馈等环节。

十、在制品占用量控制

在制品占用量控制是指对生产过程各个环节的在制品实物和账目进行控制。做好在制品控制工作，有利于减少企业的在制品占用量，节约流动资金，加强生产过程的连续性，提高经济效益，保证生产作业计划的完成。在企业生产管理实践中，在制品占用量的控制包括三个方面的内容。

1. 控制车间各工序之间在制品的流转

在批量生产条件下，在制品占用量的控制方法通常采用任务报告单，结合生产原始凭证或台账进行控制，即以各作业点每班的实际占用量与规定的在制品定额进行比较，使在制品的流转和储备量经常保持正常占有水平。在成批和单件生产条件下，可采用工票和加工路线单控制在制品流转，并通过台账掌握在制品占用量的变化情况，检查是否符合已制定的控制标准，发现偏差，并及时纠正，图4-10为某车间各工序之间在制品库存控制示意。

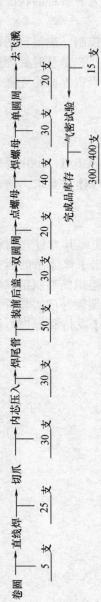
a) 中组合一班每道工序间的库存数

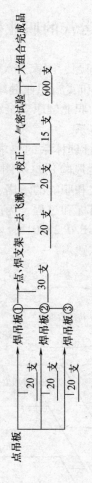
b) 大组合一班每道工序库存数

c) 喷涂班每道工序的库存数

图 4-10　某车间各工序之间在制品库存控制示意

2. 控制各车间协作工序在制品流转

各车间协作工序极易造成在制品的混乱状况。为了使生产车间和协作工序车间衔接紧密,一般采取由生产车间进行归口管理的办法,防止发生无人负责的状况。

3. 控制检验工序(段)的在制品流转

检验工序工作对车间在制品管理具有极大的影响,应该加强控制。主要包括以下内容:一是加工路线单上开列的项目包括检验质量、检查数目;二是及时处理返修品和废品;三是正确处理加工工序票、入库单和检查人员值班报告等原始凭证。

第九节 现场运营的职业健康

近年来,国家越来越关注职业健康问题,国家有关部门颁布 GB/T 28001《职业健康安全管理体系 要求》,通过学习和实施职业健康安全管理体系要求,培养员工树立职业健康理念,以实现其良好的职业健康安全绩效。

一、制定和实施职业健康安全管理体系

GB/T 28001 规定了对职业健康安全管理体系的要求,旨在实施其方针和目标时能够考虑法律法规要求和职业健康安全风险信息。图 4-11 给出了该体系的运行模式。这种体系的成功依赖于组织各层次和职能的承诺,体系使组织能够制定其职业健康安全方针,建立实现方针承诺的目标和过程,为改进体系绩效并证实其符合 GB/T 28001 的要求而采取必要的措施。GB/T 28001 的总目的在于支持和促进与社会经济需求相协调的良好职业健康安全实践。

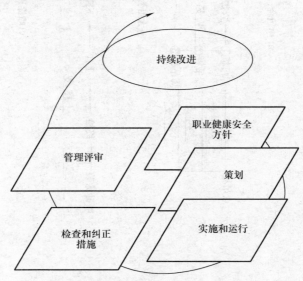

图 4-11 职业健康安全管理体系的运行模式

职业健康采用"策划—实施—检查—改进（PDCA）"的运行模式。关于 PDCA 的含意，简要说明如下：

1）策划：建立所需的目标和过程，以实现组织的职业健康安全方针所期望的结果。

2）实施：对过程予以实施。

3）检查：依据职业健康安全方针、目标、法律法规和其他要求，对过程进行监视和测量，并报告结果。

4）改进：采取措施以持续改进职业健康安全绩效。

二、做好对有害气体、粉尘、噪声、辐射的防护工作

1. 有害气体伤害及防护

（1）常用气体的特性　企业生产中的一部分常用气体具有易燃易爆、有毒等特性，广义来讲属于有害气体，了解和熟悉这些气体特性，对企业安全运行和事故预防是至关重要的。

1）氧气。氧气是无色、无味、无嗅的气体，在标准状态下，与空气的相对密度为 1.105，临界温度为 -118.37℃，临界压力为 5.05MPa，氧气微溶于水。氧气的化学性质特别活泼，易与其他物质发生氧化反应并放出大量的热量。氧气具有强烈的助燃特性，若与可燃气体氢气、乙炔、甲烷、一氧化碳等按一定比例混合，即成为易燃易爆的混合气体，一旦有火源或引爆条件就能引起爆炸，各种油脂与压缩氧气接触也可自燃。

2）氢气。氢气是无色、无味、无嗅、无毒的可燃窒息性气体。氢气是最轻的气体，具有很大的扩散速度，极易聚集于建筑物的顶部而形成爆炸性气体。氢气的化学性极活泼，还是一种强的还原剂，其渗透性和扩散性强。当钢材暴露在一定温度和压力的氢气中时，氢原子在钢的晶格微隙中与碳反应生成甲烷，随着甲烷生成量的增加，微观孔隙就扩展成裂纹，使钢发生氢脆损坏。

3）氮气。氮气是一种无色、无味、无嗅的窒息性气体。在常温下，氮气的化学性质不活泼，在工业上，常用于容器在检修前的安全防爆防火置换和耐压试验用气。人处在氮含量高于 94% 的环境中，会因严重缺氧而在数分钟内窒息死亡。在生产和检修中，接触高浓度氮气的机会非常多，因氮气窒息造成的伤亡事故屡见不鲜，因此切不可掉以轻心。

4）一氧化碳。一氧化碳是含碳物质在燃烧不完全时的产物，它也是一种无色、无嗅的毒性很强的可燃气体。一氧化碳的毒性作用在于对血红蛋白有很强的结合能力，使人因缺氧而中毒。在工业生产中，常以急性中毒方式出现，当吸入高浓度一氧化碳时，若抢救不及时就会有生命危险。

5）二氧化碳。二氧化碳是一种无色、无嗅（来源于"科普中国"）、无毒，稍有酸味的窒息性气体，能溶于水。二氧化碳能压缩液化成液体，液体二氧化碳压力降低时会蒸发膨胀，并吸收周围的大量热量而凝结成固体干冰。二氧化碳气体在常

温下的化学性质稳定，但在高温下具有氧化性。当空气中浓度较高时，会造成缺氧性窒息。液态二氧化碳的膨胀系数较大，超装很容易造成气瓶爆炸。

6) 液化石油气。液化石油气是一种低碳的烃类混合物，主要由乙烷、乙烯、丙烷、丙烯、丁烷、丁烯及少量的戊烷、戊烯等组成。在常温、常压下为气体，只有在加压和低温条件下，才变为液体。液化石油气无色透明，具有烃类的特殊味道，是一种很好的燃料。液化石油气的饱和蒸气压随温度升高而急剧增加，其膨胀系数较大，汽化后体积膨胀250~300倍。液化石油气的闪点、沸点都很低，都在0℃以下，爆炸范围较宽，由于比空气重，容易停滞和积聚在地面的低洼处，与空气混合形成爆炸性气体，遇火源便可爆炸。

7) 氨。氨是一种无色有强烈刺激性臭味的气体。氨中有水分时将会腐蚀铜合金，所以充装液氨的压力容器中不能采用铜管及铜合金制的阀件，一般规定液氨中水含量不应超过0.2%。氨对人体有较大的毒性，主要是对上呼吸道和眼睛的刺激和腐蚀。氨具有良好的热力学性质，是一种适用于大中型制冷机的中温制冷介质。

8) 氯气。氯气是一种草绿色带刺激性臭味的剧毒气体，可液化为黄绿色透明的液体，在一定温度下，容器内同时存在液态和气态。氯是活泼的化学元素，氯气是一种强氧化剂，其用途广泛，常用作还原剂、溶剂、冷冻剂等。氯气是一种极具危害的介质，对人的皮肤、呼吸道有损害，甚至会导致死亡。

(2) 有害气体伤害

1) 当易燃易爆气体与空气构成混合物时，在一定含量范围内遇到火源就会发生燃烧爆炸，造成人身和财产伤害。发生燃烧爆炸的条件随着温度、压力、含氧量、惰性气体含量、火源强度、消焰距离等因素变化而变化。

2) 当空气中含有一定浓度的有毒气体时，就会对人体造成伤害。有毒气体的毒性危害程度分成极度危害、高度危害及中度危害三个级别。气体毒性有急性中毒发病状况、慢性中毒患病状况、慢性中毒后果和致癌性四项指标来进行确定。

3) 当有害气体既具有易燃易爆特性，又具有毒性时，应当按照火灾危险性和毒性危害程度分别定级。

(3) 有害气体防护

1) 预防爆炸事故措施。

① 控制或消除燃烧爆炸条件的形成。

② 防止火灾蔓延措施。

③ 强化设备设施防爆泄压措施。

④ 加强火源的控制和管理。

2) 预防毒性事故措施。

① 加强有毒物质专职管理。

② 加强现场对有毒气体的安全监管，保持良好通风等措施。

2. 粉尘伤害及防护

(1) 粉尘伤害 在生产运行过程中,进行打磨、破碎等就会产生粉尘。

1) 粉尘分类:

① 无机粉尘,如金属、矿石等。

② 有机粉尘,如纤维等。

③ 混合性粉尘。

2) 粉尘的化学成分、浓度、粉尘颗粒和接触时间是直接决定粉尘对人体危害性质和严重程度的重要因素。根据粉尘化学性质不同,对人体会产生致纤维化、中毒及致癌等影响,如游离二氧化硅粉尘对人体会造成致纤维化影响。对同一种粉尘,它的浓度越高,与其接触的时间越长,对人体危害越严重。

3) 影响粉尘在空气中的持续时间(稳定程度)的因素。在生产的环境中,由于通风、热源、设备转动及人员走动等原因,使空气介质处于经常流动状态,从而使粉尘沉降速度变慢,粉尘颗粒越小其影响越大,延长其在空气中的浮游时间,被人吸收的机会就越多。

4) 粉尘的爆炸性。高分散度的煤炭、糖、面粉、铝、锌等粉尘具有爆炸性,发生爆炸的条件是高温(火焰、放电等)和粉尘在空气中达到一定的浓度。可能发生爆炸的粉尘最小浓度各有不同,如煤尘为 $30\sim40g/m^3$,淀粉、铝、锌为 $7g/m^3$,糖为 $10.3g/m^3$ 等。

(2) 粉尘防护 预防综合粉尘措施为改、水、密、风、护、治、教、查八个方面。

1) 改:改善或改进生产工艺过程,使生产过程达到密闭化、自动化,从而消除和降低粉尘危害。

2) 水:尽量采用湿式作业等。

3) 密:采用密闭装置等。

4) 风:采用有效抽风或通风装置等。

5) 护:对学生和工作人员采取个人防护措施等。

6) 治:开展综合治理措施等。

7) 教:加强职业健康的教育培训等。

8) 查:开展现场安全检测和安全检查等。

3. 噪声伤害及防护

(1) 噪声的伤害

1) 噪声一般指所有人类听到的难以接受的声音或干扰人们周围生活的环境声音。按产生机理,噪声分为机械噪声、流体动力性噪声和电磁噪声。

① 机械噪声是由于机械设备运转时,机械部件间的摩擦力、撞击力或非平衡力,使机械部件和壳体产生振动而辐射的声音。

② 流体动力性噪声是由于流体流动过程中的相互作用,或气流和固体介质之

间的相互作用而产生的噪声,如空压机、风机等进气和排气产生的噪声。

③ 电磁噪声是由电磁场交替变化引起某些机械部件或空间容积振动而产生的噪声。

2)按噪声随时间的变化可分成稳态噪声、非稳态噪声和脉冲噪声三类。

GBZ 2.2 还对不同类型的噪声的职业暴露限值进行了规定,见表 4-14 和表 4-15。

表 4-14　工作场所噪声职业接触限值

接触时间	接触限值/dB(A)	备注
5d/周,8h/d	85	非稳态噪声计算 8h 等效声级
5d/周,≠8h/d	85	计算 8h 等效声级
≠5d/周	85	计算 40h 等效声级

表 4-15　工作场所脉冲噪声职业接触限值

工作日接触脉冲噪声次数(n 次)	声压级峰值/dB(A)
$n \leqslant 100$	140
$100 < n \leqslant 1000$	130
$1000 < n \leqslant 10000$	120

3)噪声对人类的危害是多方面的,其主要表现为对听力的损伤,以及对人体的生理和心理影响。除对听觉系统的影响外,大量研究证明:噪声对人体的影响是多方面的,如噪声会影响休息和睡眠,并引起神经系统功能紊乱及内分泌紊乱。长期接触噪声可使体内肾上腺分泌增加,使血压上升,进而损害心血管系统。噪声会使人消化液分泌减少、胃蠕动减弱、食欲不振,引起胃溃疡。在高噪声工作环境中作业可使人出现头晕、头痛、失眠、全身乏力、记忆力减退及易怒等症状。研究发现,噪声超过 85dB(A) 时会使人感到心烦意乱,无法专心工作,结果导致工作效率降低,错误率和事故率上升。

(2)噪声的防护　根据具体情况采取技术措施,控制或消除噪声源是从根本上解决噪声危害的一种方法;在噪声的传播过程中,应用吸声或消声技术,也可以获得很好的效果。在生产过程中经常可以遇到各种类型的噪声源,由于产生噪声的机理各不相同,所采用的噪声控制技术也不相同。

1)选择低噪声设备,同时在保证生产、效率的前提下,选择低噪声的设备。

2)气流噪声是由于气流流动过程中的相互作用或气流和固体介质之间的作用产生的,选择合适的气流参数,减小气流脉动,减小周期性激发力;降低气流速度,减少气流压力突变,以降低湍流噪声;降低高压气体排放压力和速度;安装合适的消声器都可以达到降低噪声的目的。

3）吸声降噪是一种在传播途径上控制噪声强度的方法，其做法通常是在室内墙面或顶棚面安装吸声材料。吸声降噪是常用的噪声控制技术。

4）制定合理的标准，将噪声强度限制在一定范围内是防止噪声危害的有效措施。个体防护措施通常被作为最后一道防线用于保护噪声环境中的工作人员。

4. 辐射伤害及防护

辐射伤害主要包括光辐射、电离辐射、电磁辐射等。

(1) 光辐射伤害

1）光辐射光谱主要包括可见光（波长400~780nm）、红外线（波长780nm~1mm）和紫外线（波长100~400nm）等。光辐射的强度与材料、工艺等相关。通常情况下，随着操作温度的升高，紫外线最大辐射量的波长逐渐偏向更短波长方向。这些光辐射对操作人员的眼睛、皮肤会造成急性和慢性的伤害，特别是电弧焊接过程会产生强光、紫外线和红外线等辐射，会对作业人员的眼睛和皮肤造成直接威胁。

2）短时间接触焊接产生的强可见光可能引发眼睛短暂失明，其延续时间与入射光的亮度呈正相关，同时与操作人员的个体差异相关；强可见光还可能引发视网膜灼伤；长期被强光照射会造成视力下降，并可能在视网膜上形成盲点；经常接触强可见光还能引发畏光等症状。特别是焊接产生的光亮度变化范围很大，焊接电流大小变化引起的可见光亮度变化约有数百上千倍。焊接电弧的可见光亮度远高于肉眼能承受的光亮度，甚至达几千倍以上；其中波长440nm的蓝光是一种高能量的光，极具穿透性，可以穿透晶状体到达视网膜，对视网膜造成光化学损害，加速黄斑区细胞的氧化。蓝光被证明是最具危害性的可见光。

3）眼睛非常容易受到红外线辐射的伤害，因为眼睛的角膜、晶状体等各个组织结构都能很好地吸收红外线。红外线对眼睛的损伤是一个慢性过程，短时间的红外线辐射会刺激眼睛，并可引发操作人员眼热，长期受到红外线辐射将可能引发白内障，引起视网膜灼伤形成盲点，逐步损害作业者的视力。红外线辐射对眼睛的伤害是不可逆的、永久性的，对眼睛伤害的频谱范围主要集中在近红外线IRA。此外，红外线辐射的热效应还可能加速皮肤的老化，甚至灼伤皮肤。

4）电弧焊接会产生紫外线（按波长依次分为UVA、UVB和UVC）辐射。

表4-16是现场采样不同焊接方法的紫外线辐照强度，数值均远高于GBZ 2.2的规定。关于焊接紫外线8h职业接触限值≤$0.24\mu W/cm^2$（即$2.4mW/m^2$）的要求见表4-17，且在引弧时的紫外线辐照强度会更高。调查发现：焊接作业人员的视力低下率明显高于非焊接作业人员，焊工晶状体混浊检出率显著高于非焊工人群；焊工晶状体浑浊检出率随工龄延长呈明显渐进性增高趋势。

表 4-16　不同焊接方法的紫外线辐射强度测定结果

焊接方法	焊件	焊接电流/A	紫外线强度/(mW/m²)
CO_2 气体保护焊	法兰	130	39205.5
钨极氩弧焊	法兰	200	9837.5
焊条电弧焊	钢板	200~350	542.0

表 4-17　工作场所紫外线辐射职业接触限值

紫外线光谱分类	8h 职业接触限值	
	辐照度/($\mu W/cm^2$)	照射量/(mJ/cm^2)
中波紫外线（280mm≤λ<315mm）	0.26	3.7
短波紫外线（100mm≤λ<280mm）	0.13	1.8
焊接弧光	0.24	3.5

（2）光辐射的防护　正确进行眼部防护就能够大大降低受伤害程度，甚至能防止 90%的眼部意外伤害事件发生。采用适当的措施，就能保护作业者并降低伤害的风险。措施如下：

1）在工位周边设置弧光防护屏，减少弧光对其他作业者的影响；焊接防护屏应具有一定的透明度，具备防 UV 辐射、耐火阻燃及耐磨等要求。

2）采用降低反射的内墙材料，减少弧光反射现象。

3）其他人员必须与焊接工位保持足够的距离；如果经常需要近距离作业，必须采用符合标准要求的防护装备。

4）改进作业工艺，采用埋弧焊等工艺，降低弧光对作业者的伤害；埋弧焊作业不仅可以减少焊接弧光对焊工的影响，也可降低其他职业危害因素的影响，并降低劳动强度。

5）使用正确的焊接防护装备。这类装备包括焊接面罩、焊接防护服、焊接防护手套、安全鞋和耳塞或耳罩等。

第五章 精益技术管理

第一节 技术管理

一、技术创新

1. 技术创新的内容

技术创新是科学技术与经济的有机结合和一体化，是科学技术转化为生产力的具体表现。企业通过技术创新提高产品质量，开发生产新的产品，提供新的服务，占据市场并实现市场价值。企业技术创新有以下五个方面的内容：

1）产品创新，开发新产品或提高产品质量。
2）工艺创新，引入新的生产方法、新的工艺。
3）开拓新的市场。
4）开拓和利用新的原材料或半制成品的供给来源。
5）组织结构创新，采用任何一种新的工业组织形式和管理方式。

技术创新是企业对生产要素、生产条件、生产组织进行的重新组合，是以市场为导向，以提高企业经济效益为中心，以创造和发展新的生产力，提高企业竞争能力为目标的一系列创新活动。它贯穿于企业从开创性研究到技术成果商品化、产业化的全过程，是一项融市场、科研、生产于一体的系统工程，创新包括了科学、技术、组织、金融、商业的一系列活动。

2. 技术创新的特征

（1）创造性　其具体表现为创新性、跳跃性和独特性。

（2）累积性　除要有科学知识的积累作为平台外，还需要有技术的积累作为基础。

（3）高效性　主要表现在三个方面：技术创新的直接经济效益；技术创新带来的高附加值、高作用值、高关联值；技术创新的宏观经济效益。

（4）不确定性与风险性　集中表现在三个方面：技术不确定性；效益不确定性；组织不确定性。

（5）高风险性　高风险性是不确定性的必然产物，技术创新是一种高收益与高风险并存的经济活动。

3. 技术创新与企业竞争力

（1）技术创新是企业形成核心能力的主要途径　创新不仅是一个国家兴旺发达的动力，而且也是一个企业形成竞争优势的最重要的动力和源泉。尤其是在经济全球化的背景下，企业要保持并增强自己的市场竞争能力，必须不断创新。技术创新的成果运用到生产过程中，可以降低生产成本、提高单位时间产量、增加产品高附加值等。在知识经济的背景下，新技术对企业发展的影响十分明显，由于技术变化速度加快，市场竞争更加激烈，个性化消费导致产品生命周期大大缩短。企业间的竞争更多地表现为能力的竞争，创新成为企业成长的根本依托。大规模的生产往往意味着大规模的固定资产投资，这是大多数企业难以承受的。所以企业的成长发展应着眼于核心能力的培养，立足于核心竞争力给企业带来的竞争优势。

（2）技术创新是增强核心竞争能力的基础　企业核心竞争力具体表现在企业的技术创新、战略决策、应变能力、产品制造、市场营销、组织协调能力等方面，而技术创新能力只是其中的一个部分，但却是最关键的一环。企业提高核心竞争力的基础就是要不断推陈出新，加快技术创新步伐、确保竞争优势。

（3）技术创新对提高企业核心竞争力的作用

1）技术创新的自催化作用。企业是技术创新的主体，也是发展高科技，实现产业化的重要前提。由于企业对其内部涌现出来的技术创新成果，会具有一种很强的自催化功能，因此这项技术创新成果在企业内部就会迅速扩散，逐渐成为核心技术，以至成为企业新的核心业务，同时将形成新的核心竞争力和技术模式，这样，企业的技术结构将趋于新的相对稳定，能够在一个较长的时期内获得高额垄断利润和规模经济收益。

2）技术创新的低成本扩散与收益放大作用。技术创新成果在企业内部技术扩散是实现技术创新规模经济性、增加创新收益的主要手段。在企业经营中，由技术创新成果构建成的新核心技术会在不同产品或产业中迅速扩散和渗透，使企业产生收益放大作用。

3）技术创新增强企业整体实力的作用。由技术创新能力构建成的企业核心竞争力可增强企业在相关产品市场上的竞争地位，其意义远远超过单一产品市场上的作用，对企业的发展具有更为深远的意义，即更关注企业长远发展的需要，不仅是关注如何在当前的市场做得更好，而且是关注如何获得在未来市场上的竞争优势地位。

二、技术开发

1. 技术开发的对象

（1）能源和原材料开发　节约能源和原材料是提高经济效益的重要途径，尤其是那些能源和原材料消耗量大，在产品成本中所占比重较大，以及资源紧张的企业，更应从生产工艺、设备等方面着手，提高能源与原材料利用效率，降低消耗，开发新能源、新材料和代用材料。

(2) 设备与工具的开发　劳动资料都因为产业进步而不断革新。因此它们不是以原来的形式,而是以革新的形式进行补偿。设备和工具是企业进行生产的物质技术基础。应加快对设备进行技术改造,同时还要能进一步提高产品质量、节约能源和原材料、发展新产品。

(3) 生产工艺的开发　工艺的改革是和设备改造密切相联系的,对原有设备更新改造,同时进行生产工艺的开发,会取得十分显著的效果。

(4) 改善生产环境、保护生态平衡的技术开发　主要是指消除污染、保持生态平衡、改善劳动条件、防止职业病等方面的技术开发,在生产技术日益发达的今天,社会环境问题也日益突出,因此改善生产环境和社会环境,对每个企业来讲显得尤为必要。

企业进行技术开发的领域是广泛的。每个企业可以根据自己的生产、技术、工艺等特点,选择不同的时间和对象,进行有重点、有步骤的技术开发。

2. 技术开发的途径

在企业生产过程中,技术开发的途径不是单一的。一般有以下几种途径:

(1) 突破型技术开发　企业把大量人力、物力、财力集中在替代现有技术的研究与开发上,寻求技术上的突破,这种技术开发方式称为技术突破,其特点是伴随着全新技术的产品率先进入市场,往往能够创造出一个全新的产业。技术突破有如下两种方式:

1) 全新技术的开发,如激光唱盘、液晶电视等。

2) 现有技术的全新开发,利用现有技术和知识,在产品和生产工艺的实际应用方面取得重大突破。如中国5MW低温供热堆的研制成功,使核能技术和平利用取得重大进展。

(2) 引进型技术开发　引进与嫁接新技术也是技术开发的一种重要途径。这是指从企业外部引进与嫁接技术,引进技术必须花大力气加以吸收、消化,才能真正在企业中转化为现实生产力,加以应用。同时,还要在吸收、消化的基础上加以组配、嫁接,以至综合、创新,才能纳入本企业的技术体系。

引进型的技术开发,有下列两种形式:

1) 移植,主要是指引进成套或关键设备和工艺技术,由企业工程技术人员掌握使用。

2) 嫁接,主要是指从企业外部引进的新技术成果,与本企业的有关技术成果相融合而加以应用。

(3) 综合与延伸型技术开发　综合型技术开发是指通过对现有技术的综合,进行二次开发,形成新技术。延伸型技术开发是指将现有技术向技术的深度开发，包括向技术的密度、强度、规模等方向发展。有两种方式：

1）单项采用，互相搭配，这是以某项技术为主体，使另一项技术或另几项技术与之相匹配，有机结合成一个技术整体加以应用。

2）多种技术的综合，是指综合现有创造发明的成果，并使之系列化。

(4) 总结提高型技术开发　在企业生产实践过程中，通过对生产成熟经验的总结、提高进行技术开发。

技术开发程度大的，要求企业的知识技术密集程度高，高级技术人员所占比例大，有雄厚的资金和夯实的技术基础，能独自承担技术开发的全部风险。

3. 技术开发的组织实施

技术开发是一项工作量大、涉及面广的工作。企业必须把技术开发的各个环节严密组织起来，并认真贯彻实施，才能取得较好的经济效果。

(1) 从企业内、外两方面开展技术调查活动，进行全面规划　技术开发的最终目的是要把技术成果应用于生产过程，提高企业经济效益。因而在技术开发过程中，一方面要掌握国内外同行业企业，在产品、生产工艺、设备等各个方面的技术新成果及各项成果应用于生产的情况和效果；另一方面要深入细致地分析本企业已达到的生产技术水平，包括本企业生产技术发展的历史和现状，在生产中主要存在的薄弱环节等。

在掌握与本企业技术开发项目有关资料的基础上，企业还要做好全面规划工作。全面规划的内容即要有体现较长时期奋斗目标的长远规划，又要有体现近期安排和具体措施的短期计划。在规划中要抓住企业现有生产阶段的主要矛盾，确定技术开发的主攻方向。主要矛盾是指在一个时期内阻碍生产技术水平提高的薄弱环节，或者是具有大幅度增产节材潜力的生产环节。

(2) 逐步建立起一支设计、创造和施工的技术力量　这主要是指在汇集技术人才方面的工作。技术开发工作的难度和复杂程度都比较大，不是单个人的能力所及的。因此在确定了技术开发的主攻项目后，应该召集在相关技术领域内的优秀人才，逐步建立和培养一支设计、创造和施工的技术队伍。

(3) 利用知识产权制度保护技术开发成果　技术开发成果具有独创性，是企业花费巨大人、财、物的辛勤所得。而新技术的产品投入市场后，产品极易被别的单位仿制，所以企业在技术开发过程中，就应注意充分利用专利等知识产权制度来保护企业的技术成果，防止其他单位的窃取和渗透。

4. 技术开发配套

技术开发配套是指技术的成套性，它是保证所开发的新技术能够发挥作用的重要前提。技术不成套，任何单项技术都是难以发挥作用的。在进行技术开发时，配套条件是必须考虑的重要因素。随着生产技术的发展,生产规模、专业化协作程度的提高,技术配套的内容也越来越广泛。

(1) 内部的配套 每一项技术开发内部都有配套的要求。如对设备配套,应包括:

1) 单机配套,即一台设备中各种随机工具、附件要配备成套。

2) 机组配套,即一套机组的主机、辅机、控制设备及辅助设备的配套。

(2) 主机与部件的配套 这是指主机与部件之间的相互配合依赖关系。例如机床产品中,主机与配套产品、配套零部件,以及非金属制品等之间的配套。

(3) 与其他项目之间的配套 技术开发要素要同相关项目的开发和建设相配套。技术系统内部各技术要素之间以及要素内部各部分之间是相互联系、相互制约的,要使它们之间相互配套,才能保证技术的最优配合,以保证技术开发的顺利进行。在技术配套中,要依靠社会资源来加强对外协作,来提高技术经济效果。

5. 技术开发的相关工作

(1) 编制各种技术报告 每一项技术工作完成之后,必须及时组织企业有关部门召开会议,对技术工作过程中遇到的问题及所采取的措施,特别对核心技术必须准确而又全面地加以整理分析和总结,并在总结的基础上形成技术报告。

(2) 制定各种技术标准 制定各种技术标准是企业巩固技术开发成果的有效方法。按照先进合理的技术标准和要求开展各项技术工作是最简便、最有效的技术管理方式。

(3) 开展技术教育和培训 企业要把日常技术管理工作中的一些经验和教训及"发光点"积累起来,并加以系统化、理论化。将这些系统化、理论化的知识用于教育和培训有关岗位的工程技术人员和操作员工,从而使下一步的技术开发工作有一个夯实的技术基础。

第二节 产品工艺管理

产品工艺管理的任务是确定在产品开发时使用的设备和工具、采用的加工顺序和办法,进行规范化和程序化。

一、产品设计的工艺性分析

这主要是根据工艺上的要求,对企业的设备能力以及外协件的可靠性来评定产品设计是否合理,是否能够保证企业在制造这种产品时获得较好的经济效益。审查的主要内容如下:

1）产品结构的创新性，其指标是新度系数，即新旧零件数量之比。

2）产品结构的标准化与规格化程度，其指标是标准化系数和规格化系数。

3）产品结构的工艺性，即现有工艺是否便于加工新产品并确保其质量。

4）精度、表面粗糙度及技术要求是否合适。

5）材料选择是否合适。

二、工艺方案的编制

工艺方案是新产品开发过程中组织工艺准备的纲领，是进行工艺设计的指导性文件。其内容主要包括新产品的特点和要求，试制中的各种关键问题和措施，工艺路线和工艺规程的制定原则，装备新度系数及工艺装备的设计要求等。

三、工艺技术文件的编制

（1）工艺路线卡 它是按产品的每一零件在整个制造过程中各工序的工艺路线编制的，同时需要列出这种零件经过的车间、工段、各道工序的名称和使用的设备。

（2）工序文件 它是按产品或零件的每道工序编制的工艺规程，是用来指导员工具体操作的一种工艺文件。它规定了操作要领和基本注意事项等。具体是指作业工艺表（工程 QC 表）和工序检验标准。

四、工艺装备的设计

工艺装备一般可分为通用和专用两种。通用的工艺装备由专业厂生产，企业可以订购，不须本企业设计。专用工艺装备需企业自行设计，先由工艺技术人员提出专用工装设计任务书，工装设计员据此进行设计。各类工装设计完成后，应根据工装在试制和生产时使用的要求，列出工装清单，然后进行加工制造。

总之，为了保证新产品开发质量，每一个产品从投入原材料到编制工艺方案，一般由主任工艺师提出。

在选择新产品的工艺方案时，经济和安全可靠性是一个基本因素，必须进行具体的经济分析，选择工艺费用最低的工艺方案。工艺成本分析是通过比较不同方案的工艺成本做出经济评价的。

五、工艺体系图编制

通过借鉴 CK 型和 CR 型两种摩托车排气管部件案例，阐述产品工艺图编制的要求。图 5-1 为 CK 型产品工艺体系图；图 5-2 为 CR 型产品工艺体系图；图 5-3 为 CR 型产品供货状态及品质验收。

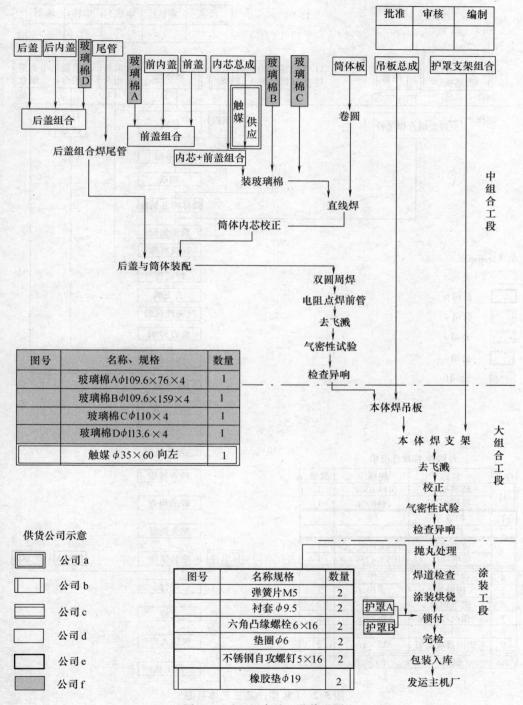

图 5-1 CK 型产品工艺体系图

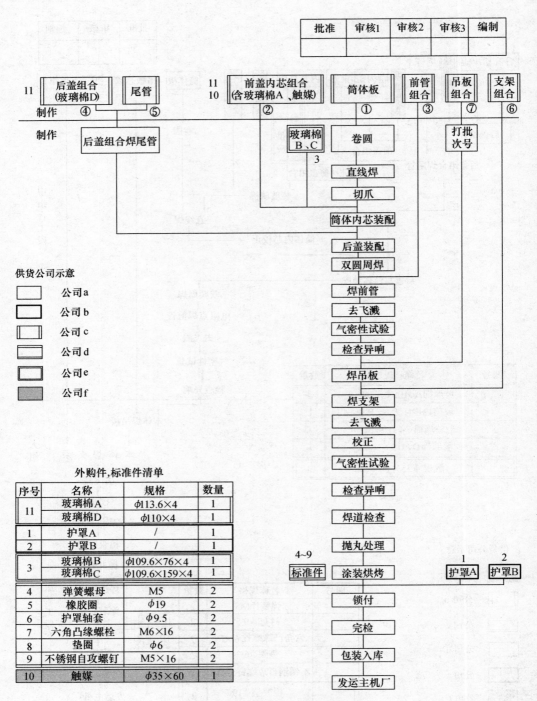

图 5-2　CR 型产品工艺体系图

	批准	审核1	审核2	审核3	编制

供货日期：

供货单位	序号	图号	名称	图片		供货状态及品质验收
配套厂提供	1		筒体板	1.	2. 	
	2		前盖内芯组合			
	3		前管组合	3. 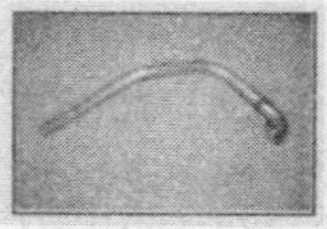	4. 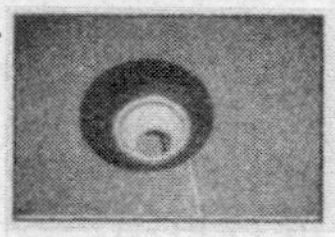	
	4		后盖组合			
	5		尾管	5. 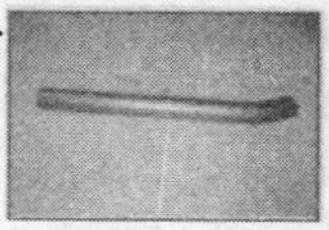	6. 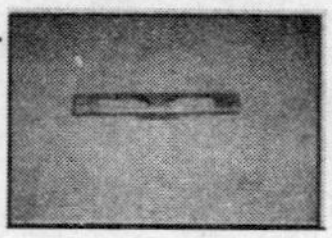	
	6		支架组合			
	7		吊板组合	7. 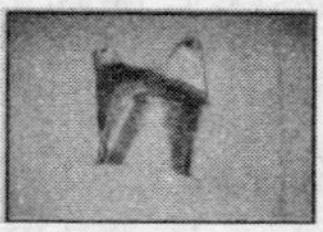		
提供零件	1		护罩A	1. 	2. 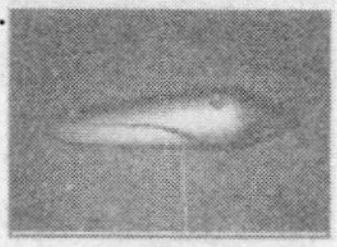	
	2		护罩B			
	3		玻璃棉B、C	3. 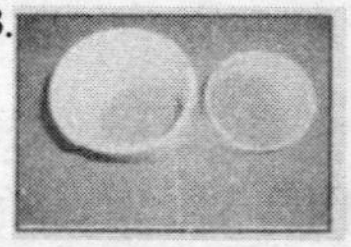	4. 	
	4		弹簧螺母(2只)			
	5		橡胶圈(2只)	5. 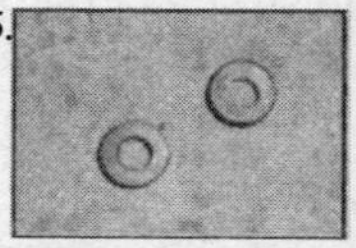	6. 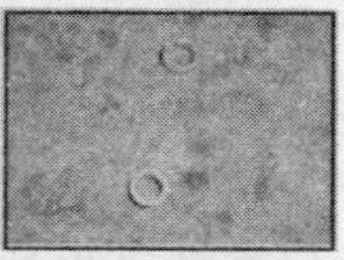	
	6		护罩轴套(2只)			
	7		六角凸缘螺栓(2只)	7. 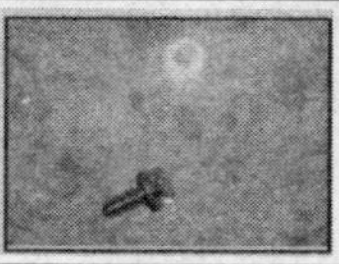	8. 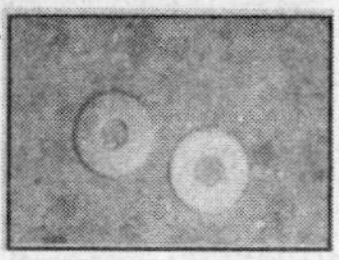	
	8		垫圈(2只)			
	9		不锈钢自攻螺钉(2只)	9. 		

图 5-3　CR 型产品供货状态及品质验收

第三节　新品开发

研究与开发新产品及改进老产品关系着企业生存与发展，是企业技术管理工作中一个重要的环节。因此企业必须高度重视新产品开发工作，以质优价廉的新产品满足社会的需要，从而实现产品从生产向消费环节的过渡，提高企业的市场竞争能力，不断提高企业经济效益。

新产品是指相对于现有产品在原理、用途、性能、结构、材质等某一方面或几个方面具有新的改进的产品。

新产品一般有三种分类方法：按新产品出现的地域不同分为国际新产品、国家新产品和省、市、自治区新产品；按产品的开发创新程度不同分为全新产品、换代新产品和改进新产品；按新产品开发决策方式，分为企业自主开发的新产品和用户指定开发的新产品。

一、新品开发意义

（1）新产品开发是实现国民经济发展战略目标的需要　企业应加强管理不断开发新产品，调整和优化产业结构。一方面可以为国内外提供各种新材料、新设备、新仪器；另一方面也可以提高本企业产品质量，增强市场竞争优势。

（2）新产品开发是不断提高企业技术水平的客观需要　开发新产品是掌握一种产品的性能结构和技术条件，重新进行新的探索的过程，特别是开发高、精、尖、新产品更是对相应技术、设备和工艺的挑战，没有一定的理论作支撑，不掌握先进的技术很难实现这一任务。因而新产品开发过程也是不断提高企业技术水平，促进技术进步的过程。

（3）积极开发新产品是提高企业经济效益的客观需要　新产品是新技术的成果，一般比老产品具有更好的结构性能、更高的质量，因此会给企业带来更大的经济利益。新产品要求产品的使用经济性和制造合理性得到更好的统一，不仅给用户带来经济效益，也为企业带来明显的经济效益。

（4）新产品开发是提高企业竞争能力，企业转换经营机制的需要　在市场经济条件下，市场竞争必将越来越激烈，企业要在竞争中取胜，必须不断推出为市场所接受的新产品。企业经营能力集中表现在企业的开发能力上，而新产品开发又是体现企业经营机制的一项内容。只有建立适应市场要求的新产品开发机制，才能使企业保持旺盛的活力，保证企业的稳步健康发展。

二、新品开发的方向

新品开发的方向是指企业在一定时间内的产品发展趋势和发展方向，是技术进步和社会产品要求的综合反映。新产品开发的方向主要如下：

1）产品的高效化与多能化，即在开发新产品时，要注意使产品具有高性能、高效率、多功能和广用途的特点。这是现代消费者对产品开发提出的新要求。

2）产品的小型化，即开发新产品时，在保证产品功能和效能的情况下，尽量使所开发新产品体积小、重量轻，便于携带使用。

3）产品的节能与无污染，即企业在开发新产品时，既要最大限度地挖掘节约能源、原材料的潜力，又要减少产品对环境的污染，从而有利于保护环境和人类健康。从这种角度出发开发的新产品为社会和消费者所欢迎，也能为企业取得更大的经济利益。

4）有独创精神，开发具有特色的新产品。企业要具有创新精神，真正创出特色，产品才会有竞争力，企业才会有活力。企业在开发新产品时，要尽力做到人无我有，人有我新，人新我好，人好我廉，从而创出本企业产品的特色和市场竞争力。

三、新品开发的方式

企业开发新品的主要方式一般有独立研制、技术引进、独立研制和技术引进相结合三种方式。

1）独立研制是一种独创性的产品开发方式。它是指针对企业产品现状和存在的问题，根据市场需求，开展有关新技术、新材料方面的研究，从实用性上探索产品的原理和结构，开发出具有本企业特色的新产品。

2）技术引进是指企业在开发某种新产品时，有计划、有重点地引进国内外新工艺、新技术、新产品。这种开发方式节约开发研制费用，并且在较短时间内将新产品生产出来以填补空白。企业在开展这项工作时，要注意与本企业现有技术条件和生产装备相结合，做好消化和吸收工作。

3）独立研制与技术引进相结合是指企业在对引进技术消化和吸收的基础上，对引进技术加工、改进和提高，使之更加先进、合理，不断创新，努力开发新产品。它有三种结合方式可供选用：企业的现有技术与引进技术相结合；企业的改进技术和引进技术相结合；对引进技术的进一步发展及延伸。

四、新品开发的程序

不同行业的不同产品具有不同的生产技术特点，所采取的开发与决策方式也有所不同，因此新产品开发的阶段和程序就不可能完全相同。下面介绍一般新产品开发程序。

1. 调查计划阶段

这一阶段的目的是根据市场需求、企业经营目标、产品开发策略和企业的资源条件将新产品开发目标确定下来。主要工作包括技术调查和市场调查。

（1）技术调查　是指要调查有关产品的技术现状与发展趋势，预测未来可能出现的新技术，以便为制定新产品的技术方案提供依据。对专用产品应通过走访用户，了解用户对有关产品各方面的要求，以便为用户选择最佳方案或代为用户进行成套设计。

（2）市场调查　是指通过收集、查阅资料，了解国内外市场对产品的需求情况,从而根据市场需求来开发新产品。市场调查是一项长期性、经常性的工作,企业要不断收集、整理、分析有关资料和情报,从而最终选定新产品开发目标。

2. 开发创意阶段

这一阶段的主要任务是根据调查掌握的情况及企业本身条件和特点,充分考虑用户的使用要求和竞争对手的产品开发动向,有针对性地在一定范围内首次提出开发初步设想和构想,以及准备发展什么新品种、研制开发什么新产品。新产品开发的构思创意来源主要有以下三个:

(1) 用户 开发新产品的目的是要满足用户需求,因而企业要通过各种途径,如问卷调查、询问等来掌握用户的需求状况,并在此基础上形成新产品开发的构思创意。

(2) 本企业职工 企业职工比较熟悉本企业生产条件和关心企业发展,尤其是企业销售人员和技术服务人员经常直接面对用户,能掌握第一手资料,职工的信息、智慧和能力能汇成新产品开发的创意。

(3) 专业资深人员 这些人员往往掌握丰富的专业理论、技术知识和相关信息,采取适当方法能使他们为开发新产品提供创意。

新品创意评价表见表5-1,对新品创意评价表的设计要注意广泛性和真实性,这样才会真正取得好的应用效果。

表5-1 新品创意评价表

序号	影响成功因素	重要性系数	评价等级					得分
			优(5)	良(4)	中(3)	差(2)	劣(1)	
1	销售前景	0.20		√				0.80(0.20×4)
2	盈利情况	0.20		√				0.80(0.20×4)
3	竞争能力	0.25			√			0.75(0.25×3)
4	开发能力	0.15		√				0.60(0.15×4)
5	资源保证	0.10			√			0.30(0.10×3)
6	生产能力	0.10		√				0.40(0.10×4)
合计		1.00						3.65

$$评价等级指数 = \frac{评价等级总得分}{影响成功因素6项} = \frac{3.65}{6} = 0.61$$

一般评价等级指数大于0.5时,创意才有可能取得好的效果。

3. 设计阶段

(1) 技术建议书 选取新产品开发方案后,就要编制具体的技术建议书,内容包括开发新产品的结构、特征、技术规格、用途、使用范围、与国内外同类产品的分析比较,开发这一产品的必要性和依据等。

(2) 新品设计 新品设计一般分为初步设计、技术设计和产品图样设计三个阶段。初步设计的任务是对新开发的产品结构方案和基本原理进行专题试验研究，从而得出初步设计文件，绘制草图；技术设计是新产品的定型阶段，它要在初步设计的基础上，确定零件的结构、尺寸、配合关系和技术条件等，编写出各种计算数据和产品成本资料；产品图样设计的任务是提供试制和生产所需的全套图样，提供试制、制造和使用所需的全部技术文件。产品图样设计完成后，全套图样和全部文件经过审查，然后归档。产品设计工作程序见表 5-2。

表 5-2　产品设计工作程序

产品设计种类		设计任务书	技术建议书	技术设计	产品图设计
自行设计	标准产品	+	-	+	+
	非标准产品	+	+	+	+
测绘产品图样	标准产品	+	-	-	+
	非标准产品	+	+	+	+
外来产品图样		+	-	-	+

注："+"必须进行编制；"-"根据具体情况，不强调进行编制。

4. 试制阶段

这一阶段一般包括样品试制和小批量试制两个步骤。

（1）样品试制　其目的是考核产品设计质量，验证产品结构、性能及主要工艺，修正设计图样，使产品设计基本定型。为此样品试制必须严格按要求进行，设计人员要做好有关样品试制、样机试验的详细记录。

（2）小批量试制　其目的是考核产品的工艺，检查图样的工艺性，验证全部工艺文件和装备，并对设计图样再次进行审查修改。小批量试制要在生产线上进行，要使用符合设计要求的各种工装，要采用正常的生产组织。小批量试制要为生产定型和正式投产做好一切准备工作。

5. 鉴定阶段

1）新品试制完成后应及时进行试车及试验工作，对样品进行全面检查、试验与调整。产品设计部门要制订试验鉴定大纲，工艺部门要编制试验流程，同时，由各部门技术负责人及操作员工组成试验小组，完成总结资料，由企业鉴定委员会进行鉴定。

2）新品的鉴定是指对产品从技术上、经济上进行全面分析评价，以确定是否可以进入下一个阶段试制或者批量生产。产品鉴定的内容和方法，由新品性质、用途、技术特点和涉及面来确定。鉴定内容一般包括：检查产品是否符合行业技术标准；检查工艺文件和装备是否先进合理；评价产品的一般功能、使用性能、安全和可靠性能、环境性能以及对产品技术经济进行分析。

6. 市场开发阶段

产品的市场开发既是新产品开发过程的终点，又是下一代产品再开发的起点。

通过市场开发可以了解新产品被接受的程度；分析与产品开发有关的市场情况，为开发产品决策、改进下一批（代）产品、提高开发研制水平提供依据等。

第四节 技术工作流程

一、建立和完善新品开发流程

新品开发流程如图 5-4 所示。

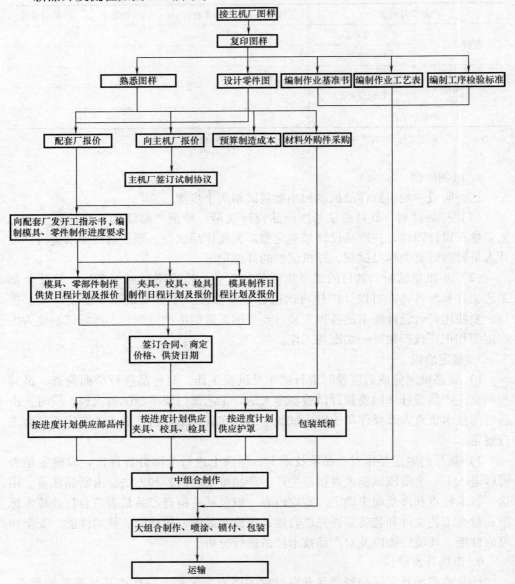

图 5-4 新品开发流程

二、建立制造管理计划

制造管理计划如图5-5所示。

制造管理计划					产品名称			
公司名称：					部品名称			
					部品图号			

区分		项目	部门	责任人		月	月	月
合同内容	基本计划	生产计划	主机厂家	生产管理部	计划			
					实际成果			
			外协厂家	生产管理部	计划			
					实际成果			
		产品评议会	办公室		计划			
					实际成果			
		出图	技术部		计划			
					实际成果			
		生产能力验证	生产管理部		计划			
					实际成果			
采购管理	资材计划	作业基准	样品管理项目	开发部	计划			
					实际成果			
			采购清单	生产管理部	计划			
					实际成果			
			检验项目	品质管理部	计划			
					实际成果			
		模具进度计划 生产进度计划	生产管理部		计划			
					实际成果			
工艺管理	设备计划	工艺计划	技术部		计划			
					实际成果			
		生产线运行	生产管理部		计划			
					实际成果			
		新设备安装、调试	生产管理部		计划			
					实际成果			
	制造工艺计划	质量保证计划	品质管理部		计划			
					实际成果			
		制造工艺标准	技术部		计划			
					实际成果			
		教育培训	技术部		计划			
					实际成果			
		现场管理	部品	生产管理部	计划			
					实际成果			
			工艺	技术部	计划			
					实际成果			
			产品	生产管理部	计划			
					实际成果			
		工序监察	品质管理部		计划			
					实际成果			
	成本	收益性	总务部		计划			
					实际成果			

图 5-5　制造管理计划

开发等级	A
交货日期	
周期	
月产量	

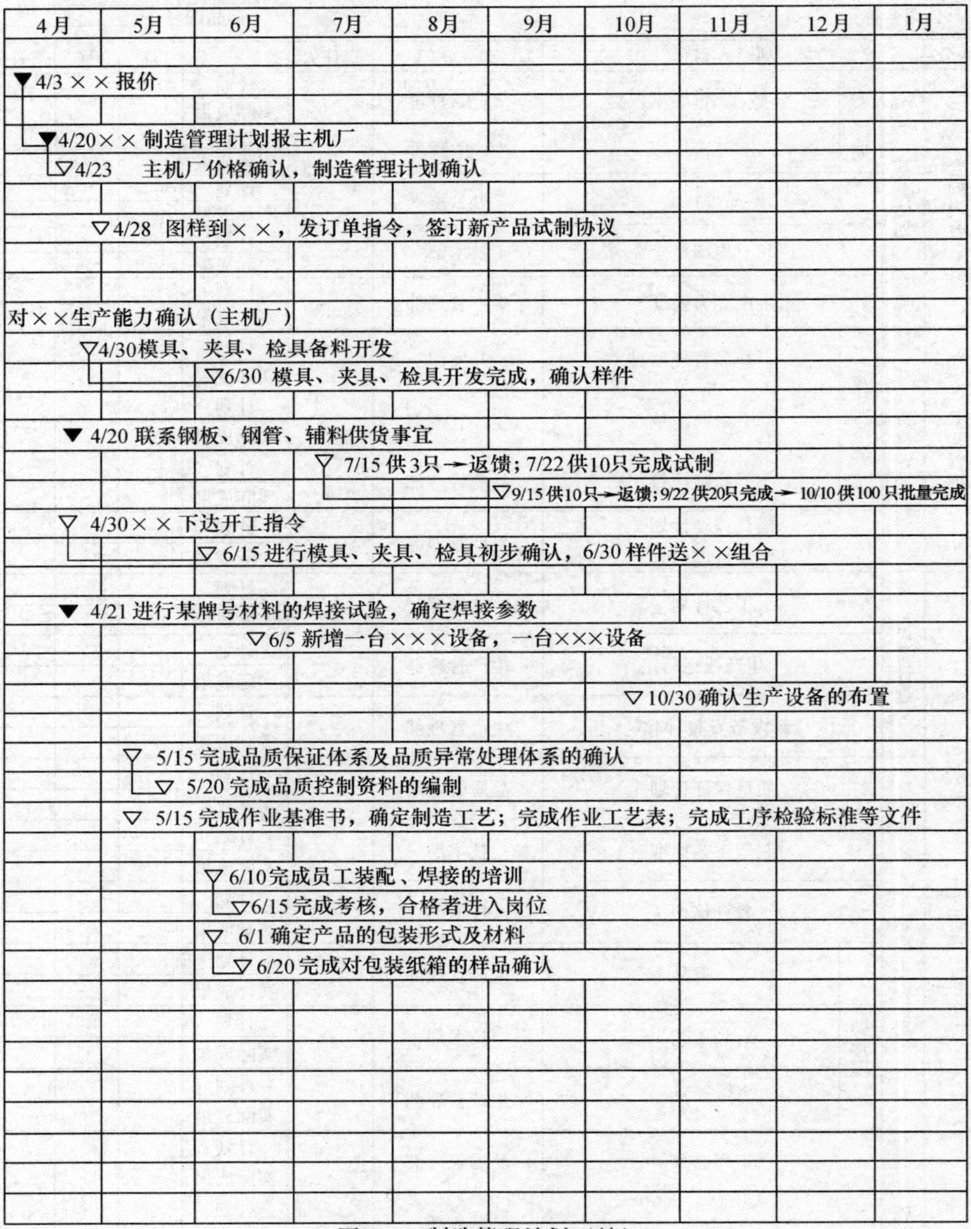

4月	5月	6月	7月	8月	9月	10月	11月	12月	1月

▼4/3 ××报价

▼4/20 ××制造管理计划报主机厂

▽4/23 主机厂价格确认，制造管理计划确认

▽4/28 图样到××，发订单指令，签订新产品试制协议

对××生产能力确认（主机厂）

▽4/30 模具、夹具、检具备料开发

▽6/30 模具、夹具、检具开发完成，确认样件

▼4/20 联系钢板、钢管、辅料供货事宜

▽7/15 供3只 → 返馈；7/22 供10只完成试制

▽9/15 供10只 → 返馈；9/22 供20只完成 → 10/10 供100只批量完成

▽4/30 ××下达开工指令

▽6/15 进行模具、夹具、检具初步确认，6/30 样件送××组合

▼4/21 进行某牌号材料的焊接试验，确定焊接参数

▽6/5 新增一台×××设备，一台×××设备

▽10/30 确认生产设备的布置

▽5/15 完成品质保证体系及品质异常处理体系的确认

▽5/20 完成品质控制资料的编制

▽5/15 完成作业基准书，确定制造工艺；完成作业工艺表；完成工序检验标准等文件

▽6/10 完成员工装配、焊接的培训

▽6/15 完成考核，合格者进入岗位

▽6/1 确定产品的包装形式及材料

▽6/20 完成对包装纸箱的样品确认

图 5-5 制造管理计划（续）

注：1. ××是指配套厂或主机厂某部门； ×××是指新增设备名称。
    2. ▽指下达项目及日期，完成后可涂黑；▼指完成项目及日期。

三、建立和完善部品、原辅材料、产成品管理流程

部品、原辅材料、产成品管理流程如图 5-6 所示。

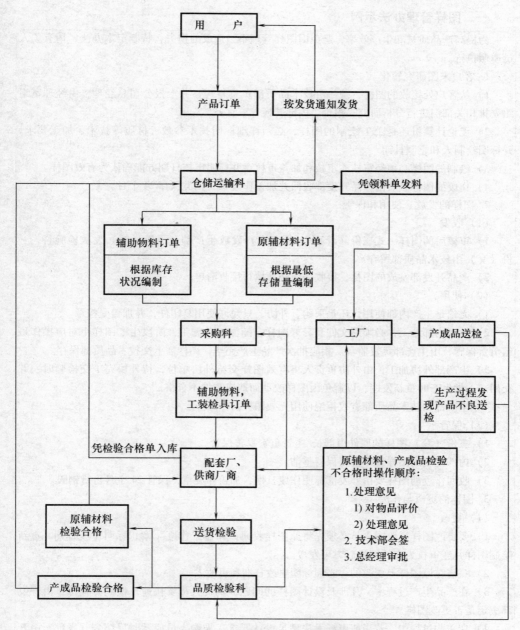

图 5-6 部品、原辅材料、产成品管理流程

第五节　技术档案管理

一、图样管理办法示例

为提高产品质量和生产效率，避免因图样管理不当造成的损失，特制定本办法，请有关人员遵照执行。

1. 客户来图研究转化

1）从客户处接收的图样，统一由技术品质部负责整理，并上报公司总经理，由经理室组织安排相关部门进行分析研究、报价、内部转换等事宜。

2）无论计算机还是手工绘制的图样，必须详细标明技术参数、材质等技术、加工要求，并标明绘制人和绘制日期。

3）绘制的图样必须经审核人审核和加盖审核章并标明审核日期方能确认为有效图样。

4）作废的图样必须由产品开发部收回并加盖作废章，归类保存24个月。

2. 图样的发放、使用和保管

（1）收发

1）审核后的图样一式三份（套），一份（套）发放生产部，一份（套）发放检验科，一份（套）由技术品质部留存。

2）产品开发部发放的图样，接收部门必须填写接收清单。

（2）使用

1）无论是生产内部使用，还是采购、外协，只允许使用复印件，并加盖受控章。

2）生产内部派工，必须用文件套套好图样，随派工单派工，阶段生产图样由对应操作班组负责保管，由生产部负责监督。相应批次产品生产完毕，图样需上交技术品质部保存。

3）生产部外协加工，由外协负责人将有效图样交给外协单位，待外协完工交检验时一并交回。下批生产时重新发图，以避免因图样改动而造成零件不合格。

4）生产部和技术品质部有权拒绝使用无效图样。

（3）保管

1）三份（套）图样的原件由部长/主管负责妥善保管。

2）内部使用的图样复印件要保持整洁。

3）收回作废的图样要由开发部标明作废日期，加盖作废章，保管24个月再行销毁。

3. 图样的更改与作废

（1）更改

1）要更改图样，绘图人员必须先将原图样收回，并盖"作废"章，标明作废日期，重新绘制图样并经审核为有效图样后方可发送。

2）只需在原图样上更改的，必须标明更改日期和更改人。

3）在产品生产过程中，凡涉及设计图样的问题，负责人员要快速反馈到开发部，由开发部决定是否更改图样。

4）在采购过程中，若当前市场无法满足设计要求，采购人员应及时反馈到开发部，由开发部决定是否更改图样及技术要求。

(2) 作废　凡作废的图样必须收回，若作废后仍发现原图样在流通使用，则在考核中予以扣分或给予其他相应处罚。

4. 新试制产品图样的管理

对试制中的不定型产品的零部件，生产试制人员可会同技术人员共同商讨、绘制，暂不做严格规定。但须在图样上注明"试制"。定型后由技术人员绘图存档，执行审核管理。

5. 未经整理图样的管理

1）未经整理的图样，参照试制产品图样的管理办法实行。

2）零部件加工时，或随时根据客户的反馈信息，检验员随时跟踪观察，如有问题及时与技术品质部反映，产品完成后，开发部根据情况对图样进行整理定型。

本办法自××××年×月×日正式执行。

年　月　日

编制：
审核：
批准：

二、技术档案管理

技术档案包括产品设计图样、配方、工艺规程、工艺装配图样、工艺守则和各种原始记录等技术文件，是企业开展技术活动的标准和依据。搞好技术档案管理应做好下列工作：

1）坚持集中统一管理技术档案的原则，加强技术档案各项管理工作，确保技术档案完整、准确、系统、安全和有效利用。

2）企业各部门应当把技术文件材料的形成、积累、整理和归档，纳入技术工作程序，列入有关部门和人员的工作范围，并形成制度，以确保日常技术工作的有序、有效进行。

3）技术档案部门对收集的技术档案，应及时进行分类、编目、登记、统计和必要的加工整理，并用现代化的信息管理手段做好归档工作。

4）技术档案部门应为企业各部门充分利用技术档案创造一切条件，编制必要的参考查阅资料办法，并对技术的利用效果进行必要的调查，及时反馈给技术管理部门，进行必要的技术标准修订和改善管理工作。

5）建立技术档案管理机构并配置必要人员。如集团公司在总工程师领导下，建立直属的技术档案机构进行管理，并配备专职人员。

做好产品图样文档，建立图样目录，以便查阅，见表5-3；员工培训计划，见表5-4；建立员工技能培训档案，见表5-5。

表 5-3 产品图样目录

序号	零件号	当前版本	旧版本收回记录	原图	转化图	工装图	刀具图	设计	确认	备注
1					氮化前、成品图（热后）、锻件图	螺母、垫圈、滚齿心棒、剃齿心轴	滚刀、剃刀			作业工艺表、工序检验标准、交接单
2					氮化前、成品图、锻件图	检验心棒、钻孔工装	剃刀			工艺卡、交接单
3					成品图	无须	滚刀、剃刀			工艺卡、交接单
4					钻孔图、精车图、锻件图	滚齿工装、剃齿工装夹具	滚刀、剃刀			工艺卡、交接单
5					氮化前、成品	剃齿工装				工艺卡、交接单、啮合标准齿轮图
6					机加工、滚前、成品、幅板	钻孔工装				工艺卡、交接单
7					精车、成品					交接单
8					粗车、拉内花键、滚齿、成品图		花键滚刀			交接单、工艺卡
9					精车、成品图	压板、剃齿夹具	滚刀			交接单、工艺卡
10					锻件图、轮辐加工图、成品图		锪钻			交接单、工艺卡
11					成品图					外花键环规
12					毛坯图、车加工、成品图	钻孔工装、定位销				交接单
13					锻件、车加工、钻孔、滚齿、淬火	方身钻模、螺栓、钻套				轮毂检具图、检具、工艺卡
14					锻件、粗车、滚齿、精车、成品	压板、心棒、工装	滚刀、拉刀			塞规图、检具、交接单、工艺卡
15					热处理、锻件、粗车、拉花键、滚齿、精车、成品		滚刀、拉刀			交接单、工艺卡
16					热处理、拉刀柄部尺寸配合图					拉刀设计资料、交接单
17					车加工、攻螺纹、改孔		花键插刀			交接单
18					成品图					交接单

表5-4 ××××年度检验员培训计划

日 期	时 间	培训内容	讲课人	参加人员
××××		检验知识		
		机械制图（1）		
		检验基础		
		机械制图（2）		
		检验方法		
		机械制图（3）		

××××年度检验员考试计划

日 期	时 间	内容	监考	参加人员
		检验基础知识		

表5-5 员工技能培训档案

序号	个人资料		培训记录		考评结论		
29	照片	姓名：	培训项目：	班组管理	能否胜任此项目	能● 否○	●
		性别：	培训内容：	作业指导设备操作	专业技能	一般▲ 良好■ 优秀★	★
		出生年月：	培训原因：	提高技能	培训后安排工种：		剃齿
		学历：	培训时间：		工作岗位：		剃齿班组长
身份证号：	进厂时间：		培训员：		批准：		

第六章　精益品质管理

品质并非指最好的产品，而是指消费者或客户所满意的产品。因为品质是由技术、管理及成本综合作用所产生的结果，顾客或客户在购置产品时，除了考虑品质水平外，也考虑价格。因此品质基准水平也将因时、因地、因人不同而有所变化。

第一节　品质管理的内容

品质管理是在于确保产品能在合理的制造成本下达到预期的品质，范围包括从产品的设计、制造过程中对原料加工、成品的检验与管理直到售后的品质保证，其中也包括品质的统计与报告，以及在产品销售前后对于品质不良情况资料的收集与反应。

一、品质的效益

1. 降低成本

品质管理良好既可以减少不良率、退货率及报废率等，也可以增加产量、降低成本。

2. 增强竞争力

品质良好可靠，客户乐于采购，销售持续成长，使企业在激烈的竞争中脱颖而出。

3. 树立企业声誉

成本低廉、品质良好，再加上适当的营销，逐步树立良好的企业声誉。

二、品质管理职责

为了有效地达到品质管理的目的，管理部门可区分为进料检验、制造过程检验与成品检验（品质保证）三个内容，其主要职责如下：

1. 进料检验

1）对于进料的品质，用最经济有效的抽样检验，以确保物料的品质水准。

2）建立各供应厂商的品管资料，客观上反映供应物品的品质与可靠性，可供工程部与采购部参考。

3）逐件或定期将厂商供应物料的不良情况反映给供应厂商，要求按规定及时改善，并加以巩固。

2. 制造过程检验

1）最经济而有效的管理方法是发现在制品品质及可靠性不合规定之处，及早改善制造中所产生的缺陷。

2）指导与确定各项生产设备和工艺符合品质管理要求。

3）定期或不定期总结制造过程中所发现的问题。运用统计方法协助生产与工程部门找出问题所在，以期尽快改进。

3. 成品检验

1）以最经济、最切实有效的抽验方法，对成品加以检验，并确定抽查的结果，保证产品品质与可靠性。

2）对于检验所得到的不良情况应予以迅速反馈，使不良情况得以立即改善。

3）对于客户的不满意或退货报告，应立即找出品质缺陷的原因，并要求及时改正，以达到与客户共同满意的结果。

三、品质管理的原则

1. 全面品质管理

品质管理不仅是品质管理部门的责任，也是全公司每一部门的共同责任。从设计、物料、生产以至业务各部门全体人员都要参与。只有在每个环节上都对品质负责，才能真正做好品质管理工作。品质管理部门的主要工作是提供品质信息的服务，并负责推动及时把整个体系连贯起来。品质管理部门除了品质检验管理以外，主要是提供品质信息，督导及推动各有关部门达到品质要求。

2. 品质信息的回馈

品质管理最重要的是在各项作业过程中防止不良品的发生。为了确保品质，还需将检验作为辅助手段。检验之后如果发现品质有缺陷，除了予以退货之外，更需尽快将信息反馈给制造部门，以便研究分析出现缺陷的原因，设法加以改正，防止以后再发生同样的情况。没有事前预防及缺陷改善，仅依赖检验绝对没有办法把品质管理工作做好。

3. 缺陷管理

对于品质不良的原因，必须追根究底，并研究如何对症下药，杜绝不良品。探求产生不良品的原因应到现场考察设备、工具、员工的操作情形与方法，详细分析每一项工作，寻找问题之所在。一般造成品质缺陷的原因如下：

1）作业人员制定的工序品质标准的要求不明确。

2）所设定的标准或规格不正确。

3）生产人员缺乏品质教育。

4）检验人员疏忽不周。

5）材料品质不佳。

6）设备及工具维护不良，失去加工精度。

7）生产人员操作不佳。

4. 降低品质成本

品质成本是为了管理及改进品质所发生的成本，包括预估成本、评价成本、内部不良品成本及外部失效成本。品质预估成本包括整体品质计划、可靠度计划、品质管理活动、设备工具及品管教育等。对品质预估成本多做探求，最后才能降低整体品质成本。

四、精益品质量管理工作的偏差

1. 目的的偏差

常以不被客户退货为目的，而不是以不断改善及提高品质水平为目的。

2. 引进的偏差

实施品质管理时，往往将欧、美、日等先进管理制度原封不动地移植引进到企业，并未融合我国的国情及企业实际情况。

3. 执行的偏差

常以为检验及管理图表就是品质管理，仅通过检验发现缺点并表现于管理图表上，而没有做好预防及反馈工作，无法彻底改善品质。

4. 准备的偏差

现场作业缺少工作标准、检验标准，缺少必要检验设备与高精度的检测仪器仪表。

5. 观念的偏差

常有下列错误观念：

1）品质管理是善后处理工作。

2）增强品质管理会加大制造成本。

3）品质管理工作非常简单，仅是检验而已。

第二节　建立品质评价体系

一、品质评价体系

通过开展建立品质过程评价体系工作，能全面揭示品质管理（包括配件厂、供应商的材料及部品件）存在的问题，对存在的缺陷进行扎扎实实的改善。在评价中有时间限定，从而加快整改节奏和责任落实，对全面提高产品品质有很大的促进作用。表 6-1 所列为品质评价报告。

二、品质评价体系的组成

品质评价体系有以下 12 方面的评价内容。

1）品质管理计划评价，见表 6-2。

2）故障解析（FTA）评价，见表 6-3。

3）品质要求评价，见表 6-4。

4）管理流程评价，见表 6-5。

5）加工能力管理评价，见表 6-6。

6）品质检验（QAV）评价，见表 6-7。

表 6-1 品质评价报告

主机厂家名称：　　　　　　　　　　　　　　　部门名称：
配套厂家名：　　　　　　　　　　　　　　　　　检查日期：

				批准	审核	编制

1. 检验者

检验日			
产品编号			
产品名称			
检验者	姓名		所属部门
主机厂			
配套厂			

2. 配套厂家概要

No.	项目	内容
1	所在地	
2	建厂时间	年　月
3	主要产品	
4	资产	
5	员工人员数	合计　男　女
6	技术人员数	
7	平均工龄	年
8	一次外协	部品　件
9	二次外协	部品　件

3. 检查项目汇总

建立品质过程评价

No.	项目	各项目评价	问题	对策和改善	对策前评分判定	对策后评分判定
1	品质管理计划	①②③④⑤				
2	FTA	①②③④⑤				
3	品质要求	①②③④⑤				
4	管理流程	①②③④⑤				
5	加工能力管理	①②③④⑤				
6	QAV	①②③④⑤				

建立作业过程评价

No.	项目	各项目评价	问题	对策和改善	对策前评分判定	对策后评分判定
7	现场品质检查	①②③④⑤				
8	作业工艺	①②③④⑤				
9	工序检验	①②③④⑤				
10	条件管理	①②③④⑤				
11	检查纪录	①②③④⑤				
12	批次管理	①②③④⑤				

4. 品质过程评价

雷达图项目：
1. 品质管理计划
2. FTA（故障解析）
3. 品质要求
4. 管理流程
5. 加工能力管理
6. QAV（品质检验）

―◆― 对策前
―■― 对策后

5. 作业管理评价

雷达图项目：
7. 现场品质检查
8. 作业工艺
9. 工序检验
10. 条件管理
11. 检查纪录
12. 批次管理

―◆― 对策前
―■― 对策后

表 6-2　品质管理计划评价表

厂家名：　　　　　　　　　　　检查者：

项　目	内　容	要　求	具体事实	评价	对策和改善	负责人	日期	改善后评分
品质管理计划（PDCA[①]的明确化）	机种上市的目的、目标明确	新机种的定位、在市场上的预估销售，与类似机种相比，应设定的品质目标						
	明确部品变化点	明确与类似机种变化点						
	明确在各现场节点	有制造品质的展开项目，并明确到什么时候实施及实施要求						
	进度管理	按照计划日程推进，在各节点以月度为单位进行确认						
	领导确认	确认进展情况，做出恰当的指示，并签字确认						

注：评分标准：5—完全实施；4—基本实施；3—部分要改善；2—大部分要改善；1—要全面改善。
① P—计划；D—执行；C—检查；A—行动。

表 6-3　故障解析（FTA）评价表

厂家名：　　　　　　　　　　　检查者：

项　目	内　容	要　求	具体事实	评价	对策和改善	负责人	日期	改善后评分
故障解析（FTA）	明确该部品在产品品质上可能出现的不良现象	产品完成组装时产生不良现象，并有解析原因的分析及记录						

（续）

项目	内容	要求	具体事实	评价	对策和改善	负责人	日期	改善后评分
故障解析（FTA）	重要机能特性	重要机能特性项目出现不良情况，并有具体记录						
	明确故障的原因及出现在制造上、管理上的哪个部位和工序	明确原因是在4M（人、方法、材料、设备）当中的哪一部位，在故障分析中已有明确记载						
	收集相关的成品对FTA的解析并进行技术上的研讨	不只是某个部门或一部分人员参与，而是要相关部门（制造、设计、试验、品质、服务）一起来进行研究讨论，并做好具体记录						
	最终明确各故障情况，并确定进行的工艺管理或品质管理的改善措施	明确工艺管理的品质特性和加工条件及要求、频次，并明确日常管理和改善内容						

表6-4 品质要求评价表

厂家名： 检查者：

项目	内容	要求	具体事实	评价	对策和改善	负责人	日期	改善后评分
品质要求	明确该产品的机能参数	产品组装成品时的机能、组装方法，工序明确，并有图示						

（续）

项目	内 容	要 求	具体事实	评价	对策和改善	负责人	日期	改善后评分
品质要求	明确重要机能特性及变化趋势	确认、机能、外观重要节点，包括部件和基础件的变化点						
	过去不良缺陷及确认改善	产品或相关部件过去发生的重大及多发问题的原因、对策内容已有改善，并记录						
	重要管理的部分有图示	重要管理要点通过图示，并可视化						
	明确制造品质要点	在强度、机能、外观等方面所预测的事项及对其进行预防的管理项目，在品质保障上设定管理要求						

表 6-5　管理流程评价表

厂家名：　　　　　　　　　　　　　检查者：

项目	内 容	要 求	具体事实	评价	对策和改善	负责人	日期	改善后评分
管理流程	品质要求的所有管理项目都在管理项目栏内并有记载	所有管理项目都在管理项目栏中并有记载						
	必要的流程有所记载	必须有管理项目明确的说明，对其工序流程要求明确，并记载						

（续）

项目	内容	要求	具体事实	评价	对策和改善	负责人	日期	改善后评分
管理流程	明确管理项目，并记载	各管理项目在工序作业中进行管理，并得以保障，通过QA（品质保障）形式来明确，并记载						
	进行中的项目制定推进日程是否完成	进行中的项目各节点明确，并已有对策，且已实施						
	进行中的项目的全实施过程确认是否完成	对进行中的项目各节点有对策结果，并有实施部门负责人确认已完成						

表6-6 加工能力管理评价表

厂家名：　　　　　　　　　　　检查者：

项目	内容	要求	具体事实	评价	对策和改善	负责人	日期	改善后评分
加工能力管理	加工能力项目栏内有记载	所有管理项目都在加工能力项目栏中记载						
	能对各管理项目实施加工能力控制	各管理项目的加工能力通过CPK（能力指数）计算公式进行计算并确认						

(续)

项目	内容	要求	具体事实	评价	对策和改善	负责人	日期	改善后评分
加工能力管理	进行加工管理能力判断	CPK>1.48 判断为合格						
	CPK<1.48 时,找出原因并制订对策	已找出原因,并有组织实施改善记录						
	完成进行中的项目	进行中项目的对策结果有实施部门负责人确认						

表 6-7 品质检验(QAV)评价表

厂家名: 　　　　　　　　　检查者:

项目	内容	要求	具体事实	评价	对策和改善	负责人	日期	改善后评分
品质检验(QAV)实施全过程确认	根据管理流程确认实施过程	在管理流程中,设定每个品质管理项目,制定作业工艺表并进行现场检验						
	现场确认对二次或三次外协厂家部件改善的实施情况	管理项目涉及配套厂家,对二次或三次厂家实施现场确认						
	有问题项目的改善,并提出明确的方案或说明	对项目要做出具体指示,让员工知道有哪些问题,如果放置不管的话,会发生什么样的问题,并进行说明让其认可						

(续)

项目	内容	要求	具体事实	评价	对策和改善	负责人	日期	改善后评分
品质检验（QAV）实施全过程确认	找出原因并制订对策	发生故障的原因和对策，应有具体记录						
	确认进行中项目的实施全过程	进行中的项目对策结果，现场实施各部门负责人要确认						

7) 现场品质检查评价，见表6-8。

表6-8 现场品质检查评价表

厂家名： 检查者：

项目	内容	要求	具体事实	评价	对策和改善	负责人	日期	改善后评分
现场品质检查	现场品质和FTA的连锁	FTA重要项目和现场品质的检查得到确认						
	品质要求的有关内容	品质要求表中的管理项目在现场确认已执行						
	确定检查频次和检查方法	检查频次和检查方法有记录						
	品质部门负责人和现场负责人共同确认	有部门和车间负责人的确认签字						
	有关工段、班组确认	工段、班组、外购供应商确认签字						

8) 作业工艺评价，见表6-9。

表 6-9 作业工艺评价表

厂家名：　　　　　　　　　　　检查者：

项目	内容	要求	具体事实	评价	对策和改善	负责人	日期	改善后评分
作业工艺	与 FTA 相关的检查	FTA 中重要项目在作业工艺表中已有体现						
	和品质要求表相关的检查	品质要求表中管理项目和要求在作业工艺表中已有体现						
	和加工能力相关的检查	检查项目和相关要求，检查数量和频次在作业工艺表中有记录						
	加工条件和设备工装管理方法的检查	各品质管理项目为了满足品质要求的加工条件和设备工装管理项目和要求已有明确记录						
	外协厂作业工艺表的检查	外协厂作业工艺表制作并确认						

9）工序检验评价，见表 6-10。

表 6-10 工序检验评价表

厂家名：　　　　　　　　　　　检查者：

项目	内容	要求	具体事实	评价	对策和改善	负责人	日期	改善后评分
工序检验	和品质要求表相关的检查	品质要求表的管理项目和要求已确认						
	工序检验检查	检查数量和检查频次有记录						

(续)

项目	内容	要求	具体事实	评价	对策和改善	负责人	日期	改善后评分
工序检验	维护品质的作业顺序的检查	维护品质的作业顺序及检查项目、频次、方法明确并记载						
	加工条件和设备工装管理方法	各品质管理项目满足达到品质要求的加工条件和设备工装						
	对作业者的教育	在作业者容易看得到的地方,张贴相关教育内容提示						

10) 条件管理（设备、工装点检）评价，见表6-11。

表6-11 条件管理（设备、工装点检）评价表

厂家名： 检查者：

项目	内容	要求	具体事实	评价	对策和改善	负责人	日期	改善后评分
条件管理（设备、工装点检）	和作业工艺表对应	对作业工艺表中品质管理项目中需要的工装设备的精度及加工条件进行确认						
	执行点检	根据所规定的频次实施点检						
	记录	对点检结果和加工条件进行记录并保存						

（续）

项目	内容	要求	具体事实	评价	对策和改善	负责人	日期	改善后评分
条件管理（设备、工装点检）	部门的确认	部门负责人对点检结果的确认并签字						
	对作业者教育	在作业者容易看得到的地方张贴相关教育提示						

11）检查记录评价，见表 6-12。

表 6-12　检查记录评价表

厂家名：　　　　　　　　　　　检查者：

项目	内容	要求	具体事实	评价	对策和改善	负责人	日期	改善后评分
检查记录	和品质要求表对应	品质要求表的检查项目和要求确实已记录在检查报告中						
	制定检查项次	确认检查方法、频次和检查数量						
	记录	明确判断检查结果合适与否，做好记录、保管，并得到部门负责人的确认						
	检查计划和实际管理情况	每天、每月的检查计划和实施没有遗漏						
	发生不合格品时的判断处理	发生不合格品的处理，明确原因、对策，并得到部门负责人的确认						

12) 批次管理评价,见表6-13。

表6-13 批次管理评价表

厂家名: 　　　　　　　　　　　检查者:

项目	内容	要求	具体事实	评价	对策和改善	负责人	日期	改善后评分
批次管理	和FTA对应	从FTA中找出重要品质特性作为批次管理对象						
	批次记号和识别	重要工序中的批次记号和识别表示明确						
	记录	批次管理在前后工序交接时,记录清楚						
	和品质记录对应	批次记号和生产批次及品质检查/制造条件记录等与要求相吻合						
	保管记录,并建立文档	批次及品质记录保管五年以上						

三、配套单位制造品质评价

开展配套单位制造品质评价是一项十分重要的工作,对于产品及整机品质提高来说十分关键。

对配套单位制造品质评价(案例),具体如下:表6-14为配套单位品质要求评价表;表6-15为配套单位部品检查评价表;表6-16为配套单位条件管理(设备、工装点检)评价表;表6-17为配套单位5S评价表。

检查人姓名：

评分标准：5—做得很好；4—做得较好；3—一部分需要改善；2—需要大幅改善；1—完全没做，从头做起。

表 6-14 配套单位品质要求评价表（案例）

检查项目	具体内容	基本情况	具体事实	检查照片	评分（改善前）	对策和改善责任人	日期	改善后评分
品质要求	涉及重要品质问题的材料、重要项目已反映在品质要求表上	FTA 的分析重点项目确实反映到品质要求表上，并且依据加工质量能力，设定检查频次和品质要求	一部分缺检查频次		4			
	品质要求表在下发给配套厂家的时候已设定重点管理项目	对二次厂家也下发同样的品质要求表	没有记入公差		3			
	根据 FTA 设定重点管理项目	品质、制造、开发、设计部门共同分析 FTA，其结果反映到检查项目上	个别项目有缺陷		4			
	品质要求的检查项目和纳入检查单的品质保证检查项目一致	FTA 和品质要求表的项目，要求确实保持一致，两名以上人员的确认	个别项目数据不一致		4			
	检查项目有没有遗漏，是否进行复查	品质要求表的检查项目和检查单的品质保证记录一致	个别项目遗漏		4			
	检查项目内容更改时，是否通知给配套厂家	检查要求的确认内容更改时，相关内容向配套厂家发放通知并记录	记录欠详细		4			
	品质要求表有内容有品质负责人的确认并签字	品质要求表的制定规格化，品质负责人有确认并签字	一项品质责任人无签字		4			

表 6-15 配套单位部品检查评价表（案例）

检查人姓名：

评分标准：5—做得很好；4—做得较好；3—部分要求改善；2—需要大幅改善；1—完全没做，从头做起。

检查项目	具体内容	基本情况	具体事实	检查照片（改善前）	评分（改善前）	对策和改善负责人	日期	改善后评分
部品检查（QAV）	依据品质要求制订检查计划，并进行实施管理	入厂检查计划以月为单位制订	有检查计划并实施		5			
	每天的实际检查与预计完成情况相符	每一天的检查计划和实际、执行情况由部门负责人确认	有检查计划，并实施了检查，但没有记入公差		3			
	根据品质要求表建立检查记录	检查检验记录和品质要求表的内容一致	检查检验记录和品质要求表的内容一致		5			
	涉及重要品质问题的材料、机能实施检查	确认材料、强度、技术参数及性能检查，且有计划地实施	个别项目遗漏		4			
	对二次厂家应实施重要管理项目的检查	上述项目没有让二次配套厂家实施	没有组织实施		1			
	配套厂家的品质保证单应附在纳入检查品中	所决定的频次，抽查数的检查数据纳入检查品中	个别项目有缺陷		4			
	对配套厂家的品质保证单数据应进行确认和判断	品质要求表、品质保证单检查数据检查，有判断，并有确认签字	已达到要求		5			

检查人姓名：

评分标准：5—做得很好；4—做得较好；3—一部分要改善；2—需要大幅改善；1—完全没做，从头做起。

表6-16 配套单位条件管理（设备、工装点检）评价表

检查项目	具体内容	基本情况	具体事实	检查照片	评分（改善前）	对策和改善	责任人	日期	改善后评分
条件管理	对设备、工装点检已设定，有领导确认	设备、工装点检设定已由负责人来编制，并目购人必要的检测设备	有必要的点检查记录		5				
	有品质要求表上所应涉及的检查仪器	设备在必要的时候设置，运行完好	有必要的检查记录		5				
	有定期检查计划，并进行作业前的设备点检	能够确认实施检查，设备的定期检查，工装校正年度计划并实施。通过第三方权威机构的检查验仪表记录可以证明合格	有定期检查的计划，有一部分缺项		4				
		有作业开始的点检项目和要求，并且有实施点检和检查记录	有点检的记录，一部分不详细		3				
	检查设备的期限	对现场所使用设备和计量仪器的使用期限有明确规定，并目遵守其使用期限	有标记，个别项目缺		4				
	检查设备的使用状态，及能维持的精度	检查设备的使用及作业环境（温度、灰尘、振动油、使用方式等）能维持设备精度、达到完好状态	基本达到要求		4				

表 6-17 配套单位 5S 评价表

厂家名：
检查者姓名：
评分标准：5—做得很好；4—做得较好；3—部分要求大幅改善；2—需要大幅改善；1—完全没做，从头做起。

检查项目	具体内容	基本情况	具体事实	检查照片（改善前）	评分	对策和改善负责人	日期	改善后评分
整理（区分需要、不需要的物品）处理不需要的物品	5S 活动	展开 5S 活动。不管是何种形式，展开自己公司的 5S 活动	有 5S 规定		5			
整顿：从使用频率高的物品开始使用方便，安放在整理、整顿中安置的物品	5S 的定义	明确自己公司的 5S 定义	明确 5S 定义		5			
清扫：持续保持在整理、整顿中安置的物品	5S 的基准	明确基准★异常和正常的定义	基准和定义明确		5			
清洁：持续处理、清扫生产过程中的不需要的物品	5S 教育	明确教育的内容，对员工进行教育培训	5S 教育实施，现场询问时，了解培训效果改善		3			
素养：理解上述用语的意思并实行 5S 目的	5S 的素养	日常活动中随时对员工进行素养教育	对员工进行日常教育，培训效果要改善		3			
管理监督者的确认和指导		日常生产活动中，经常去现场检查并指导	教育培训实施加强，并进行具体指导工作		4			
5S 的目的：对品质、效率、安全的提高有帮助	全公司展开	整个公司（现场、管理、办公室）都展开	再教育需要加强		4			
	现场确认	现场包括制造区、管公部门、仓库所有的领域都实施 5S	再教育需要加强		4			

第三节 质量保证体系

建立质量保证体系,形成质量方针及目标、质量手册、程序,以及运行控制的作业文件,并实施、保持持续改进。

一、建立质量保证体系

1)质量保证体系工作程序如图 6-1 所示。

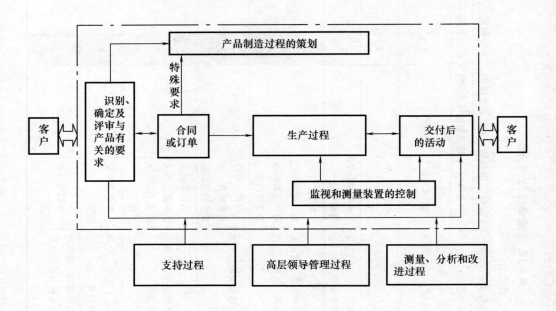

图 6-1 制造和销售的质量保证体系工作程序

2)公司质量保证体系所需过程包括基本过程和支持过程。基本过程即产品实现过程;支持过程包括管理职责、资源管理及测量、分析和改进过程,产品的服务过程,外协过程等。

公司质量保证体系活动中,部分量具的日常校准委托有资质的机构按规定的时间要求进行。

3)确定过程运行所需的准则和方法。为使过程运行达到预期的目标和结果,通过质量手册、程序等文件,规定了过程运行的准则和方法,包括开展的活动、所需的程序、资源、文件及记录等。

4)配置必要的资源和获得所需的信息。为确保产品的符合性并达到客户满意,根据质量管理体系策划、产品实现过程的策划及改进的要求,确保提供必要的有相应能力的人力、基础设施和工作环境等资源。在相关程序中,规定了所需的及应提供的资源,以支持过程的运行和对过程进行监视。

5)监视、测量和分析过程。品质管理部对所需的监视、测量、分析和改进过程进行策划,形成了对产品、过程和体系的监视、测量和分析的有关程序,并通过各部门经理对所负责的质量职能的监视和测量、内部质量审核,对质量目标实施情况的定期检查,对顾客满意度的调查,及对获得的数据、信息进行分析,来发现产品、过程、体系的薄弱环节,实施持续改进。

6)持续改进。为满足客户要求并争取超越客户的期望,公司建立自我发现问题、自我解决问题的持续改进机制。各部门及全体员工按质量方针和持续改进的要求,积极参与持续改进管理,提高产品质量和服务质量,不断提高公司的竞争能力,求得可持续发展。

二、全面质量管理(TQC)

全面质量管理(Total Quality Control,TQC),是以保证和提高产品质量为中心,全体职工及各个部门同心协力,综合运用一套完整的科学管理理论体系、专业技术和科学方法,对影响产品质量的全过程和各种因素实行控制,力求经济地开发、研制和生产,销售用户满意产品的系列管理活动。

全面质量管理的要点如下:

1)全面质量管理的对象:质量的本质是全面的。不仅限于生产中的产品质量,还包括与产品质量关联的各项工作质量,如方针决策的质量、成本质量、交货期质量、服务质量等全面质量管理。

2)全面质量管理的范围是全局的,要求实现全过程的质量管理。

3)参加管理的人员是全体的,即全员性的质量管理。质量管理要靠企业全体职工牢固的质量意识、责任感和积极性构成的同心协力。质量只有靠企业各个部门共同努力才能保证和提高,企业的决策者、职能人员、操作人员等全体人员都要关心质量,并对质量负责。

4)管理的方法是全面的。全面质量管理综合运用管理技术、专业技术和科学方法,形成一套全面的质量管理方法体系。

5)用户第一。企业必须识别顾客的质量要求,以用户、市场为导向。产品质量不仅要达到相关标准,更重要的是要识别顾客要求。

6)预防为主。全面质量管理认为:质量是设计和制造出来的,不是检查出来的。影响质量好坏的真正原因,不在于检验,而在于设计和制造。

7)用数据说话。全面质量管理是以数据为基础的管理活动。质量可以表示为一定的数量界限,只有掌握准确信息,才能了解质量变动状况,采取有效措施解决质量问题。全面质量管理广泛运用了各种统计方法,用数据说话,不断提高质量管理工作的科学性和准确性。

三、质量保证体系

质量体系是为实施质量管理所需要的组织结构、程序、过程和资源。其中资源包括人才、技术、设备和工具、检测方法和手段、软件等。全面质量保证体系。使质量管理工作制度化、标准化和系统化，从而切实保证和提高产品质量。

质量保证是指企业对用户在产品的质量要求方面所提供的担保，保证用户购买的产品在使用期内质量可靠。质量保证包括两方面内容：一方面是在产品出厂前，企业要加强内部各环节的质量管理，以保证出厂产品的质量符合规定要求；另一方面在产品出厂之后，企业要搞好售后服务，对用户负责到底。质量保证是全面质量管理的精髓，给消费者带来使用舒适和满足，使消费者对提供的产品和服务的质量感到确实有可靠的保证，企业则可以因此而赢得国内外广大市场，最终导致销售量的增加。

质量保证体系是指企业以保证和提高产品质量为目标，运用系统的原理和方法，建立统一协调的组织机构和合理的制度，把各部门、各环节的质量职能严密组织起来，明确规定其职能、任务和权限，并有一个可靠的质量信息反馈系统，形成一个高效的质量管理有机整体。

一般说来，全面质量保证体系的结构如图 6-2 所示。

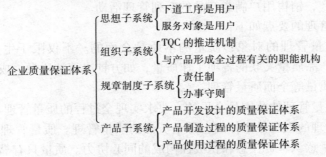

图 6-2　全面质量保证体系

（1）产品质量保证体系的基本内容　产品质量保证体系可分为设计试制过程的质量保证、制造过程的质量保证和使用过程的质量保证。

1）设计试制过程的质量保证。

设计试制过程是指产品正式投产前的全部准备过程，包括市场调查、设计、试制、鉴定等阶段，是全面质量管理的首要环节。

2）制造过程的质量保证。

产品制造过程是指从原材料投入生产开始到产品交验合格入库的全过程。它是产品质量形成过程的中心环节。制造过程的质量保证主要指搞好工序的质量管理，通过控制生产过程影响质量的诸因素来保证生产过程的质量。制造过程的质量管理目的是尽可能多生产出符合质量标准的产品，减少不良品和浪费，建立起能够稳定生产合格品和优质品的生产系统。主要内容如下：

① 质量把关——质量检验。质量检验是企业借助各种手段或方法，测定产品

的质量特性是否符合规定的质量标准。检验是企业保证出厂产品质量的一项重要质量职能。企业要组织好制造过程各环节的质量检验工作，建立以岗位责任制为中心的各项质量管理工作，保证做到不符合技术规格的产品不送到下道工序或最终用户手中。

检验工作包括对处于生产过程中使用的原辅材料、工艺装备及在制品和产成品的检验，包括"自检、互检、专检"多层次检验。检验的方式有全数检验、抽样检验，有预先检验、中间检验和最终检验，有首件检验和最后检验等多种方式。企业还应将在检验过程中产生的数据资料做好记录，经整理分析形成质量信息，为控制和提高产品质量服务。

② 质量的预防——工序控制。预防是对产品质量问题进行现场分析，找出产生质量问题的原因，推动生产部门和操作者采取预防措施，把不良品减少到最低限度。

3）产品使用过程的质量保证。

产品使用过程的质量保证是企业质量保证工作的继续和归宿，是实现企业生产目的、评价产品实际质量的过程。在产品销售以后通过加强服务工作，保证产品质量特性在使用中正常发挥作用，满足用户需求。产品使用过程质量保证的主要内容如下：

① 开展对用户的技术服务工作，如编制产品使用说明书（说明产品的功能、结构、安装、使用、维修、注意事项等），指导安装、使用和维修技术，提供备品配件和设立维修网点等，认真处理出厂产品的质量问题。

② 通过各种渠道对出厂产品进行使用效果和使用要求的调查研究，及时反馈，将调查结果与保证和改善质量紧密联系起来。

（2）建立质量体系的程序 建立质量体系通常包括以下五个阶段：组织策划，总体设计，体系建立，编制文件，实施运行。表6-18所列为质量保证体系的工作流程。

表 6-18 质量保证体系的工作流程

阶段划分	工作内容和事项
组织策划阶段	学习 ISO 9000 标准，统一思想
	组织管理层决策
	建立工作机制，进行骨干培训
	制订工作计划和程序
总体设计阶段	制定质量方针和质量目标
	质量体系总体设计系统分析
	根据环境特点选择质量体系类型
	对现有质量体系调查评价
	确定体系结构、选择体系要素

(续)

阶段划分	工作内容和事项
体系建立阶段	建立组织结构
	规定质量职责和权限
	配备质量体系所需基本资源
文件编制阶段	编制质量体系文件
	体系文件的审定、批准、颁发
	质量体系实施的教育培训
实施运行阶段	质量体系的实施和运行
	质量体系的审核和评审
	质量体系实施中的检查考核

（3）质量保证体系的运转　PDCA 循环是全面质量保证体系的基本运转方式和科学的工作程序。质量保证体系活动的全过程是按照计划（Plan）、实施（Do）、检查（Check）、处理（Action）四个阶段不停周而复始地运转。

PDCA 循环包括四个阶段、八个步骤，如图 6-3 所示。

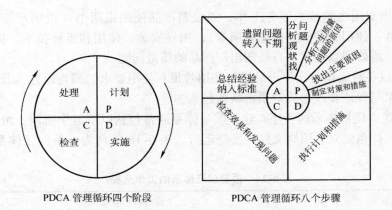

图 6-3　PDCA 循环

1）计划阶段（P）：确定企业的质量目标、活动计划、管理项目和措施方案的阶段。计划阶段包括四个步骤：第一步分析现状，找出存在的质量问题；第二步分析产生质量问题的各种因素；第三步找出影响质量的主要因素；第四步制定技术组织措施方案，提出措施执行计划和预计效果，并且具体落实执行人、时间、地点、进度方法等。

2）实施阶段（D）：根据预计目标和措施计划，组织计划的执行和实现。

3）检查阶段（C）：检查计划执行情况，衡量结果与目标，找出不足。

4）处理阶段（A）：针对执行结果进行总结、分析和处理问题。这一阶段包括两个步骤：其一总结成功的经验和失败的教训，对成功的经验进行标准化，以利于今后遵循；对失败的教训有针对性地提出防范性意见。其二把没有解决的遗留问题转入下一个循环，作为下期循环应考虑的目标。

图 6-4 所示为某厂品质保证体系。

四、品质管理制度

1. 某公司车间品质管理规定（案例）

生产优质部品件才能抢占市场，企业才有发展，所以质量是企业的生命，确保产品质量是每个员工应尽的责任。为加强品质管理，特做如下规定。

1）班组应做好各道工序不良品和废品统计，每周组织一次分析，提出整改措施，减少和预防不良品产生。

2）班组不良品原则上当天修复，最迟第二天上午 10：00 前一定要返修结束，否则第二天下班后返修完成品再下班。

3）班组工序流转台车标识卡、作业工艺表按制作产品工序及时更换。

4）班组生产的合格品与不良品严格分开，不良品挂红色台车，合格品挂绿色、黄色台车。

5）同一台车不准挂两种及以上的产品，台车两边都应挂标识卡。

6）检验合格，台车标识卡及时更换合格标识卡。

7）操作工对上班后生产的第一只工件，以及变换工序作业、更换工装夹具、变更工艺、设备修理后生产第一只工件等都应经质检员确认才能进入正常作业。

8）质检员加强巡检，及时发现和防止不良品批量发生。

9）质检员在产品涂装前和包装前完检，要做好不良品统计，及时反馈给班组，以利及时改善。

10）中、大组合气密试验操作工应认真检查，正确判断，并做好统计工作，下班前报告班长和质检员。

11）配套厂部品件和成品排气管仓库应验收品种、数量、标识卡，各道收货前应及时通知质检班检验。

12）质检班接到仓库通知，对配套厂部品件和成品排气管外购件、标准件及时检验，做出判定，不良品必须做标记与合格品分开，不良品及时通知仓库退货或派员及时进行修复，并提出处罚意见。

13）对主机厂提出的不良品信息，质量管理员应及时做出判别：属工厂制作不良品，会同工厂查清原因，提出整改措施；属于配套厂责任，提出处罚意见。

2. 封样件管理办法（案例）

为了确保产品开发和转入量产后质量的稳定，保持产品质量责任的可追溯性，当出现质量问题时，有针对性地采用纠正措施，同时质检员对质量确认的标准可以现场进行参照，特制定封样件管理办法如下：

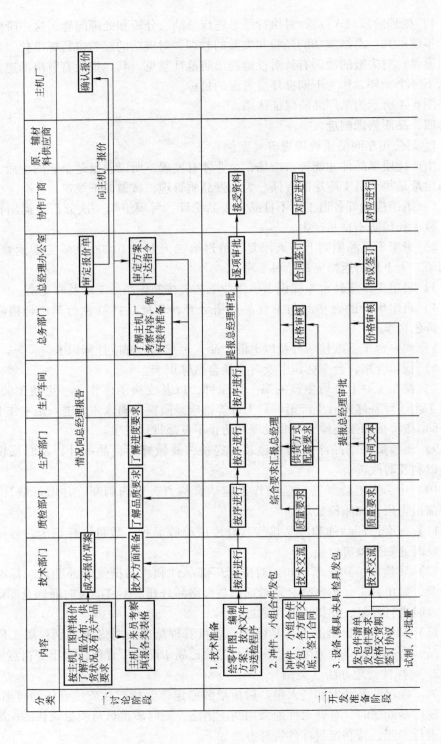

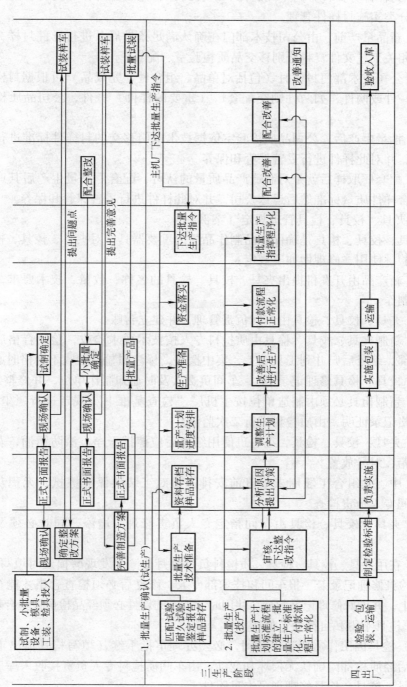

图 6-4 某厂品质保证体系

1）封样件分类：分为单品封样、组合封样、完成品封样三类。各部品件均须按以上分类实施封样件管理。

2）新品量产前，由公司技术部门在确认满足条件后，进行样件封样，并将封样件及相关工艺文件资料分别移交品质检验室、配套厂。

3）公司技术部门封样时（包括对单品、组合件、完成品）可根据封样需要每个部品一件或两件，如两件则交配套厂（重要的样件）一件，公司品质检验室一件留样。

4）批量生产后，公司品质检验室依据技术部门移交的封样件标准进行现场质量检验，并对此样件进行妥善保管和保养。

5）配套厂取样后就是对制造产品质量的认可，配套厂批量生产后其产品质量需要符合样件质量标准然后运送公司，并对此样件进行妥善保管和保养。

3. 夹具、校具、检具管理规定（案例）

夹具、校具、检具是确保产品制作品质的重要器具，对夹具、校具、检具的制作、检验、使用、修理做如下规定：

1）新产品由开发科提出夹具、校具、检具的名称、数量、技术要求，由生产部负责制作。

2）夹具、校具、检具由车间负责管理，并建立台账。

3）新制夹具、校具、检具由质检科专人按技术要求验收，验收合格后报车间和技术部，编号后归并到工具箱上，集中摆放，标注明显；验收不合格时必须填写"夹具、校具、检具修理记录卡"，车间负责人及时通知制作单位，并修整到合格。

4）新制检具必须由制造单位按主机厂"检查基准书"规定进行三坐标检测，提供合格记录证明，由质检科进行二次监测。

5）夹具、校具、检具，在各班使用结束后应擦拭干净，涂防锈油，及时收纳到工具箱，对号放置。

6）中、大组合工段周末下班前安排人员对工装架保养擦拭，无积灰，无锈渍，车间专人负责检查。

7）夹具、校具、检具由车间指定专人负责修理、增添，同时必须及时做好登记。

8）在用夹具、校具、检具，质检科负责每月检测，发现磨损及时填写"夹具、校具、检具修理记录卡"报车间和技术部专人，修复后必须检查合格才能存放到工具箱架上，并做好修理记录归档。使用时，加工的首件必须经品检员检验合格。

9）检具不得私自拆装、修正。

10）检具因工作需要带出公司，必须办理审批手续（填写检具借出审批表）。回公司后经质检部门确认无损坏和变动，由车间质检科专人负责接收入库。

夹具、校具、检具修理记录卡见附件1。

检具借出申请表见附件2。

附件1　夹具、校具、检具修理记录卡

产品型号		夹具、校具、检具名称	

质检部门提出修理内容：_____
_____
_____
_____

　　　　　　　　　　　　　　　　　　　　　　　签名_____　日期_____

送修人员_____　日期_____　修理单位_____
修理内容：_____
_____
_____

　　　　　　　　　　　　　　　　　　　修理人员签名_____　日期_____

质检部门复检记录：_____
_____
_____

　　　　　　　　　　　　　　　　　　　　　　复检员_____　日期_____

备注：

附件2　检具借出申请表

产品名称		检具名称		借出期限	
申请理由：					
				申请人：	日期：
车间意见：		质检意见：		领导审批：	
检具归还公司质检确认意见：					
				签名：	日期：
车间接收签名：			日期：		

4. 检验与试验状态标识和产品标识使用说明（案例）

为规范使用检验与试验状态标识和产品标识，特制定本规定。

1）公司检验与试验状态标识和产品标识合二为一，使用标签分别如下：

示例：

××公司	××公司	××公司	××公司	××公司
待处理品标签	合格品标签	返工品标签	来料废品标签	加工废品标签
加工工序____	加工工序____	加工工序____	加工工序____	加工工序____
规格____	规格____	规格____	规格____	规格____
数量____	数量____	返工数量____	来料废品数量____	报废数量____
检验员/日期___	检验员/日期___	检验员/日期___	检验员/日期___	检验员/日期___
待处理原因____	下道工序____	返工原因____	来料报废原因____	报废原因____
绿色	白色	黄色	粉红色	红色

① 待处理品标签（绿色）：当产品经检验后不合格，但客户书面同意该产品不经返修或经返修后可以让步接受时，需用此标签。此标签必须跟随产品至该产品发出。其他工序的检验、质量情况仍需用其他标签标识。

② 合格品标签（白色）：产品经检验合格后均需用此标签，没有此标签的产品不得转入下道工序。下道工序更不得接受无此标签的产品。

③ 返工品标签（黄色）：当产品经检验后不合格，但经重新加工后仍能满足规定的要求时，在产品返工前使用此标签，返工后按检验情况进行标识。

④ 来料废品标签（粉红色）：当产品经检验后不合格，但不是企业本道工序导致的，是由于外协来料而引起的不合格时，经确认后使用此标签。

⑤ 加工废品标签（红色）：当产品直接由于本道工序加工不合格时，需用此标签。

2）以上标签均由检验人员负责标识。

3）公司产品除已入废品库或已装箱待运并按客户要求做了标识外，车间所有半成品均需用标签做相应的标识。

4）当产品状态发生变化必须及时更换标签时，确保所用标签能反应产品的实际状态。

第四节　工艺品质管理表

为了确保品质，加快生产节奏，推荐应用工艺品质管理表（Ⅰ）、工艺品质管理表（Ⅱ）和工艺品质管理表（Ⅲ）。

工艺品质管理表（Ⅰ）为工厂制造部品及产品生产顺序表，见表6-19。

工艺品质管理表（Ⅱ）和工艺品质管理表（Ⅲ）为各道工序质量特性和制造条件管理要求表格，使公司技术部门、生产部门、品质检验部门、工段部门及每个操作者清晰明白操作要领、品质要求、自检方法等，见表6-20、表6-21。

表 6-19　工艺品质管理表（Ⅰ）

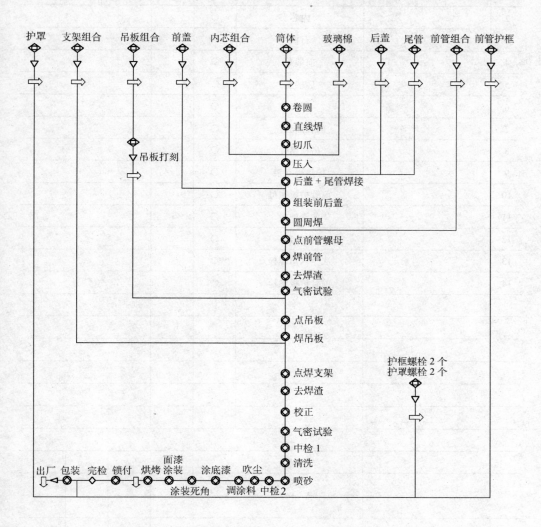

(续)

No.	零件号码	零件名称	筹备区分		配套厂家名
			供应	自给	
1		平板	○		
2		内芯	○		
3		石棉	○		
4		前端盖	○		
5		后端盖	○		
6		尾管	○		
7		前管加法兰	○		
8		吊板组合	○		
9		护热盖支架	○		
10		前管护板螺母	○		
11		前管护板	○		
12		护热盖	○		
13		法兰六角螺栓	○		
14		前管护板螺栓	○		

构成零件筹备系统

年 月 日	更正内容	经办人	制作人	确认部门
		制作部门		

表 6-20 工艺品质管理表（Ⅱ）

工艺顺序 No.	工艺名 设备名 (配套厂家名)	故障重要种项类目	管理项目	质量特性					制造条件管理					简图
				规格值	负责	确认方法	确认频率	数据形式 提出频率	管理项目 (设备、模具、燃料安全、油压力、电压、温度及其他)	负责	确认方法	确认频率	数据形式	
1	卷圆	○1	打刻面贴靠工作台		操作者	目视	全数		设备点检	操作者	目测	工作前一次	设备点检表	
		2	卷圆开口尺寸		操作者 质检员	钢尺	n=1/10 巡检二次	现场日报表 每日一次	压力	操作者	压力表	工作前一次	设备点检表	
		3	四爪结合处吻合性		操作者	目视	全数		主、橡胶轮间隙	操作者	塞尺	工作前一次		
2	直线焊	1	接缝处平整度		操作者 质检员	目视	巡检二次	现场日报表 每日一次	设备点检	操作者	目测、耳测	工作前一次	设备点检表	
		2	焊缝外观		操作者	目视	全数		夹具点检	操作者 质检员	目测	工作前一次 首尾各一次	夹具点检表	
		○3	焊缝熔透性		质检员	硝酸水	1只/批	每批一次	工艺参数	操作者 操作者 操作者 操作者	电流表 电压表 流量表 压力表		设备点检表	
									钨棒点检	操作者	游标尺	500只修磨1次		
3	切爪	1	两端根部切口		操作者 质检员	目视	巡检二次	现场日报表 每日一次	设备点检	操作者	目测、耳测	工作前一次	设备点检表	
									切爪 模具点检	操作者 质检员	预切	首尾各检一次	模具点检表	

（续）

工序顺序	工艺名、设备名(配套厂家名)	故障重要项类目	No.	质量特性 管理项目	规格值	负责	确认方法	确认频率	数据的提出频率数据形式	制造条件管理 管理项目(设备、模具、燃料安全、油压力、电压、温度及其他)	规格值	负责	确认方法	确认频率	数据形式	简图
4	内芯压入	○	1	内网与筒体角度		操作者 质检员	目视	全数 n=1/10	现场日报表 每日一次	设备点检		操作者	操作者目测、耳测	工作前一次	设备点检表	
			2	内网伸出筒体长度		操作者 质检员	钢尺	全数 巡检二次		压入模具点检		操作者	预切	首尾各检一次	模具点检表	
5	后盖+尾管焊接		1	焊缝外观		操作者 质检员	目视	全数 巡检二次	现场日报表 每日一次	设备点检		操作者	操作者目测、耳测	工作前一次	设备点检表	
		○	2	焊缝格透性		质检员	硝酸水	1只/万 每批一次		工艺参数		操作者	电流表			
												操作者	电压表			
												操作者	流量表			
												操作者	流量表			
6	筒体与前后端盖组合	○		前后端盖与筒体的组合位置		操作者	目视	全数	现场日报表 每日一次	焊丝		质检员	游标尺	入库前一次	检查表	

注：○为重点工序。

表 6-21 工艺品质管理表（Ⅲ）

工艺顺序No.	工艺名设备名（配套厂家名）	故障重要种项类目	管理项目	规格值	负责	确认方法	确认频率	数据形式/数据提出频率	管理项目（设备、模具、燃料安全、油压力、电压、温度及其他）	规格值	负责	确认方法	确认频率	数据形式	简图
14	焊吊板	1	焊道尺寸		操作者	目视	全数	现场日报表 每日一次	设备点检		操作者	目测、耳测	工作前一次	设备点检表	
		2	焊缝外观		质检员	目视	巡检一次				操作者	电流表	工作前一次	设备点检表	
		○3	焊缝熔透性		质检员	硝酸水	1只/批				操作者	电压表	工作前一次	设备点检表	
15	点焊支架	1	焊缝尺寸		操作者	目视	全数	现场日报表 每日一次	设备点检		操作者目测、耳测		工作前一次	设备点检表	
		2	焊缝外观		质检员	目视	巡检一次		工艺参数		操作者	电流表	工作前一次	设备点检表	
		○3	焊缝熔透性		质检员	硝酸水	1只/批				操作者	电压表	工作前一次	设备点检表	
									焊丝		质检员	游标尺	入库前一次	检查表	
16	去飞溅	1	外观		操作者	目视	全检	现场日报表 每日一次						检查表	

(续)

工艺顺序	工艺名/设备名（配套厂家名）	故障重要种项类目	No.	管理项目	质量特性					制造条件管理						简图
					规格值	负责	确认方法	确认频率	数据形式/数据的重要提出频率	管理项目（设备、模具、燃料安全、油压力、电压、温度及其他）	规格值	负责	确认方法	确认频率	数据形式	
17	角度校正		①	法兰平面度		操作者/质检员	塞尺	全检 巡检二次	现场 每日	校具点检		操作者	目测	工作前一次	夹具、校具点检表	
			②	形体尺寸		操作者/质检员	总检具、塞尺	全检 巡检二次	日报表 一次	总检具		质检员	目测	首尾各一次	夹具、具点检表	
18	筒体气密试验		①	各焊接处		操作者	目视	全数	现场 每日	压力		操作者	压力表	操作时	设备点检表	
			2	保持时间		操作者	定时器	操作时	日报表 一次	保持时间		操作者	定时器	操作时		
19	完工检验（中检）		1	毛坯外观		质检员	目视	全检	现场 每日	总检具		操作者	目测	首尾各检一次	设备点检表	
			②	形体尺寸		质检员	总检具	1/5	日报表 一次			质检员	三维测量仪	半年一次		
			3	异音		质检员	摇晃	全检	现场 每日							
20	清洗		①	表面清洁度		操作者	目视	全检	现场 每日	清洗液		操作者	目测	工作前一次	设备点检表	
			①	表面清洁度		操作者	目视	更换前一次	日报表 一次	设备点检		操作者	目测	工作前一次	设备点检表	
21	抛丸		2	喷丸直径		操作者	目视			工艺参数		操作者/质检员	定时器/磅称	工作前一次	设备点检表	
			3	粗糙度		质检员	膜厚仪	每天一次		吊挂数量/钢丸直径/手套		操作者	目测		设备点检表	

第五节　异常情况管理

一、异常处理工作流程

图 6-5 所示为异常情况处理工作流程图；表 6-22 所列为情况汇报；表 6-23 所列为检验班组异常情况报告。

二、解析报告（五原则表）

表 6-24 所列为解析报告；表 6-25 所列为解析报告（案例 1）；表 6-26 所列为解析报告（案例 2）。

三、质量事故推进表

表 6-27 所列为某厂开展质量事故推进表（案例）；图 6-6 所示为变化点管理流程（案例）。

表 6-22　情况汇报

部　门		日　期	
情况：			
			填写人
处理意见：		处理意见：	
	质检员：		工段长：
处理意见：		审批意见：	
	部门：		公司领导：

表 6-23　检验班组异常情况报告

检验班组：		检验工序：		日期：	
检验设备：		操作人员：		操作时间段：	
异常情况描述：	□检验设备异常		□产品品质异常		□其他

异常情况分析处理：

1. 情况原因分析：

2. 情况处理办法：

3. 操作改进意见：
4. 其他：

　　　　　　　　　　　　　　　　　　　　　　　　　填表人：　　　审核：

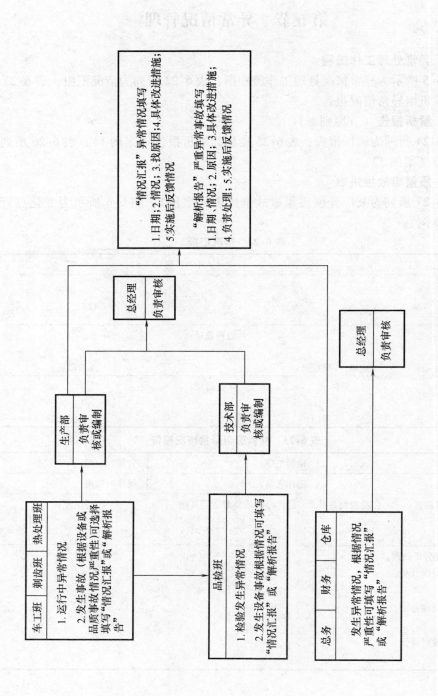

图6-5 异常情况处理工作流程图

表6-24 解析报告

编号：

制部门	部门或厂家				接收报告	年 月 日		
编	编制	审核	批准			编制	审核	批准
门	年 月 日	年 月 日	年 月 日	→		年 月 日	年 月 日	年 月 日

项目	
图号	
文件名	

发生状况

品种、类型
发生年、月、日
发生地点（指工厂、配件厂、出口等）
发生件数
收到客户要求解决问题日期

掌握的事实

检测结果
提供事实查证（照片或试验报告）
发生范围或发生率
初步损失

查明原因

发生原因
故障再现分析

阶段	1	2	3
内容 发生			
流出			

合适的对策

对策内容（包括完成日期）
预测对策效果（对其他有否影响）
对已出厂产品清理
对存件处理

效果确认

对策最后效果比较
进行初物管理
损失弥补（处理决定）

保存期限： 年 月 日

表6-25 解析报告（案例1）

项目		解析记录		部门或厂家		编制	审核	批准
图号		（解决同题五原则表）						
部件名				接收报告		年月日	年月日 审核	年月日 批准

发生状况（现象，抱怨，发生件数，处置内容）

现象：
脱漆：
发生地点：
发生数量：

查明原因（发生原因，再现试验，原因分析）

原因一：
分析：
原因二：
分析：

阶段	1	2	3
发生内容	前后盖盖高温脱漆	产品性能降低，达不到HES（产品安全生产管理）标准	
流出		操作工没按作业标准操作	

事实（部品确认结果，原因分析，现生产产品品质状况）

产品确认结果：

原因分析：

- 设备 — 喷涂设备故障
- 设备 — 抛丸设备故障
- 材料 — 钢丸配比不正确
- 材料 — 钢丸量不足
- 材料 — 油漆质量差
- 人员 — 岗位人员变动
- 人员 — 操作方式不正确 → 高温脱漆
- 工艺 — 喷涂工艺变更
- 工艺 — 前处理工艺变更

反馈的情况：

现生产产品质现状（对策内容，经对对策后产品确认，无脱漆现象）

适当对策（对策内容，对策后产品预测，潜在问题分析）

对策一：
规定橡胶手套每天上午更换两次，下午更换两次，保证不对部品件造成两次污染
对策二：
规定使用毛刷蘸取清洗剂均匀搽试排气管表面，并保证毛刷无污物，无破损，发现有污物及破损及时清洗更换

	4	5

对策效果（实际效果）

标准化（体制，技术基准类上的反映内容）
完善异常处理管理体系

按对策要求，如→
需对策汇报表时，汇报内容须在
对策要求中有所体现。

保存期限： 年 月 日

表6-26 解析报告（案例2）

项目		编号：	部门或厂家			年 月 日			接收报告			年 月 日	
图号	新品试制件			编制	审核	批准				审核	批准		
文件名			品质部										

发生状况

1. 某公司提供齿轮新品试制件两件，提供日期2009年10月10日
2. 某公司提供"齿轮国产化检查报告"

结论：机加工后热处理前右齿向不合格；完成品齿向不合格
说明：主要为齿向不良，推测为热处理变形，厂家需要进行改善

实际参数

检测结果：
齿轮精度检查

序号	项目	规格/μm		机加工后		国产件		完成品	
				实际	判定	实际	判定	实际	判定
1	齿形	≤15	左		不合格		合格		合格
			右		不合格		合格		合格
2	齿向	≤22	左		合格		合格		不合格
			右		合格		合格		不合格

发生原因

1. 剃齿工序加工完毕，对齿形未进行100%测定
2. 剃齿工序后一热处理后，对齿轮热处理后，必须对齿轮剃齿形数据100%进行测定，凡发生超差必须说明原因，并对剃刀进行修整

对策内容

1. 齿形超差：剃齿工序加工完毕，对齿形进行100%测定，合格后才进入氮化工序
2. 齿向变形超差：①新品试制件由剃齿加工三件；②对齿形齿向进行测量，了解超差变形数据；③根据变形数据，对剃齿加工再加工三件；④由修正后剃齿机，对剃齿机修正数据进行确认；⑤对剃齿机修正数据进行确认；⑥齿形齿向半成品100%进行测定齿形齿向测定，直至合格

保存期限：　　　年　月　日

表6-27 质量事故推进表（案例）

部门：		厂家名称		机种		零件名称		作成		发送	实施部门	品质部门
实施者		实施日期	年 月 日	目的（动机）：							质量副总经理	品质部部长
											生产副总经理	供应部部长
		出席者	部门 姓名								总经理	生产部部长
调查者				总结：						对策号计划	实施者 品质保证部门	监查责任者 审核
											负责人	监查实施者

序号	工程名 ●确认项目 ●产品	管理项目	确认结果评定	具体的现状	原因	对策	负责人	项目 完成日期	现状确认 改进确认	结果
	检查要求	简图表示	×	所有简图未完成		确认后立即制作简图				
1		检查项目	△	焊接检查要求中缺强度检查内容		要求增加焊接组合件强度检查内容				
		检查项目	△	焊接检查要求表中检查方法这一栏的内容填写不完整		增补焊接件的检查方法				
2	培训计划	培训内容和对象	○							
3	作业工艺	焊接渗透性	×	作为重点管理项目在QC表中没有表示出来		增补，在表格中把重点管理项目表示出来				
4	工序检验标准		△	工序顺序与实际不符图片不全		按工艺质量管理表排列工序顺序，对图片不全，进行拍照补全				
5	点检表	设备点检表（冲床、焊机等）	×	冲压设备点检表缺焊接设备点检表缺		完善表格和内容				

注：确认结果评定，○指良好 △指要进一步完善 ×指要全面改善。 保存年限：3年

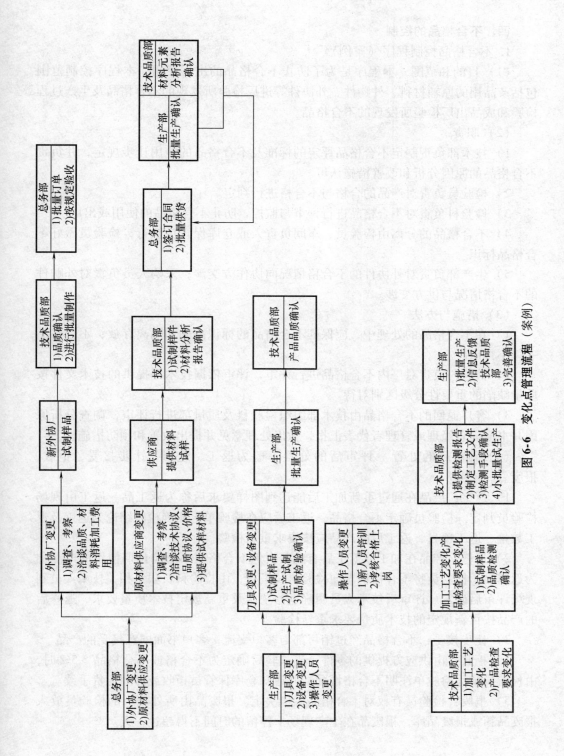

图 6-6 变化点管理流程（案例）

四、不合格品的控制

1. 不合格品控制程序（案例）

（1）目的和范围 本程序是为了防止不合格品的出厂使用，本程序控制范围包括产品用的原辅材料、外购件、外协件等进厂检验所发现的不合格品及生产过程检验和成品出厂检验所发现的不合格品。

（2）职责

1）技术部负责制定不合格品评定的标准及不合格品的使用让步规定，并负责不合格品的原因分析和改善措施认可。

2）检验员负责对产品的合格与不合格进行判定。

3）检验科负责对不合格品进行评审与监控，防止不合格品的使用或出厂。

4）不合格品的分离由检验员、车间负责人或仓库保管员执行，检验员做好不合格品标识。

5）生产部负责对外协件的不合格情况向协作方交涉；采购人员负责对外购件的不合格情况与供方交涉。

（3）措施与方法

1）在不合格品的处理中，应保证不合格品的标识准确和隔离存放；不合格品一律不得出厂。

2）检验科负责对厂内不合格品进行评审，评审依据技术部提供的技术文件按质量缺陷的重要性分级区别对待。

3）客户退回的不合格品由技术部组织检验科及质量部进行评审，调查分析原因并书面向总经理或管理者代表汇报，做出处理意见并提出改善和预防措施。

（4）评审后的处置 评审后的处置一般为返工、返修、让步接受、拒收、报废。

1）返工：产品在通过重新加工后能达到图样要求后称为返工品。返工由现场检验员判定。检验员确定不合格品，返工后应在检验单上明确检验结论为返工及返工数量、返工项目，返工后的产品应按要求重新检验。

2）返修：产品在加工或返工后有些项次仍不合格但不影响预期使用的产品称为返修品。检验员将不合格情况向检验科长汇报，由检验科长联系相关技术人员到现场评审后确定。评审后技术人员明确返修项次及重新规定技术质量要求，返修后的产品按重新规定的技术质量要求重新检验。

3）让步接受：不合格品经过销售部与客户交流，客户书面同意接受的产品。

4）拒收：由供应方提供的零件，当检验后确定为不合格或不合格品 $>5\%$ 时，由检验员填写检验单注明不合格情况，并通知仓库保管员拒收或办理退货手续。

5）报废：检验员有权对不合格品做出决定。报废品由所处班组的检验员放入报废品箱或报废品库，报废品在生产现场上停留的时间不得超过一天。

2. 不合格品的处理办法（案例）

(1) 目的　制定本办法的目的主要是加强和完善产品制作过程中的品质管理，提升产品品质，同时降低管理及生产成本，减少主机厂及公司直接和间接损失，创造良好的协作环境。

(2) 范围　本办法规定了本公司所有产品及原辅材料的进厂验收、现场作业、包装运输、市场退货等全过程不合格品处理管理方法。

本办法在双方履行合同的基础上对本公司所纳入的单品、半成品进行鉴定、确认、兑付、回收、管理。

(3) 不合格品解释

1) 所有未按图面和样件制作的零件和部品。

2) 按图面和样品制作，但未能达到图面和样品所规定的尺寸公差要求的零件和部品。

3) 未经许可任意改变素材和任意改变结构尺寸所制成的零件和部品。

4) 未达到所规定技术要求的零件和部品。

5) 在制作、搬运、包装过程中碰伤、擦伤、撞凹、碰瘪、变形的零件和整体部品。

(4) 不合格品的处理方法

1) 外协厂商所提供的零件及部品，经验收对照不合格品五项判定内容，符合其中任意一项，均做退货处理。

2) 外协厂商所提供的零件及部品，经验收基本达到装配要求，但经装配生产线现场修复后方可使用的，作不合格品留用。

3) 经主机厂验收未能达到供货标准，而造成退货的，按主机厂对本公司的处理办法进行处理。

4) 产品销入市场后，售后服务退货的不合格品，按主机厂对本公司的处罚办法处罚。

(5) 不合格品扣款办法

1) 退货：①进料检验后发现不良而直接退货，按批量扣款××元/批。②制程中发现不良而退货，每只产品扣×元。

2) 回用：进料检验后或制程中发现不良而判定可回用时，每只产品扣×元。

3) 由外协厂派人维修：进料检验后或制作过程中发现不良而由外协厂派人维修的，同时每只半成品扣×元。

4) 由本公司返修：进料检验后或制程中发现不良而由本公司返修的，每只半成品扣×元。

5) 报废：如果由于外协厂供的部品造成本公司产品报废的，则按组合件的成本价扣款，每件扣×元。

6) 成品造成退货，外协厂商按相应加工工序或责任主次给予赔偿。

7) 售后服务。主机厂退货的报废成品件，按主机厂所提品质不良内容凡属于外协商责任的，如全责按全价扣款（主机厂扣款多少，本公司向外协厂商扣多少），另外加收5%管理费。

8）配套厂索赔款由财务部在每月底一次性扣除。

3. 制作不良品责任处理办法（案例）

为加强产品制作流转过程中的品质管理，对不合格品责任划分重申如下：

1）中组合首道工序（卷圆、内芯装前盖、后盖焊尾管、筒体）应对配套厂部品件进行确认，发现不合格品（划痕、碰瘪、缺角等）应及时向质检科质检员报告，立即办理报废手续。

2）大组合首道工序应对中组合半成品进行确认，发现筒体、前后盖、前管组合碰瘪等不合格应及时向质检员报告处理，通知中组合班长确认并办理报废手续。

3）喷涂班首道工序（喷丸），应对大组合半成品件进行确认，发现筒体、前后盖等碰瘪应及时向质检员报告处理，通知大组合确认并办理报废手续。

4）发现半成品碰瘪及时通知喷涂班班长，确认办理报废手续。

5）各班组对上道工序班组半成品品质应进行确认，在制作中再发现不合格品应自负。

6）不合格品经济损失的计算规定：

① 能更换零部件，按零部件价格计算金额，返修时间自负。

② 对不合格品应将未坏核心部件完好取出，制作修复时间自负。

③ 中组合半成品报废按零部件价格及加工费计算不合格品报废金额。

7）质检班对配套厂不合格品及影响公司制作品质的情况，应及时通知配套厂确认，其通知单要按月编号，由其承担经济损失，并引起配套厂领导高度重视，预防不合格品再次发生。

4. 不合格品的处罚规定（案例）

（1）目的和范围　制定本规定的目的是更好地贯彻落实好"三检制度"，提高各工序产品的合格率。

（2）措施与方法

1）操作工在生产过程中自检出来的不合格品（超过报废率）按工价的50%赔偿，自检的返工品不需赔偿但一定要在当班返修好，自检的返修品（超过返修品率）按工价的30%赔偿。

2）由检验员检验出来的不合格品按工价的150%赔偿，并要求责任人返修好。

3）操作工在操作过程中连续加工出3件或3件以上不合格品则为批量质量事故，由厂部根据具体情况处理。

4）操作工在当班所加工出的不合格品超过5件则为批量质量事故，由厂部根据具体情况处理。

5）在生产过程中下道工序操作工或检验员发现上道工序的不合格品则为质量事故，由厂部根据具体情况处理并给发现者一定奖励。

6）在生产过程中如有半成品混入成品中则为严重质量事故，由厂部按具体情况处理。

7）未经检验员同意而擅自将不合格品处理者将严肃处理。

备注：各工序单件赔偿工价为×元。

5. 不合格品评审处置单（见表6-28）；工厂不良品处理记录（见表6-29）

品质控制图表应用——齿轮加工滚齿工序合格率示意图如图6-7所示。

表6-28 不合格品评审处置单

□进货　□工序　□成品　□交付后

不合格品的描述（包括是什么产品、不合格项次、数量、在何工序发生等）：   检验员　　　　日期
不合格品的评审（严重程度等）   检验科长　　　　日期
不合格品的处置：□返工　　□报废　　□退货
不合格品的原因分析：   责任部门相关人员：　　　日期：
纠正/预防措施识别：　□需要　　□立即需要纠正   所需的纠正措施：   责任部门负责人：　　　日期：
纠正/预防措施实施结果记录及有效性评价：   检验科　　　日期：

表6-29　工厂不良品处理记录

编制：_____　　日期：

零件号	名称（工艺状态）	上期库存					本期发生					本期库存		
		不合格原因	废品	返修	小计	责任人	不合格原因	废品	返修	小计	责任人	生产部	品质部

车间意见：

生产部意见：

品质部意见：

公司领导意见：

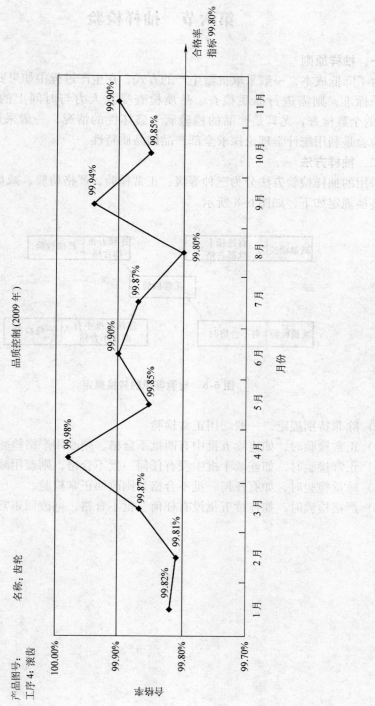

图 6-7 合格率示意图（案例）

第六节 抽样检验

一、抽样原则

为了降低成本,一般采取批量生产的方式,在生产过程中如果要了解品质是否符合乎标准,则需进行品质检查。品质检查受到人力与时间上的限制,无法做100%的全数检查,尤其是产品的检验属于破坏性的情况,一般采用抽查的方式。抽样检验是利用统计学理论探求全部产品的品质特性。

二、抽样方法

采用的抽样检验方法分为三种等级:正常检验,严格检验,减量检验。检验等级的转换规定如下,如图6-8所示。

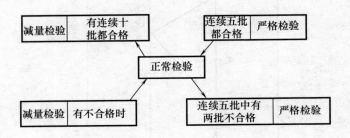

图6-8 检验等级的转换规定

1) 除非特别规定,一般均用正常检验。
2) 正常检验时,如连续五批中有两批不合格,则改用严格检验。
3) 正常检验时,如连续十批中没有任何一批不合格,则改用减量检验。
4) 减量检验时,如有任何一批不合格,则改回正常检验。
5) 严格检验时,如连续五批没有任何一批不合格,则改回正常检验。

第七章 精益物料、采购及供应商管理

第一节 物料管理

物料是指企业生产过程所耗费的各种生产资料。物料管理是指对企业生产过程中所需各种物料的采购、储备、使用等进行计划、组织和控制。物料管理是企业生产管理的重要组成部分,其管理工作的好坏会直接影响企业生产、技术、财务、劳动和运输等多方面的活动及其经济效益。合理地组织采购、存储、使用物资,对于促进企业生产发展,提高产品质量、降低产品成本、加速资金周转、提高企业生产效率等是十分重要的。

一、物料管理流程模式

搞好物料管理对于促进企业不断增加产品产量、保证产品质量、降低产品成本、加速企业资金周转、提高劳动生产率、增加企业盈利等具有重要意义。企业物料管理的主要任务如下:

(1) 保证生产的正常进行　现代化企业需要成千上万个品种规格的物料。企业必须做好物料的采购、保管、发放工作,按质、按量、按品种规格、按时间和空间成套备齐,满足生产经营的需要,从而保证生产的正常进行。

(2) 配合技术创新,促进技术进步　物料管理部门要密切配合企业的生产技术部门,为开发新品种、改进老产品、提高产品质量、改革生产工艺等提供新材料、新设备、新工具等方面的情报资料和建议。

(3) 合理利用和节约物料,降低产品成本　物料耗用资金占据了产品成本的相当比重,降低单位产品的物料消耗是降低产品成本的主要途径。企业要通过物料消耗定额的制定、贯彻和检查,督促和配合生产技术部门加强管理,降低物料的消耗。

(4) 降低供应物料费用　在市场经济条件下,企业作为独立的经济实体具有完全的自主权。当物料有多种供应来源时,企业应当在保证产品质量的前提下,尽量选择价格低廉、交通运输方便的资源,以节约运输费用和减少储备量。

(5) 严格物料管理制度和手续　建立物料管理的正常程序有利于堵塞漏洞,防范各种违法活动,尤其是在市场经济法制不断完善的情况下,严格企业物料管理制度和手续就更为重要。

为了提高企业生产的经济效益,企业应当防止只供不管、盲目储备、优材劣用等不良现象。

二、物料供应计划

物料供应计划是确保计划期内生产正常进行所需各种物料的计划。正确的物料供应计划是企业组织订货或市场采购各种物料的依据，也是促使企业节约使用物料、降低产品成本、加速资金周转的重要保证。编制正确的物料供应计划还可以促使企业进一步改进物料供、管、用三方面的工作。

企业编制物料供应计划的主要内容有：编制物料供应目录，确定物料需用量，制定物料储备定额，编制物料平衡表，确定物料供应（采购）量和签订供货合同、协议等。

三、物料消耗控制

物料消耗是指企业从取得物料开始，到制成产品为止的整个过程中物料消耗的去向。物料消耗一般由如下三部分构成：

（1）产品净重的消耗　这是物料消耗的最主要部分，这部分消耗是由产品设计和工艺决定的，充分地反映了产品设计的技术水平。产品净重过大，不但使制造过程中材料利用不经济，而且也使产品因价格、外观等原因在销售过程中失去竞争能力。因此降低物料消耗应从产品设计和制定工艺做起。

（2）工艺性消耗　工艺性消耗是指物料在准备和加工过程中，由于改变物理或化学性能所产生的物料消耗。其消耗程度由工艺技术水平决定。因此企业要积极采用新工艺，改革落后的旧工艺，尽量把工艺性物料消耗降到最低。

（3）非工艺性消耗　非工艺性消耗是指产品净重和工艺性消耗以外的物料消耗。这是由废品所产生的损耗及运输、保管、装卸不善等非正常条件下所造成的无效损耗。这部分消耗大多与管理水平有关，因此提高物料管理水平是降低物料非工艺性消耗的主要途径。

分析物料消耗构成有利于制定物料消耗定额。

四、库存有效控制

库存是指存放在仓库中的物品，库存一方面占用了大量资金，减少了企业利润；另一方面能有效缓解供需矛盾，使生产尽可能保持均衡。

1. 物料流程

企业生产过程实质上是一个物质转换过程，一般都伴随着物料流动过程运行，将各种材料转换为消费者需求商品的过程，这一过程称为物料流程，简称物流。合理有效的物料流不仅能满足消费者的需求，而且有利于企业利润的提高。图7-1所示为简化了的系统物流。

2. 库存管理

库存是一种物质资源的存储，是指在转化过程中处于闲置状态的物料，它是用于保证生产顺利进行而设置的物料储备。在系统内部其原材料、辅助材料、在制品、产成品、毛坯、零件、部件等在等待加工的状态下都被称为库存。库存并非仅限于仓库中的物资，而是泛指由于种种原因停滞于生产或流通中的物资，系统内任何处于闲置状态的物料都是库存。

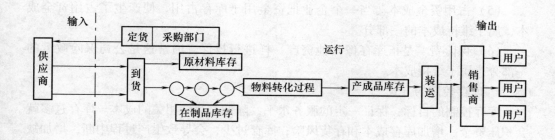

图7-1 简化了的系统物流

库存的作用：防止缺货，及时满足客户需求，提高服务水平；降低生产准备成本和采购成本，节省开支；保证生产和销售过程的连续和顺利进行；提高生产过程的均衡性，增强生产计划性，调节季节性需求；克服原材料供应市场波动带来的负面影响。

提倡零存货，这样可以加速企业资金周转。但是从我国企业生产运营的实际情况来看，零存货只是一种理想的管理状态。在生产运作过程中，企业要持续经营必须储备一定数量的存货，以便能及时提供客户所需要的产品，否则就会因存货不足而失去机会。

3. 库存成本与存货量的关系

如何控制库存的总成本，这需要对库存成本进行分析。库存的成本主要包括如下内容：

（1）进价成本 是指货物的购进价格。

（2）采购成本 是指采购过程中发生的一系列费用，包括差旅费、运输费、仓储费、装卸费等，一般情况下这部分费用随着采购次数的增加而增加，而随采购量的增加而减少，属于决策成本。

（3）存储成本 是指拥有库存而发生的成本，主要包括库存的资金占用成本、仓库的租赁费用、为防止库存变质（尤其对食品加工、医药生产企业最为重要）而付出的必要支出、仓库管理人员的工资等方面，它随库存量的增加而增加，这属于决策成本。有些物品会随着库存时间的增加而发生物理化学变化，例如：破碎、锈蚀、腐烂，从而成为废品而产生损失费用。

（4）缺货成本 是指由于企业生产经营过程中由于存货不足，出现缺货而引起的成本支出，主要包括因库存不足，在市场需要时不能生产或交付产品而给企业带来的损失，会间接造成企业利益的减少，因而也将其看成是一种成本。

（5）占用资金成本　当一个企业把资金用于库存占用，便产生了占用资金成本，属于维持成本的一部分。

（6）保险费　是指库存像其他资产一样进行投保，通常这是公司保险政策的一部分，属于维持成本。

4. 库存控制的方式

库存控制的目标：保证一定的服务水平，降低与存储相关的成本。库存过多就会积压资金、增加库存成本和存货风险；库存过少，会导致生产过程中断，增加缺货损失，延迟交货，降低企业的市场占有率。

有效实施存储控制的条件：对库存系统需求进行科学的预测，提前订货，并建立物料分类系统，进行物品的详细分类。

库存控制方式可分为定量控制、定期控制和定量与定期混合控制方式。

表 7-1 所列为公司积压物品清单；表 7-2 所列为原材料消耗库存表；表 7-3 所列为工厂产品盘点表，这些表格编制为公司强化物料库存管理提供了扎实的基础。

表 7-1　公司积压物品清单

批准	财务审核	生产审核	编制

日期：

序号	品名	规格型号	单位	数量	金额		备注
					单价	合计	
1							
2							
3							
4							
5							
合计							

表 7-2　原材料消耗库存表

序号	公司采购材料牌号（名称）	上月库存情况	本月计划采购	本月计划消耗	本月库存情况
1		1. 库存地点____ 1)____kg 2)____元 2. 库存地点____ 1)____kg 2)____元	1. 采购时间____ 数量____kg 金额____元 2. 采购时间____ 数量____kg 金额____元	1. 加工地点____ 1)时间____ 2)数量____kg 3)金额____元 2. 加工地点____ 1)时间____ 2)数量____kg 3)金额____元 2. 加工地点____ 1)时间____ 2)数量____kg 3)金额____元	1. 库存地点____ 1)____kg 2)____元 2. 库存地点____ 1)____kg 2)____元
2					
小计	数量/kg 金额/元				

总经理批准____　　财务审核____　　编制____

表 7-3 工厂产品盘点表

____年 ____月 ____日

盘点日期：每月最后一个工作日下午5时

部门	项目	产品编号：		编号：		编号：		编号：		批准	品质审核	财务审核	仓库审核	生产部编制
		生产部统计	其中:不合格品统计	生产部统计	其中:不合格品统计	生产部统计	其中:不合格品统计	生产部统计	其中:不合格品统计					新品(型号、规格、数量)
仓库	上月结存毛坯													
	上月结存成品													
	本月入账毛坯													
	本月发出成品													
	账面库存数													
生产部	(1)锻件待粗车品													
	(2)粗车品待调质													
	(3)调质品待精车													
	(4)车成品待滚齿													
	(5)滚成品待剃齿													
	(6)剃成品待氮化													
	(7)氮化品待改孔													
	(8)改孔品待装箱													
	(9)装箱成品待发运													
	工厂在制品 小计													
	不合格品 小计													
工厂/仓库	共同确认数量													
财务/仓库	本月盘点盈亏数量													
财务盘点意见：														
生产部盘点意见：														
品质部盘点意见：														
公司领导意见：														
仓库盘点意见：														

第二节 采购管理

加强公司采购管理和供应商管理是十分重要的基础工作,通过对某公司采购管理剖析,为读者提供参考。

一、材料采购操作程序

××厂案例如图7-2所示。

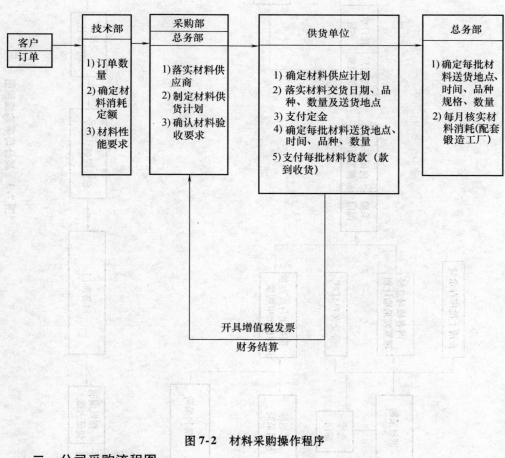

图7-2 材料采购操作程序

二、公司采购流程图

某公司案例如图7-3所示。

1) 与加工单位签订合同,有统一报价单、订单,见表7-4。

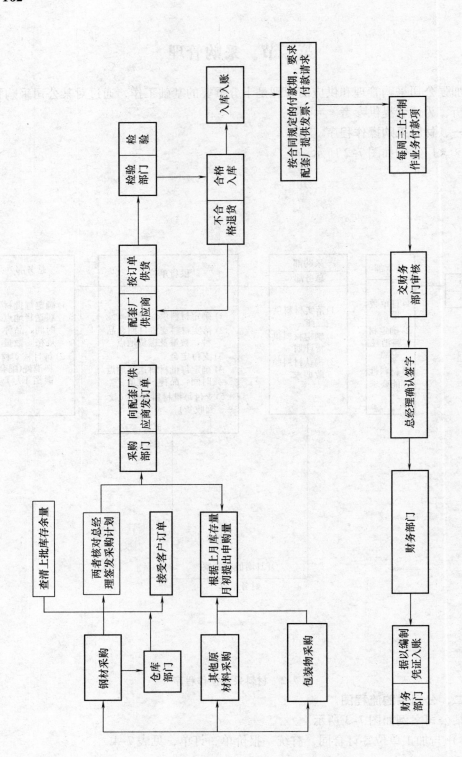

图 7-3 某公司采购流程图

表 7-4 报价清单（配套厂）

序号	零件图号	零件名称	材质	投料重量/kg	毛坯重量/kg	交货重量/kg	技术要求
1							
2							
3							
4							
5							
6							
7							
8							
9							
10							

计算费用　　　　　　　　　　　　　　　　　　　　　　单位：元

序号	材料费用（单价×重量）	加工费用		其他费用	运费	包装费用	小计（不含税）	税率	合计（含税）
		加工名称①	加工名称②						
1									
2									
3									
4									
5									
6									
7									
8									
9									
10									

注：其他费用指模具等费用（例：要列出模具清单、费用，加工套数等）。

报价说明：

编制：＿＿＿＿＿＿　日期：＿＿＿＿＿＿　手机：＿＿＿＿＿＿　传真：＿＿＿＿＿＿　邮箱：＿＿＿＿＿＿

公司负责人：＿＿＿＿＿＿（盖章）　联系电话：＿＿＿＿＿＿

2)"锻件毛坯供货计划"(案例),有锻件毛坯图样、材质及规格,计划交货日期、数量及实绩,签收人等,见表7-5。

表7-5 锻件毛坯供货计划(案例)

批准	审核(2)	审核(1)	编制

机械有限公司(配套厂1)				机械配件厂(配套厂2)			
联系人:	电话: 传真: 手机:			联系人:	电话: 传真: 手机:		
提供锻件毛坯型号:				提供锻件毛坯型号:			
交货时间	交货数量/件	交货情况	备注	交货时间	交货数量/件	交货情况	备注

3)由配套厂每月提供加工锻件毛坯"配套厂交货单",见表7-6。这些报表都反映上月材料库存数,本月消耗数、发货数量、消耗定额,期末(每月底)库存数量,以及每月仓库、财务核销签字等。

表7-6 配套厂交货单

编号:

序号	产品名称、图号	配套厂名称	下达计划				质检验收				备注
			日期	数量/只	交货日期	负责人	合格数量	存在问题处理	第二次交货日期、数量	验收人	
1											
2											
3											
4											
5											
6											
7											
8											
9											

4)外加工验收要则如图7-4所示。

外加工验收要则

1. 总则

为了保证发外加工件、半成品的制造质量，凡本公司发外加工加工件、半成品均按本验收要则执行。

2. 验收

1）外加工件、半成品质量检验，必须按供、需双方签订的供货合同有关条款、技术协议和图样进行验收。

2）外加工件、半成品的检验程序：

零件制造→入厂抽检（填写入库检验单）→有争议货物→进行送检，根据检验报告按规定、监测处理→分类、定量包装→验收入库→不良品→退货处理。

3. 检验要求

1）外协配套厂送检时必须随货带上各零件的检验检查表及有关自检实测记录。

2）送检时，外加工件、半成品必须分类、定量包装，注意防锈、防碰伤，装箱运输并保证装、卸车方便。

3）必须附上制作各零件原材料的质量保证书和材质元素成分表。

4）凡有试验要求的零件，外协单位送检时应附试验报告或检测报告，否则拒检。

4. 处理方法

1）检验人员发现批量或较大质量问题时，及时将信息反馈到外协厂，并报告公司质量部、技术部、生产部，以便安排生产。

2）外协配套厂应及时到现场确认不良情况，分析原因，提交解决方案，预防再次发生，办理有关处理退货和报废手续。

图 7-4　外加工验收要则

5）原辅材料验收细则如图 7-5 所示。

原辅材料验收细则

1. 总则

为了保证原辅材料品的质量，凡本公司购入的原辅材料均按本验收要则执行。

2. 验收

1）原辅材料的质量检验，必须按供、需双方签订的供货合同有关条款、技术协议和有关标准进行验收。

2）原辅材料的检验程序：

材料样品、样件→送样试验、确认→批量供货→送检→验收入库（附测试报告等）→不符合要求→调换、退货处理。

3. 检验要求

1）供应商送货时必须附货物的合格证、质量保证书、材质元素成分表，以便公司存档备查。

2）货物送检查时必须分类、定量包装，便于装、卸车。

3）货物进公司后，按批量的多少抽检做试验，将试验报告结果记入《检验检查表》存档、备查。

4. 处理方法

1）检验人员发现批量或较大质量问题时，及时将信息反馈到配套厂，并报告公司质量部、生产部，以便安排生产。

2）不符合要求的货物，需经供应商确认，再办理有关退货或调换等手续。

图 7-5　原辅材料验收细则

6）如图 7-6 所示为某公司二氧化碳月单耗对比图，通过月单耗比较，找出消耗异常的原因，杜绝浪费。

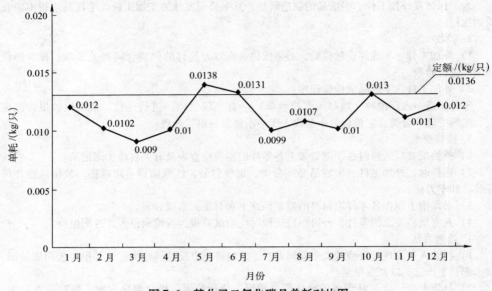

图 7-6 某公司二氧化碳月单耗对比图

第三节 供应商管理

做好供应商管理是十分重要的，现将某公司对供应商的管理图表提供给读者参考。

表 7-7 所列为供应商考察评价表；表 7-8 所列为某公司配套单位资料；表 7-9 所列为新开发厂商（经营实绩）评价内容；表 7-10 所列为配套厂制造管理计划；表 7-11 所列为外协零件品质检验评价表；表 7-12 所列为客户订单交货计划；表 7-13 所列为装箱确认单；图 7-7 所示为产品发运后勤服务。

表 7-7 供应商考察评价表

评价日期：_____ 评价人：_____ 产品名称：_____

供应商名称			
供应商地址			
联系方式	电话：	传真：	电子邮箱：
法人代表			
业务负责人		职务	
合作意向			
建厂时间		企业性质	
总投资额			
注册资本			
员工总数			
设备来源			

（续）

原料来源				
主要客户情况介绍	国内			
	国外			
主要产品名称				
设计产量				
实际产量				

	备注
一、财务可靠性和信用度评估	
1）是否有当地工商部门颁发的营业执照（已年检）？	
2）是否提供开户银行的信用证明？	
3）是否提供法人代表身份证明文件？	
4）是否有当地税务部门颁发的税务登记证？	
5）是否已有两年以上的经营经验？	
二、生产可靠性及产能评估	
1）关键原料的供货来源可靠性？	
2）所有原料是否均有长期合同保证？	
3）是否设有采购供应部？	
4）所有辅料是否均有长期合同保证？	
5）是否与现有客户合作制定临时应急预案，以防意外供货中断？	
6）是否有足够的原料储存能力？	
7）是否有足够的半成品储存能力？	
三、配送系统可靠性及运输能力评估？	
1）是否有足够的配送能力？	
2）是否设有专业部门或专人负责配送管理？	
3）是否有明确的管理制度？	
4）是否有针对配送紧急事件的处理流程？	
四、业务关系能力	
1）是否定期向客户提供最新的联系人名单？	
2）联系人名单是否可保证客户在全年24h内都可取得联系？	
3）是否具备并能有效使用电脑技术进行日常工作管理？	
4）库存控制及结账是否电脑化？	
5）是否能利用电子邮件进行沟通？	
五、长期合作评估	
1）供应上是否及时、准确地反馈信息？	
2）供应上是否明确其长期战略？	
3）是否在业务商谈过程中表现出良好的素质？	
评估意见：	

（续）

采购部责任人意见：
副总经理意见： （生产）
总经理批示：

表 7-8 某公司配套单位资料

配套单位情况	公司名称		企业性质		邮编	
	地址		电子邮箱		传真	
	法人代表		电话			
	公司注册资金		公司成立日期			
	公司主要产品：					
	公司经营范围：					
	主要生产设备					
	设备名称	型号规格	台数		加工内容	
业务联系	联系部门		负责人姓名		电话及手机	
	具体业务联系人		电子邮箱			
	传真		电话及手机			
	联系方法					
需要提供	1. 营业执照（复印件）					
	2. ISO 9000 证书（复印件）					
	3. 其他有关资料（复印件）					

表 7-9　新开发厂商（经营实绩）评价内容

厂商名称			评价日期	
序号	评价项目	评价内容	评价说明	
1	公司概况	●公司概况 ●成立日期 ●资本额 ●关系企业（指投资公司）		
2	公司业务状况	●营业额（万元/年） ●营业额增长率（今年/去年同期比较） ●营业对象及所占比率（%）		
3	经营方针及目标	●经营理念与方针 ●短、中、长期之经营计划与目标		
4	组织机构	●公司组织机构图 ●组织机构职责明确 ●员工人数		
5	员工教育培训	●有年度教育培训计划 ●人员教育培训（h/年） ●主要培训方式		
6	素质及工作态度	●主要干部学历与资质 ●管理人员学历与资质 ●员工薪资（元/月） ●人员流动率		
7	财务管理	●财务报表有否（____年/____年） ●毛利率（%） ●销售收入（%） ●每月结算日期		
8	资金来源及运用	●资金筹备 ●银行借贷金额 ●转投资情况		
9	品质管理	●ISO 9000 品质系统执行 ●品质活动情况 ●品质人员素质情况 ●现场与仓库的情况		
10	企业规模及条件	●工厂土地使用率 ●厂房使用率 ●工厂通道占有率 ●主要设备完好率		

表 7-10 配套厂制造管理计划

主要变更点: 1. 2. 3.						批准	审核	编制
配套厂基本情况:					(目标)			

(目的)
把品质保证的措施落实到每个工序,保证产品品质厂期长期安定

试制 小批量 批量
试制 小批量 批量

类别	项目节点	日程										
	管理项目	部门	负责人	6月	7月	8月	9月	10月	11月	12月	1月	2月	3月	4月
基本计划	技术协议、试制协议	采购营业部			7/17 ▽ 7/20 签订技术协议									
	送样计划	技术部				8/10 ▽ 试制送样 ▽9/20					▽1/20 小批量送样			
开发计划	模具开发	开发科			7/8 ▽ 7/18 7/18开模 模具设计备料 8/10 8/10第一次试模一次零件样品		9/15 ▽							
	检具、夹具开发	开发科			7/20 ▽ 模具、夹具制造完成 8/30 ▽									
管理计划	品质保证计划	品管部			7/20 提供品质管理有关资料给协作 9/20									
	品质鉴证	技术部 品管部			8/1 ▽ 8/15对协作厂检证					12/30 ▽				
	教育训练	工厂					9/14 9/16 员工操作训练 ▽							
	包装、运输计划	购营业员部					完成包装箱打样、制作							
	推进确认	技术部						10/11 ☐ 试制			1/31 ☐ 小批量			4/3 ☐ 批量生产

注: "▽"指项目计划日期; "▼"指项目完成日期(进行涂黑)。

表 7-11　外协零件品质检验评价表

厂家名称		会议日期			评价总结			
厂家参加者		会议地点			（1）			
		零件名称			（2）			
		零件编号			（3）			
（　）检证者		主要技术参数	1		（4）			
			2					
			3		（5）			
			4					

检证项目

项目	分类	检证项目	具体的方案	定分	得分	小计
确保批量生产品质的推进状况	1. 品质保证计划（5分）	有否品质保证计划，并按计划推进？		5		
	2. 确保品质的项目（5分）<批量生产品质表>（管理点）<工艺设定管理表>	1. 是否明确品质要求项目，设定品质水准？		2		
		2. 是否把握每个项目的品质水准，并据此来判断可否批量生产？		3		
	3. 作业工艺管理（10分）	1. 确立品质（关键）项目（管理点）是否全部反映？		3		
		2. 是否明确项目（管理点）的加工条件？		3		
		3. 是否根据工艺能力设定检查方式？		4		
	4. 作业标准（10分）	1. 作业标准的设定完成后，是否已经对作业工人进行培训？		5		
		2. 是否明确作业标准管理表的管理项目及检查方法？		5		
	5. 品质检验管理（10分）	1. 是否设定品质检验表（工序品质要求、检查工装）？		5		
		2. 是否按品质检验设定检查方式？		5		
	6. 设备管理（10分）	1. 设备的精度能否满足图纸的要求？		3		
		2. 是否有点检表，并执行？		3		
		3. 设备管理执行标准是否完好？		4		

（续）

项目	分类	检证项目	具体的方案	定分	得分	小计
现场管理实绩状况	7. 现场作业管理（10分）	1. 是否将作业标准放在操作工人能看到的地方？		2		
		2. 是否按作业标准进行作业？		2		
		3. 设备、模具、夹具等是否确实地进行作业？		3		
		4. 是否有加工条件的实绩？		3		
	8. 现场品质管理（10分）	1. 是否有品质检验表，并记录生产的品质情况？		5		
		2. 是否有明确识别检查合格与否的管理方法？		2		
		3. 是否召开品质检验定期分析会议？		3		
	9. 不良品管理（10分）	1. 是否明确并实施防止不良品的管理方法？		5		
		2. 是否对不良品开展了原因分析、采取对策？改变效果是否明显？		5		
	10. 初期产品管理（5分）	是否制定了初期产品管理规则，并保留初期产品检查记录？		5		
	11. 批量产品管理（5分）	是否制定了批量产品管理办法？		5		
	12. 异常处理管理（10分）	是否制定了异常处理办法？		10		
				合计得分		

注：总体评定：≥80分为合格，≥70分为有条件的合格，≤69分为不合格。

表7-12 客户订单交货计划

批准	审核（2）	审核（1）	编制

交货计划	常规产品				新品			
	产品型号		交货形式	交货状况	交货计划	产品型号	交货形式	交货状况
2009.3.12（69）			散装					
2009.4.08（70）			集装箱					
2009.4.28（71）			集装箱					
2009.5.20（72）			集装箱					
2009.6.12（73）			集装箱					
2009.7.02（74）			集装箱					
2009.7.22（74）			集装箱					

表 7-13 装箱确认单

编制：　　　审核：　　　批准：

发货概况	发货批次	提货时间	走船时间	发货形式	发货内容/数量							随箱样品/工装/刀具		备注
				□集装箱 □散货 □空运	零件号	数量	随箱物件（如有，填写数量；如无，空置）					名称		提货情况： 集装箱号： 其他：
							箱体标识粘贴	机加工尺寸检验单	热处理检验单	齿形齿向检验单	试样块	集装箱号		
												对方接收人		
												封箱确认（签字，注明日期）	包装人员	特殊原因开箱记录 （开箱时间、原因、负责人 问题处理结果、再次封箱确认）
													终检检验员	
													技术品质部封箱人员	
装箱清单	箱号	零件号	数量								样品/刀具/工装			
	1													
	2													
	3													
	4													
	5													
	6													
	7													
	8													
	9													
	10													
	11													
	12													
	13													
	14													
	15													
	16													
	17													
	18													

领导审核：　　　批准发货：　　　归档日期/编号：

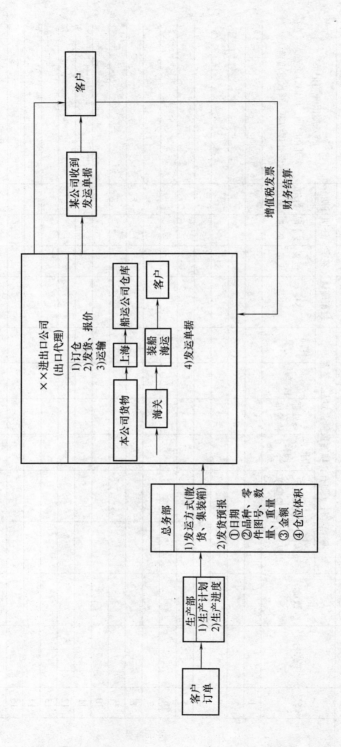

图 7-7 产品发运后勤服务

第八章 精益设备管理

第一节 现代设备持续发展

设备是现代化生产企业的生命线和生产支柱，先进的设备是保障生产良性发展的基础。但要发挥设备最大功效，提高设备利用率，实现经济效益的最大化，就必须提高企业设备管理整体水平和做好设备运行工作。只有在不断创新设备管理模式的基础上，将先进的设备管理理念与企业的实际情况相结合，才能充分发挥设备的应有性能。

设备管理是运用现代管理理论、科学技术和方法，研究设备寿命周期全过程中物质和价值运动形态的一门学科。物质运动方面研究设备的可靠性、安全性、工艺性和维修性；价值运动方面研究设备的投资、价值、价值补偿，追求生命周期费用最经济。

现代化工业生产设备越来越大型化、复杂化，并且要求连续生产，如发生故障停机将造成严重损失，甚至于产生极大不良后果；现代化工业生产对设备的依赖程度越来越高，对设备管理人员，现场操作人员全面掌握设备技术状态的要求越来越高；现代化工业生产设备与产品质量、安全环保、能耗等关系越来越密切。因此，加强对设备工程的管理具有特别重要的意义。

一、现代设备特点

随着科学技术的迅速发展，科技新成果不断地应用在设备上，使设备的现代化水平迅速提高，正在朝着大型化、高速化、精密化、数字化、智能化五个方向发展，见图8-1。

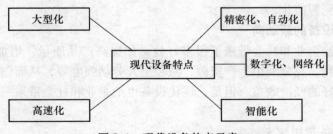

图8-1 现代设备特点示意

1. 大型化

大型化即指设备的容量、规模和能力越来越大。例如，我国石油化工工业中最大规模的乙烯生产装置，20世纪50年代年产只有6万t，现建成的大型装置年产量已达80万t；原单台起重机械最大起重量为400t，现已建成的最大单台起重机的起重量可达1250t；冶金工业的宝山钢铁集团的高炉容积为4063m³；发电设备国内已能生产30万kW的水电成套设备和60万kW的火电成套设备；三峡电站水电成套机组已达68万kW。设备的大型化带来了明显的经济效益。

2. 高速化

高速化即设备的运转速度、运行速度以及化学反应速度等大大加快，从而使生产效率显著提高。例如，纺织工业中，原国产气流纺纱机的转速达2×10^4r/min，现在可达10×10^4r/min以上。电子计算机方面，原国产银河Ⅱ型计算机运算速度达10亿次/s，现联想集团研制成功的"深腾6800"超级计算机运算速度达4万亿次/s。

3. 精密化、自动化

设备的精密化是指最终加工精度和表面质量越来越高。例如，制造业中的加工设备在20世纪50年代加工的精度为1mm，20世纪80年代提高到了0.05mm。到2015年其加工精度又比20世纪80年代提高了十倍。目前主轴的回转精度达0.01mm。设备自动化是生产过程自动控制、实时监测等，在我国汽车制造业已拥有多条生产自动线与柔性制造系统等。

4. 数字化、网络化

数字化、网络化是装备制造业发展的重要方向。随着自动控制、计算机科学和网络技术的高度发展，将先进的微电子技术、电力电子技术、光缆技术、液压技术、虚拟控制技术、通信技术融合到新一代设备中所形成的数字化高端装备等。

5. 智能化

近年来随着信息技术、监测监控与诊断技术的不断发展，企业可以通过ERP、EAM等管理信息化、智能化系统的应用来优化设备各项流程。通过应用智能自动监测及智能辅助诊断技术，借助系统提供丰富数据状态分析和智能诊断技术，企业可以实现对设备状态的自动报警及自我保障，并对设备故障进行早期诊断与趋势预测等，从而达到智能化。

二、当前设备的新动向

现代设备给企业和社会带来了很多好处，如提高产品质量，增加产量和品种，减少原材料消耗，充分利用生产资源，减轻工人劳动强度等，从而创造了巨大的财富，取得了良好的经济效益。但是，现代设备也给企业和社会带来一系列新问题和新动向。

1. 购置设备费用越来越大

由于现代设备技术先进、结构复杂、设计和制造费用昂贵，大型、精密设备的价格一般都达几十万元之多，高级的进口设备价格更加昂贵，有的高达数百万美元。在现代企业里设备投资一般要占固定资产总额的60%~75%。

2. 设备正常运行成本日益增大

现代设备的能源、资源消耗很大，运行费用也高，同时设备维护保养、检查修理费用也十分可观，我国冶金企业的维修费一般占生产成本的 10%～15%。

3. 故障停机造成经济损失巨大

由于现代设备的工作容量大、生产效率高、作业连续性强，一旦发生故障停机造成生产中断，就会带来巨额的经济损失。例如，鞍山钢铁集团公司的半连续热轧板厂，停产一天损失利润 100 万元；北京燕山石化公司乙烯设备停产一天，损失 400 万元。

4. 发生事故带来严重后果

设备往往是在高速、高负荷、高温、高压状态下运行的，设备承载的压力大，设备的磨损、腐蚀也大大增加。一旦发生事故极易造成设备损坏、人员伤亡、环境污染，并导致灾难性的后果。

5. 社会化协作发展迅猛

设备从研究、设计、制造、安装调试到使用、维修、改造、报废，各个环节往往要涉及不同行业的许多单位、企业，同时改善设备性能，提高素质，优化设备效能，发挥设备投资效益，不仅需要企业内部有关部门的共同努力，还也需要社会上有关行业、企业的协作配合，设备工程已经成为一项社会系统工程。

三、设备工程持续的发展

1. 系统理论的应用扩展

系统是由具有特定功能的相互作用和相互依赖的许多要素所构成的一个有机整体，它具有整体性、相互性、目的性和环境的适应性等特征。现代设备管理以设备的一生为研究对象，企业对设备实行自上而下的纵向管理以及各个有关部门之间的横向管理，这些都是系统理论的体现。通过对系统进行分析、评价和综合，从而建立一个以寿命周期费用最经济为目标的系统，保证用最有效的手段达到系统预定的目标。

现代设备管理已成为多学科的交叉，包括运筹学、后勤工程学、系统科学、综合工程学、行为科学、可靠性工程、管理科学、工程经济学、人机工程学等。

2. 全员生产维修

全员生产维修是近年来我国设备战线上吸收国际先进的管理体制，是一种以使用者为中心的设备管理和维修制度，其理念即为全效率、全系统、全员参加。

3. 加快更新改造，提高设备技术素质

加快设备更新改造，也是设备管理中的当务之急。其主要内容为合理的设备配置，以及合理的设备折旧、技术改造和更新等。

设备更新与改造是提高生产技术水平的重要途径。有计划地进行设备更新改造，对充分发挥老企业的作用，提高劳动生产率具有重大意义。近几年来，设备更新在世界工业发达国家日益受到重视，其主要特点是更新规模越来越大，更新速度越来越快，效果也越加显著。由于设备长期使用，磨损严重，构成落后，必然带来生产率低、消耗高、产品质量差、各项经济指标不高等问题。因此要实现现代化，必须加快设备的更新改造，提高设备技术素质。

4. 节能减排成为设备管理的主要环节

能源已影响或危及政治、经济、文化等各个方面，低能耗、低排放、少排污已是设备的设计和制造的主要指标之一，能源的消耗主要是设备，因此在现代设备管理中节能减排这一特点也越来越明显和重要了。

四、现代设备在企业中的地位

现代设备管理在企业管理中占有十分重要的地位。企业中的计划、质量、生产、技术、物资、能源和财务管理，都与设备管理有着紧密的关联。

1）设备管理是工业企业生产运行的前提。

一般设备占工业企业固定资产总值 60% 以上，是工业生产的物质技术基础。工业企业的劳动生产率不仅受员工技术水平和管理水平的影响，主要还取决于所使用的工具和设备的完善程度，设备的技术状态直接影响企业生产过程各环节之间的协调配合。

2）设备是提高经济效益的重要条件。

随着生产的现代化发展，企业花在设备方面的费用（如能源费、维修费、固定资产占用费、保险费等）越来越多，搞好设备的经济管理，提高设备技术水平和利用率，对降低成本意义也越大。另外，设备的技术状态影响企业的能耗和排放、停产损失、产品质量、原材料消耗、产品工时消耗等，设备管理工作的成效通过设备的技术状态影响产品成本。

3）设备管理是工业企业安全生产和环境保护的保证。

4）设备管理对技术进步、工业现代化起促进作用。

科学技术进步的过程是劳动手段不断完善的过程，科学技术的新成就往往迅速地应用在设备上，所以设备是科学技术的结晶，另一方面新型劳动手段的出现又进一步促进科学技术的发展，新工艺、新材料的应用，新产品的发展都靠设备来保证。可见提高设备管理水平，加强在用设备的技术改造和更新，力求设备每次修理和更新都使设备在技术上有不同程度的进步，对促进技术进步、实现工业现代化具有重要作用。

5）设备是保证产品质量的基础。

设备是影响产品质量的主要因素之一，产品质量直接受设备精度、性能、可靠性和耐久性的影响，高质量的产品靠高质量的设备来获得。某些个别情况下，发挥操作者的技能可以在精度一般的设备上加工出质量高的零件，但是往往质量不稳定，并且效率不高。所以搞好设备管理，保证设备处于良好技术状态，也就是为生产优质产品提供的必要条件。

五、急需培养设备工程管理人才

根据人力市场提供的信息，在国企、外企和私营企业对设备工程人才需求十分迫切。现在企业中 80% 的设备部门高级管理人员从相近或相关专业（本科）调配上岗，一方面进入设备管理岗位后，感到对设备管理不熟悉；另一方面原来在学校学习的专业知识大多被荒废而无法起到更大作用；另外 20% 的设备部门高级管理人员是从本单位调岗而来，对设备工程管理内涵的理解要花费很长时间。

为了解决设备工程管理人才需求迫切性，全国各地有关部门组织多种形式的短期在职培训，花费代价巨大，而且往往达不到预期效果。加快培养设备管理技术人员是当务之急。

第二节 实施设备工程技术路线图

当代的设备技术进步飞快，分别朝着集成化、大型化、连续化、高速化、精密化、自动化、流程化、综合化、计算机化、超小型化、技术密集化的方向发展。先进的设备与落后的维修能力的矛盾将日益严重地困扰着企业，成为企业发展的障碍。一方面要求企业加强设备的自诊断能力和可维修性，使设备具有更高的可靠性；另一方面呼唤更良好的售后服务和社会化维修力量，减轻企业设备维修的压力。然而，这些目标的实现需要一个发展过程，设备管理体制也就在矛盾中不断地发展进步。

一、国际设备管理维修方式

现代化的设备具有更强的系统特性，因此要求更先进的设备维修管理体制。近年来的企业发展表明，随着设备的技术进步，企业的设备操作人员不断减少，而维修人员则保持不变或不断增加。另一方面，操作的技术含量逐渐下降，而维修的技术含量却逐年上升。当代的维修人员遇到的多是机电一体化的集光电技术、气动技术、激光技术和计算机技术为一体的复杂问题，当代的设备维修已经是传统体制下的维修工难以胜任的一项工作，先进的设备需要先进的维修技术、更需要先进的管理模式。当代设备涉及学科领域广泛，已成为一门边缘的、综合性的、系统的学科，设备管理的覆盖面也在技术领域和经济领域不断拓展，与之相对应，设备管理体系也由早期的事后维修、预防维修逐渐发展到生产维护和各种设备管理模式并存的阶段。

二、TPM 管理体系

TPM 为全员生产维修体制，TPM 在日本及全世界得到认可并不断发展，企业通过实行 TPM，使之获得良好的经济效益和知名度，充分发挥设备的生产潜力，并使企业树立良好的社会形象。

1. TPM 给企业带来效益

表 8-1 所列为 TPM 推行效果。

表 8-1　TPM 推行效果

项目	效果实例
P（生产率）	劳动生产率增长：140%（M 公司）；150%（F 公司） 人均产值增长：147%（A 公司）；117%（AS 公司） 作业率增长：17%（68%→85%）（T 公司） 停机减少：98%（1000 次/月→20 次/月）（TK 公司）
Q（质量）	过程次品减少：90%（1.0%→0.1%）（MS 公司） 次品减少：70%（0.23%→0.08%）（T 公司） 客户意见减少：50%（MS 公司）；50%（F 公司）；25%（NZ 公司）
C（成本）	人工减少：30%（TS 公司）；30%（C 公司） 维修成本降低：15%（TS 公司）；30%（F 公司）；30%（NZ 公司） 能源节省：30%（C 公司）
D（周转）	库存（日）减少：50%（11 天→5 天）（T 公司） 库存周转增加：200%（3 次/月→6 次/月）（C 公司）
S（安全环境）	零事故、零污染（M 公司）
N（劳动情绪）	提交改进建议增长 230%（36.5 人·年→83.6 人·年）（C 公司） 小组活动增加 200%（2 次/月→4 次/月）（C 公司）

目前，推行 TPM 的企业已遍及北欧、西欧、北美、亚洲、大洋洲。例如：韩国有 800 家公司开始推行 TPM 管理。日本为表彰 TPM 推广成果，设立了 PM 奖，除了日本和日本在海外的子公司外，仅 1998—2004 年期间，就有 956 家企业、1177 家工厂获得各类的 PM 奖，其中最高奖项世界奖由瑞典的沃尔沃汽车公司和日本的马自达汽车公司获得。

我国的一些著名企业，如上海宝山钢铁集团、鞍山钢铁集团、海尔集团，也引进了 TPM 管理模式，并取得了明显成效。

2. TPM 目标

TPM 是以最有效的设备利用为目标，以维修预防（MP）、预防维修（PM）、改善维修（CM）和事后维修（BM）综合构成生产维修（PM）为总运行体制，由设备的计划、使用、维修等所有有关人员，从最高经营管理者到第一线作业人员全体参与，以自主的小组活动来推行 PM，使损失为零。TPM 活动以改善设备状况，改进人的观念、精神面貌及改善现场工作环境的方式来改革企业的体制,建立起轻松活泼的工作氛围,使企业不断发展进步。

3. TPM 的内容

TPM 包含以下五个方面的要素:

1) TPM 致力于设备综合效率最大化的目标。
2) TPM 在整个设备一生建立全面的预防维修体制。
3) TPM 由各部门共同推行（包括工程、操作、维修部门）。
4) TPM 涉及每个雇员,从最高经理到现场工人。
5) TPM 通过小组管理,即通过自主的小组活动使 TPM 体制得到推动。

4. TPM 活动的发展

1) TPM 以最大限度地发挥设备功能、零故障、零缺陷为总目标。
2) TPM 是以多叠式的小组活动方式,在等级制度的组织之下加以推动的,力争从上至下的政策和自下而上的意见得到贯彻和沟通。
3) TPM 以 5S（Seiri 整理、Seiton 整顿、Seiso 清扫、Seiketsu 清洁、Shitsuke 素养）为基础,开展自主维修活动。
4) TPM 以降低六大损失（设备故障、安装调整、空转短暂停机、速度降低、加工废品、初期未达产）来提高设备综合效率。
5) TPM 的推动不仅局限于生产部门和维修部门,设计开发等其他业务、行政部门都要纳入其中。

5. TPM 的特点

TPM 全员生产维修主要突出一个"全"字,这个"全"字有三个方面的含义,即全系统、全效率和全员参加。

全系统是指生产维修的各个方面均包括在内,如预防维修、维修预防、事后维修和改善维修。全效率是指设备寿命周期费用评价和设备综合效率;全员参加是指这一维修体制的群众性特征,从公司经理到相关科室,直到全体操作工人都要参加,尤其是操作工人的自主小组活动。

三个"全"之间的关系为:全员为基础,全系统为载体,全效率为目标。TPM 的主要目标就落在"全效率"上,"全效率"在于减少或降低以下六大损失:

1) 设备停机时间损失。
2) 设置与调整停机损失。
3) 闲置、空转与短暂停机损失。
4) 速度降低损失。
5) 残、次、废品损失,边角料损失（缺陷损失）。
6) 产量损失（由启动到稳定生产间隔）。

有了这三个"全"字,使生产维修更加得到彻底的贯彻执行,使生产维修的目标得到更有力的保障。这也是 TPM 全员生产维修的独特之处。

6. TPM 的 5S 活动

5S 活动也是全员生产维修的特征之一。5S 的五个词是整理、整顿、清扫、清洁和素养，是 TPM 的基础和精华。

（1）整理（SEIRI）　把要与不要的事、物分开，再将不需要的事、物处理掉。让生产现场或工作场所透明化，增大作业空间，减少碰撞事故，提高工作效率。整理的难点在于物品的分类以及处理物品的决策。没有果断、有效的处理，就使下一步的整顿难以进行。

（2）整顿（SEITON）　把留下来的有用物品加以定置、定位，按照使用频率和可视化准则，合理布置、摆放，做到规范化、色彩标记化和定置化，便于快速找到和取用物品。整顿的要点在于事先的设计，先有设计方案，再付诸行动，达到事半功倍，避免整顿之中的返工。

（3）清扫（SEISO）　清除工作场所的灰尘、铁屑、垃圾、油污，创造整洁、明快的工作环境。把清扫和设备的点检、保养结合起来。我们主张由操作员工自己清扫。清扫工作也有一个工作流程的管理问题，如划分清扫区域，明确设备、清扫责任人，确定清扫周期、清扫方法和清扫标准，并设计清扫的考核评估体系。但清扫不能变成一次大扫除，而应成为一项持久的工作。

（4）清洁（SEIKETSU）　前三个 S 是坚持、深化和制度化，而清洁是更高层次的清扫，即清除废水、粉尘和空气污染，创造安全、环保、健康的工作场所。

（5）素养（SHITSUKE）　素养即为精神上的"清洁"。一开始要以制度为推动力，最后达到"性格"的目标，是形成制度化→习惯化→性格化的过程。

7. 自主维修体系

TPM 管理推进的核心内容是建立自主维修体系。自主维修体系是以生产现场操作人员为主，对设备按照人的感官（听、触、嗅、视、味）来进行检查，并对加油、紧固等维修技能加以训练，使之能对小故障进行修理。通过不断地培训和学习使现场操作人员逐渐熟悉了解设备构造和性能，不但会操作，而且会保养，会诊断故障，会处理小故障。自主维修体系关键在于真正做到"自主"，使现场设备的保养、维护和维修成为操作工人的自觉行为。

三、设备工程技术路线图

现代企业要在市场竞争中立于不败之地，就必须能保证高效率、高质量、低成本生产，而效率、质量、成本在很大程度上越来越受到设备的制约。设备的技术状况直接关系企业的生产水平，设备管理水平直接影响企业的经营效益。

实施设备工程技术路线图，要以产业转型升级为主，以两化融合为手段，按照"创新驱动、绿色智能、重点突破"的发展要求，以满足市场需求为目标，以吸纳现代的新技术、新工艺和新材料为发展基础，使设备工程技术路线图成为企业制定规划和政府及行业决策的依据,以及设备管理与技术人员未来工作的指导书。

1. 设备工程的新特征

新一轮科技革命与产业变革为传统生产方式带来革命性创新,由规模批量生产向大规模定制生产转变,现代生产方式的转变对设备的依赖程度越来越大,对技术人员全面掌握设备技术状态的要求越来越高;设备工程将呈现出"安全可靠、高效、节能环保、智能、融合、服务"的新特征。

(1) 安全可靠 长期以来,设备与人民群众的生命财产安全息息相关。近年来,随着我国经济的快速发展,特种设备,高危设备数量也在相应迅速增加,由于特种设备、高危设备本身所具有高温高压、高空、易燃易爆、有毒等危险性,与迅猛增长的数量因素双重叠加,使得设备的安全形势更加复杂。

未来确保设备的安全可靠,不能仅靠事后监管,而要将安全意识贯彻到设备从制造到使用、从检测到诊断、从维护到报废的全过程,对每一个过程、每一个环节都要有明确制度、操作规程,落实到企业每个员工,才能有效避免故障及事故发生。从发生的设备安全事故看,多数是由于安全管理不善,安全责任不落实甚至违章导致的。当前有关法律、法规已明确规定设备使用单位必须承担安全主体责任。强调安全主体责任,就是要求每个单位牢固树立"以人为本,安全至上"的责任意识,构建起有效的责任约束体系,真正把安全放在重要位置来抓。

不断开发和应用设备安全智能监控技术、故障预估预报技术、事故预示报警技术等,将在第一时间获得设备运行的技术信息,如温度、压力、电流、电压、振声波形、应力应变等,及时反馈到设备显示屏,由操作者进行针对性调整和处理,将设备事故和隐患消灭在萌芽状态,以减少设备停机损失,同时逐步建立在线监测监控及故障预警系统、泄漏监视及预警系统等,为设备安全运行提供有力保障。设备的可靠性提升,会有效降低设备故障率,延长设备寿命周期,减少维护成本。综合运用计算机技术、故障诊断及趋势预测技术、监测检验技术、安全智能监控技术等,将使设备可靠性大大提高,为企业创造更高效益。

(2) 高效 长期以来我国的设备运行效率与发达国家相比都存在一定差距,在设备设计、制造、使用等各环节都存在很大空间。首先是使用环节,对于操作者对设备结构、工作原理、运行规律不熟悉、不了解造成的效率下降应予以克服;同时操作者要进一步提高责任性,真正做到严格执行操作规程,充分采用设备运行监控系统,通过智能化仪器仪表提供设备状态参数,用有效手段不断进行调整确保设备在最佳运行点及范围运行,从而提升设备运行效率。

操作者一旦发现设备运行异常或故障,应当立即进行运行参数调整和全面检查,消除设备运行异常现象及故障隐患,并进行针对性维护或抢修,使设备尽快恢复正常高效运行。企业要加强对设备进行的定期检测检验,特别是开展高耗能设备能效测试,同时全面了解设备影响效率的薄弱环节和部位,通过大修或节能技术改造，妥善解决弥补所有薄弱环节和隐患。

（3）节能环保 设备制造过程要消耗大量的钢材、有色金属、塑料及辅助材料，设备在运行中要消耗大量能源和各种生产原料，另一方面设备运行也会产生大量废料（渣）和废气、废水，并造成环境污染。

设备的节能环保：一是设备设计、制造、用料要节能节材；二是资源消耗环节要加强对冶金、有色、电力、煤炭、石化、建材（筑）等重点行业能源、原材料、水等资源管理，努力降低消耗，提高资源和材料利用率；三是对废物产生环节要强化污染预防和全过程控制，加强对各类废物的循环利用，推进企业废物"零排放"，加快再生水利用设施建设及降低废物最终处置量；四是做好再生资源工作，要大力回收和循环利用各种废旧资源，支持废旧机电产品再制造；不断完善资源回收利用体系；五是大力倡导有利于节约资源和保护环境的消费方式，鼓励使用具有能效标志、节能节水认证和环境标志的产品等，减少过度包装。

（4）智能 近年来随着信息技术、监测监控与诊断技术的不断发展，促进了企业设备工程水平日益提高，设备智能发展趋势表现如下：

1）通过 ERP、EAM 等管理信息化、智能化系统的应用来优化设备管理及运行的各项流程。

2）通过应用智能自动监测及智能辅助诊断技术，由各种离线及在线监测仪器仪表，包括智能点检仪、频谱分析仪、智能燃烧控制组合群、新型无线监测装置等实现状态数据自动交换。

3）借助系统提供丰富数据状态分析和智能诊断技术，实现对设备状态的自动报警及自我保障，并对设备故障进行早期诊断与趋势预测。

未来设备工程发展趋势首先是提高安全可靠性、降低劳动强度，实现数字化、网络化、智能化；其次是提高机器的精度和动态性能，要求对运行与动力系统具有更高控制能力；为了提高产品服役期内的可靠性和寿命，减少维修保养时间，降低生产成本，要求系统具有状态监控、故障诊断和智能维护的能力。通过提高设备的智能化程度，深化动力传动、控制部件与电子技术的融合，提高传感器和电子控制器与液压、气动及密封元件的集成度和一体化水平。

（5）融合 当前，世界经济正处于持续调整和快速变革的关键时期，信息化与工业化融合正在加速重构全球工业生产组织体系，这不仅为企业创新发展带来了新的机遇，而且为应对资源及环境的挑战提供了新的方式。信息化与工业化的整合已经成为我国发展现代装备制造业的重要途径。我国将推动装备制造业转型，不断提升设备档次和加工能力作为企业两化融合的出发点和落脚点，通过政策引导和技术支持，培育一批实现数字技术集成应用、具有全球配置资源能力、智能制造装备企业，通过运用精益设计、高效自控、服务型协同等先进管理模式，促进现代设备工程技术创新发展。

不断促进设备工程融合规范化、综合化、实时化，从设备简单检查、监视向智能检测、诊断、控制方向发展；从简单监测向信息网络综合监视、安全保障方向发展；从事后检查向实时监测、诊断、预报、视情维护方向发展；从针对单一机组装备向建立开放系统构架、通用模块方向发展。在设备工程发展中，将更多地融入各种新理念和新技术，促进现代设备工程技术发生质的变化，不断推进设备工程管理技术融合发展。新时期，在机械、高铁、航天航空、石化、船舶等行业将涌现一批数字集成应用水平世界领先的大企业，通过现代设备工程精益管理、企业人才管理、供应链管理加速网络和数字集成，实现产销一体、管控衔接和集约定制生产，促进了企业组织现代化、决策科学化和运营一体化。

（6）服务　工业发达国家已从生产型制造向服务型制造转变，从重视设备设计与制造技术的开发，到同时重视设备使用与智能监控技术的开发，通过提供高技术服务来获得更高的利润。随着经济持续发展，企业自动化高档设备及柔性加工自动线越来越普及，尽管操作人员减少，但设备维护人员会相应增加，为了降低生产成本，企业将充分利用社会维修资源，所以未来设备维修工程将成为专业化第三方服务模式，并且具有很大市场，设备维修工程不再是制造商的附属，而是成为制造业服务化的重要抓手。未来通过开发的安全智能监控技术，从远程安全运行状态检测与管理的试验进入实用阶段，这些远程监控系统在机组系统健康管理服务方面，能够提供远程监测与故障诊断，以保证机组安全可靠运行。

2. 新时期设备工程技术路线图

在新时期推行设备工程技术路线图的过程中，为促进企业设备的高效运转、生产正常运行提供可靠保障，包括以下六方面内容（见图8-2）。

（1）现代设备管理　采用与企业生产经营模式相适应的、稳健高效的设备管理体系，提高企业的设备利用率和经济效益。

（2）监测检验　对设备的信息载体或伴随着设备运行的各种性能指标的变化状态进行安全监测、记录、分析，了解设备运行状态，为做出调整、控制决策提供依据。

（3）故障诊断　通过对监测数据进行分析，查明故障部位和原因，或预测有关设备异常、劣化或故障趋势，并提出相应对策。

（4）设备润滑　设备润滑是管理维护工作的重要环节，目的是保护设备，确保设备正常可靠运行。

（5）维护修理　为保持或恢复设备完成规定功能的能力而采取的技术活动。

（6）更新改造　采用新技术、新材料、新工艺、新部件对现有设备进行改造，以提升其技术状态和功能。

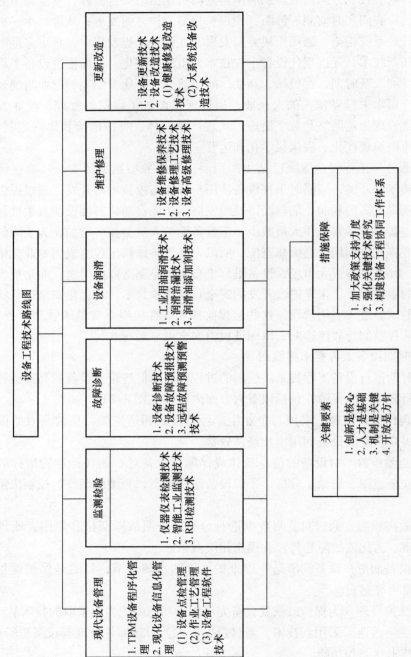

图 8-2 设备工程技术路线图

第三节 强化现代设备管理

对于现代化大生产来说，强化现代设备管理是十分必要的。在宏观层面设备管理，主要内容有：制定设备管理方针、建立设备管理目标体系、完善设备工艺布置、强化设备状态管理等相关工作。

一、设备管理方针

设备管理方针是全体员工在设备管理工作中统一思想、统一步调的保证，通过努力逐步形成一个科学化、标准化、制度化的设备管理体系，见表8-2。

表8-2 设备管理方针

方针	目标及目标值	对策措施
安全可靠、经济合理	加强设备维修管理 1）设备完好率95%以上 2）完好标准定期检验率100% 3）主要设备计划修理完成率100% 4）厂房、构筑物完好率95%以上	1）开展预防维修活动 2）加强管理，提高计划准确性 3）做好修前技术准备工作 4）加强厂房和构筑物的检查，分段达标
	搞好设备状态管理 1）设备故障率1.5%以下 2）设备泄漏率2%以下 3）设备完好评分平均85分以上 4）无重大事故	1）坚持日常维护 2）按期进行维护 3）按期清洗换油 4）执行事故分析报告制度 5）重点设备进行状态监测 6）评出优秀维护操作者和维修工并给予奖励
	加强备件管理 1）提高管理水平，实现动态管理 2）库房整顿，创一流库房	1）设备的常用备件及关键件建立动态表 2）仓库管理应用ABC法 3）达到一流库房标准
	提高人员素质 办专业人员学习班四期	1）组织操作人员排除故障学习班 2）组织备件技术人员学习班 3）组织电气动力操作人员学习班 4）组织状态监测人员学习班
	加强管理基础工作 1）加强基础工作，建立各种台账、卡片、规章制度、备件图册等 2）建立设备管理程序 3）确保维修费用（大修费用及车间维修费用）不超支	1）定期检查评比，不断完善基础工作 2）编制、学习、推行、检查、巩固各种管理程序 3）审核、预决算全厂维修费，开展定期分析

二、建立设备管理目标体系

1）设备是企业进行生产经营的物质技术基础，企业的设备工作是企业生产管理的重要组成部分。设备工作的目标管理是企业目标管理体系的一个组成部分，作为企业总系统的一个分系统，它有自身的具体目标。企业的经营目标可用目标树的形式表示，如图8-3所示。

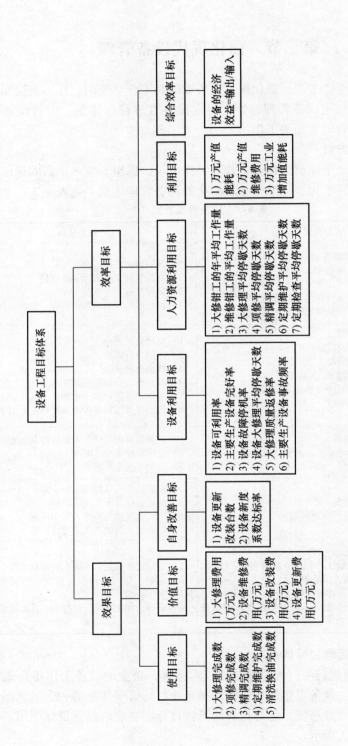

图 8-3 设备管理目标体系

2) 设备主要考核经济指标。

主要生产设备完好率

$$主要生产设备完好率 = \frac{主要生产设备完好台数}{主要生产设备总台数} \times 100\%$$

设备新度系数

$$设备新度系数 = \frac{年末企业全部生产设备固定资产净值（万元）}{年末企业全部生产设备固定资产原值（万元）}$$

设备故障停机率

$$设备故障停机率 = \frac{设备故障停机台时}{设备实际开动台时 + 设备故障停机台时} \times 100\%$$

式中设备故障停机台时包括事故停机台时。

设备大修计划完成率

$$设备大修计划完成率 = \frac{实际完成主要生产设备大修理计划内台数}{主要生产设备大修理计划台数} \times 100\%$$

万元产值维修费用

$$\frac{万元产值}{维修费用} = \frac{全年实际设备大修理费用总额（万元）+ 全年实际维修费用总额（万元）}{企业全年总产值（万元）}$$

大修理质量返修率（保修期一律按 3 个月计算）

$$大修理质量返修率 = \frac{保修期内实际返修停歇台时}{返修设备实际大修理停歇台时} \times 100\%$$

万元产值综合能耗

$$万元产值综合能耗 = \frac{企业实际消耗各种能的总量（吨标煤）}{企业全年总产值（万元）}$$

万元产值总耗电量

$$万元产值总耗电量 = \frac{企业实际消耗电总量（kW \cdot h）}{企业全年总产值（万元）}$$

三、完善设备工艺布置

进行设备的平面布置时，要绘制车间区域平面图，确定车间内各部分的相互位置及面积。由于生产部分是车间内最重要的组成部分，因而车间平面布置的主要内容是生产部分的布置，即设备布置。设备布置是否合理，将影响产品的生产周期和生产成本，对劳动生产率的提高也会产生重要影响。

1. 设备布置的形式

1）工艺专业化形式，是指把相同类型的设备布置在一起。

2）产品专业化形式，是指将所有生产设备和工作地按产品加工装配的工艺路线顺序排列。

3）综合式布置，一般来说，一个大的工厂很难仅用一种方式布置其为数众多的设备,而是两种布置形式相结合,形成综合式布置,以满足企业生产的不同要求。

2. 设备布置的原则

1)按照生产过程的流向和工艺顺序布置设备,尽可能使加工对象成直线运动,使产品通过各设备的加工路线最短,设备间运送距离最短,便于员工操作和方便运输。

2)便于物料运输,加速设备间的物料流动,各工序间设备生产能力做到综合平衡,减少在制品占用。

3)合理布置工作地区域和位置以确保安全,各设备之间、设备与墙壁、柱子之间要有适当的距离,设备的转动部分要有必要的防护,尽可能为员工创造良好的工作条件和安全环境。

4)充分利用车间生产面积和生产设备。可把设备布置成直线形、L形、U形等形状,尽量防止出现多占作业面积的情况。应正确控制设备、墙壁、柱子、过道之间的距离、设备生产能力负荷与工人的操作能力相平衡、防止设备闲置,提高设备使用效率。

5)注意维护设备精度,根据设备工作的特点,如精加工设备、温湿度要求高、光线好、振动小等,布置时必须考虑这一特点。

3. 设备布置目标

(1)设备布置工具　一般包括布置草图、布置模板和布置模型三种。布置草图是研究工艺流程和物料流向的平面图或立体图,应在布置草图上将设备排列按一定比例展开,并有相应的编号,以便识别和操作。布置模板是一种最常用的布置方式,即用塑料板或木板制成与设备实物形状相似,按一定比例缩小了的设备模板,并用设备模板进行设备的平面布置。

(2)设备布置目标　设备布置目标在工艺路线合理、确保产品质量的条件下,要达到工厂物料的运输路线和总运量最小的目标。

四、做好设备状态管理

设备状态管理是指正确使用和精心维护设备,这是设备管理工作中的重要环节。设备使用期限的长短、生产效率和工作精度的高低,固然取决于设备本身的结构和精度性能,但在很大程度上也取决于对它的使用和维护情况。正确使用设备可以保持设备的良好技术状态,防止发生非正常磨损和避免突发性故障,延长使用寿命,提高使用效率;而精心维护设备则对设备起到"保健"作用,可改善其技术状态,延缓劣化进程,消灭隐患于萌芽状态,从而保障设备的安全运行。为此,必须明确工厂与使用人员对设备使用维护的责任与工作内容,建立必要的规章制度,以确保设备使用维护各项措施的贯彻执行。

设备状态管理工作包括制定设备完好标准、设备使用基本要求、设备操作维护规程、设备的日常维护与定期维护、设备点检、设备润滑、设备的状态监测和故障诊断、区域维修责任制、开展群众性设备维护竞赛和评比活动、设备事故紧急预案、设备事故处理等。

1. 设备的技术状态

设备的技术状态是指设备所具有的作业能力，包括性能、精度、效率、运动参数、安全、环保、能源消耗等所处的状态及其变化情况。设备是为满足生产工艺要求或为完成工程项目而配备的，设备技术状态良好与否，不仅体现着它在生产活动中存在的价值与对生产的保证程度，而且是企业生产活动能否正常进行的基础。设备在使用过程中，由于生产性质、加工对象、工作条件及环境等因素对设备的影响，使设备在设计制造时所确定的功能和技术状态将不断发生变化，预防和减少故障发生，除应由员工严格执行操作维护规程、正确合理使用设备外，还必须加强对设备使用维护的管理，定期进行设备状态检查。

(1) 设备完好标准　设备完好是指设备处于完好的技术状态。设备完好标准综合要求有三条：

1) 设备性能良好。机械设备精度能稳定地满足生产工艺要求，动力设备的功能达到原设计或规定额定容量，运转时无超温、超压现象。

2) 设备运转正常，零部件齐全，安全防护装置良好，磨损、腐蚀程度不超过规定的技术标准，控制系统、计量仪器、仪表和液压润滑系统工作正常，安全可靠。

3) 原材料、燃料、动能、润滑油料等消耗正常，基本无漏油、漏水、漏气(汽)、漏电现象，外表清洁整齐。

表 8-3 为锅炉设备完好标准；表 8-4 为桥式起重机完好标准。

表 8-3　锅炉设备完好标准

项目	内　　容	考核定分
1	锅炉蒸发量、压力、温度均达到设计要求或主管部门批准的规定	5
	汽包（锅筒）、人孔、联箱、手孔及管路、阀门等保温良好，无锈蚀，无泄漏现象	5
2	各受热面（包括水冷壁、对流管束、烟管、过热器、省煤器、空气预热器等）无严重积烟垢	5
	受压部件符合技术要求，无泄漏现象	5
3	安全阀、压力表、水位表、水位报警器符合技术要求，使用可靠	10
4	炉墙完整，构件无烧损、保温良好、无冒烟现象	5
	炉墙外表面温度符合有关要求	3
5	燃烧设备完整，燃烧器无烧损，炉排无缺损，传动装置运转可靠，润滑良好	5
	炉膛内燃烧情况良好，锅炉运行热效率达到规定要求	3

（续）

项目	内　　容	考核定分
6	水、汽管道敷设整齐合理，阀门选用合理、无泄漏现象，保温良好	6
7	给煤（上煤）装置、出渣装置运转正常	8
8	水处理设备使用正常（包括分析仪器）	6
8	给水设备配备合理，运转正常	4
9	鼓、引二次风机配备合理，运转正常，润滑良好，各调风门或调风装置调节灵活、可靠	6
10	烟道系统无冒烟现象，吹灰装置良好，烟囱有避雷、拉紧装置，并定期进行检查	3
10	除尘设备符合要求（排入大气中有害物质浓度和烟尘浓度符合现行《工业三废排放试行标准》）	5
11	电气设备、电气线路使用良好，安全可靠	5
11	各种仪表装置符合技术要求	5
12	锅炉外表清洁，无积灰，管路、设备漆色符合规定要求	6

注：1. 本表适用于一般工业锅炉，其他类型的锅炉可参照执行。
　　2. 涉及安全附件、安全装置不完好状况，必须立即现场整改。

表 8-4　桥式起重机完好标准

项目	分类	检查内容	定分
设备 (90分)	起重能力 (6分)	起重能力应在设计范围内或企业主管部门批准起重负荷内使用，在起重机明显部位应标志出起重吨位、设备编号等	3
		根据使用情况，每两年做一次负荷试验并有档案资料	3
	主梁 (5分)	主梁下挠不超过规定值，并有记录可查（空载情况下主梁下挠≤L/1500 或额定起重量作用下主梁下挠≤L/700，L 为跨度）	5
	操作系统 (6分)	各运行部位操作符合技术要求，灵敏可靠，各档变速齐全	4
		按要求调整大、小车的滑行距离，使之达到工艺要求，符合安全操作规程	2
	行走系统 及轨道 (14分)	轨道平直，接缝处两轨道位差不超过2mm，接头平整，压接牢固	4
		减速器、传动轴、联轴器零部件完好、齐全，运转平稳，无异常窜动、冲击、振动、噪声、松动现象	2
		制动装置安全可靠，性能良好，不应有异常响声与松动现象（除工艺特殊要求外）	2
		闸瓦摩擦衬垫厚度磨损≤2mm，且铆钉头不得外露，制动轮磨损≤2mm	2
		车轮运行无严重啃道现象，与路轨有良好接触	4

（续）

项目	分类	检查内容	定分
设备 （90分）	起吊装置 （21分）	传动时无异常窜动、冲击、振动、噪声、松动现象	5
		*起吊制动器在额定载荷时，应制动灵敏可靠，闸瓦摩擦衬垫厚度磨损≤2mm，且铆钉头不得外露，小轴及心轴磨损不超过原直径的5%，制动轮与摩擦衬垫之间要均匀，闸瓦开度≤1mm	4
		*钢丝绳符合使用技术要求	5
		*吊钩、吊环符合使用技术要求	5
		滑轮、卷筒符合使用技术要求	2
	润滑 （10分）	润滑装置齐全，效果良好，基本无漏油现象	10
	电器与安全装置 （28分）	电器装置齐全、可靠（各部分元件、部件运行达到要求）	5
		供电滑触线应平直，有鲜明的颜色和信号灯，起重机上、下平台不设在大车的供电滑线同侧，靠近滑线的一边应设置防护架，有警铃等信号装置	2
		电气主回路与操纵回路的对地绝缘电阻值≥0.5MΩ，轨道和起重机任何一点的对地电阻≤4Ω，有保护接地或接零措施，每年进行一次测试，并有记录	6
		*安全装置、限位齐全可靠	10
		驾驶室或操纵开关处应装切断电源的紧急开关，电扇、照明、音响装置等电源回路不允许直接接地，检修用手提灯电源电压应≤36V，操纵控制系统要有零位保护	5
使用与管理 （10分）		设备内外整洁，油漆良好，无锈蚀	5
		技术档案齐全（档案应包括产品合格证、使用说明书、检修和大修记录等）	5

注：*项为主要项目，如该项不合格，则为不完好设备。

以上完好标准是对设备完好程度采用评分方法进行评定，总分达到85分及以上，并且主要项目均合格，即为完好设备。

（2）设备点检　开展点检工作其巡检内容和部位不宜过多，应根据具体设备而定，对检查中发现的问题和隐患要及时处理和排除。

点检表使用说明：点检记录一般用符号表示，如正常用"√"；异常或故障用"×"；异常或故障由操作工排除用"⊗"；异常或故障由维修工排除用"⊠"。点检表用完后，必须在下月5日送交设备动力部门归档。

开展点检工作既是对设备巡回检查，又能真实了解设备的缺陷情况，为设备开展项修或大修提供可靠的依据。同时，点检表也反映了检修工作质量，鼓励操作工参加检修或排除故障的积极性，为确保设备状态完好打好基础。

表8-5为锅炉点检表；表8-6为空气压缩机点检表。

表8-5 锅炉点检表

设备编号			所在车间		型号规格				
部位	序号	巡检要求		日期班次方法	1日			2日	
		内容			甲	乙	丙	甲	乙	丙
水位表	1	水位指示清晰、各旋塞开关畅通严密		看、试						
压力表	2	指示数值符合要求		看						
安全阀	3	无漏气现象		看						
排污阀	4	关闭严密		摸						
水处理装置	5	运行正常,使用符合要求		看、试						
给水泵	6	运转正常,无异常噪声		听						
引、鼓风机	7	运转正常,无杂声		听						
上煤机构	8	运转正常		试、听						
出渣机构	9	运转正常		试、听						
除尘器	10	无漏气现象		看						
电气系统	11	动作正确、信号装置指示正确		试、看						
热工仪表	12	指示数值符合要求		看						
操作工(甲)			维修钳工		运转班长					
操作工(乙)										
操作工(丙)										

表8-6 空气压缩机点检表

设备编号			所在车间		型号规格				
部位	序号	巡检要求		日期班次方法	1日		2日	
		内容			甲	乙	甲	乙
传动系统	1	运转正常,无杂声		试、听				
安全阀	2	二级缸、一级缸、安全阀可靠,无漏气		看				
压力调节装置	3	在规定压力值动作		试、看				
润滑系统	4	液压泵、注油器工作正常		看				
	5	油管道供油可靠、无漏油		看、试				
	6	油压表指示数值符合要求		看				

(续)

设备编号			所在车间		型号规格			
部位	序号	巡检要求 内容		日期 班次 方法		1日		2日
					甲	乙	甲	乙
气路系统	7	各压力表指示数值符合要求（一、二级缸，储气罐）		看				
	8	各级进、排气阀工作正常		试、听				
冷却系统	9	冷却水供水压力、温度均符合要求		看、测定				
电气系统	10	电动机运转无杂音		听、试				
	11	电压、电流指示数值符合要求		看				
操作工（甲）			维修工姓名		运转班长签字			
操作工（乙）								

2. 执行设备管理制度

某公司设备管理制度（案例）

设备在负荷下运转并发挥其规定功能的过程，即为使用过程。设备在使用过程中，由于受到各种力的作用和环境条件、使用方法、工作规范、工作持续时间长短等影响，其技术状态发生变化而逐渐降低工作能力。因此正确使用设备是控制设备技术状态变化和延缓其工作能力下降的重要手段。

（1）设备使用程序

1）新工人在独立使用设备前，必须经过对设备的结构性能、安全操作、维护要求等方面的技术知识教育和实际操作的培训。

2）应有计划地、经常地对操作工人进行技术教育，以提高其对设备的使用维护能力。

3）经过相应技术训练的操作工人，要进行技术知识和使用维护知识的考试，合格者颁发操作证后，方可独立使用设备。

（2）凭证操作设备 设备操作证是准许操作工人独立使用设备的证明文件，是生产设备的操作工人通过技术基础理论和实际操作技能培训，经考试合格后所取得的上岗凭证。凭证操作是保证正确使用设备的基本要求。车间的部分公用设备可以不发操作证，但必须指定维护人员，落实保管维护责任，并随定人定机名单统一报送设备主管部门。

（3）定人定机制度 使用设备应严格岗位责任，实行定人定机制，以确保正确使用设备和落实日常维护工作。多人操作的设备应实行机台长制，由使用单位指定机台长，负责和协调设备的使用与维护。

（4）使用设备的基本功和操作纪律

1）设备使用的"三好"要求：

① 管好设备。操作者应负责保管好自己使用的设备，未经领导同意，不准其他人操作使用。

② 用好设备。严格执行操作维护规程和工艺规程，严禁超负荷使用设备，禁止不文明的操作。

③ 修好设备。设备操作工人要配合维修工人修理设备，及时排除设备故障，按计划交修设备。

2）操作人员基本功——"四会"要求：

① 会使用。操作者应先学习设备操作维护规程，熟悉设备性能、结构、传动原理，弄懂加工工艺和工装刀具等正确使用设备。

② 会维护。学习和执行设备维护、润滑规定，上班加油，下班清扫，经常保持设备内外清洁、完好。

③ 会检查。了解自己所用设备的结构、性能及易损零件部位，熟悉点检、完好检查的项目标准和方法，并能按规定要求进行日常点检。

④ 会排除故障。熟悉所用设备特点，懂得拆装注意事项及鉴别设备正常与异常现象，会做一般的调整和简单故障的排除。自己不能解决的问题要及时报告，并协同维修人员进行排除。

3）设备操作者的"五项纪律"：

① 实行定人定机，凭操作证使用设备，遵守安全操作规程。

② 经常保持设备整洁，按规定加油，保证合理润滑。

③ 遵守交接班制度。

④ 管好工具、附件，不得遗失。

⑤ 发现异常立即停车检查，自己不能处理的问题应及时通知有关人员检查处理。

（5）设备操作规程

1）设备操作规程是设备操作人员正确掌握设备操作技能与维护的技术性规范。

2）操作规程的主要内容：

① 首先清理好工作场地，开动设备前必须仔细检查各种手柄位置是否在空位上，操作是否灵活，安全装置是否齐全可靠，各部状态是否良好。

② 检查油池、油箱中的油量是否充足，油路是否畅通，并按润滑图表规定做好润滑工作。在上述工作完毕后，方可开动设备工作。

③ 操纵变速器、进刀箱及传动机构时，必须按设备说明书规定的顺序和方法进行。

④ 变速时，各变速手柄必须切实转换到指定位置，使其接合正确，啮合正常，

避免发生设备事故。

⑤ 操纵反车时,要先停车再反向,变速时一定要停车变速,以免打伤齿轮及机件。

⑥ 工件必须卡紧,以免松动甩出造成事故。

⑦ 开动机床时,必须盖好电器箱盖,不允许有油、水、铁屑、污物进入电动机或电器装置内。

⑧ 经常保持润滑工具及润滑系统的清洁,不得敞开油箱、油盖,避免灰尘、铁屑等异物混入。

⑨ 采用自动走刀时,首先要调整好限位器、紧急停车、变向的限位块,以免超越行程造成事故。

⑩ 设备运行时,操作者不得离开工作岗位,并应经常注意各部位有无异响、异味、发热和振动,发现故障应立即停止操作,及时排除。自己不能排除的,应通知维修人员排除。

⑪ 操作者在离开设备或更换工装、装卸工件、调整设备及清洗、润滑时,都应停车,必要时应切断电源。

3. 设备软件管理

设备软件管理的不断研发和应用,在作业人员分流和设备维修费用减少的情况下,保证了设备的高效、安全运行,当前主要开展如下:

1)实现重要设备的状态预知维修,延长设备检修间隔时间,为合理降低检修费用提供技术支撑。

2)设备重要备件准备更为精准,从而减少备件费用和备件库存。

3)设备运行可靠安全,减少人为带来的安全风险。

4)点检技术与设备软件技术相结合推动设备工程管理的真正升级,促进向设备智能运维、优化检修的方向转变。

在企业设备管理现状及需求的基础上,通过设备软件管理不断研发和应用,建立以设备状态监测数据和信息化软件技术为支撑的设备管理系统,将使企业建立全生命周期的现代设备工程管理平台,它直接支持底层的各种离线及在线监测仪器,包括点检仪、频谱分析仪、在线监测站及最新的无线监测仪器,并与企业 ERP、MES 等管理信息化和自动化系统实现数据交换。通过人工点检或在线智能点检收集设备状态数据,记录并管理设备运行的积累历史数据,并通过对设备状态数据的分析给出状态报警信息及异常状态记录,并结合设备故障数据及其他相关运行数据指导设备可靠性维护与检修工作的实施及相关备品配件的优化采购,为优化检修提供技术支撑,从而在保证机组安全、稳定和可靠运行的基础上,最大限度地降低设备的运行维护成本。

设备软件管理主要有三方面:设备信息化管理,全面获取设备状态信息,促进设备最优运行。通过设备工程软件技术应用促进设备达到最优运行(见图 8-4)。

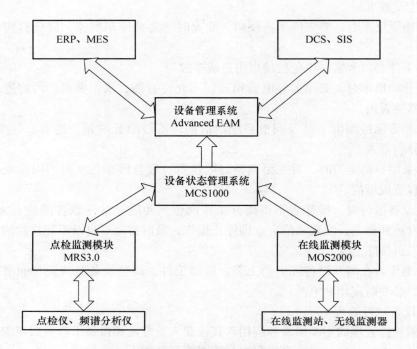

图 8-4　设备工程软件技术应用达到最优运行

4. 设备信息化管理

1）开发设备工程软件技术，实现设备状态管理的信息化。将设备在线监测与点检监测的信息纳入计算机管理，实现设备状态的信息化管理；且设备管理系统可与 ERP 等软件技术信息化系统实现信息的交换与共享，解决信息化系统缺少基础状态数据的难题。

2）实现设备的智能点检和预知维修。可以最有效地实现设备状态受控，实现状态预知维修。

3）实现设备管理的标准化和规范化。借助系统提供的综合点检仪和 ID 纽扣，可以使现场工作标准化和程序化，解决现场工作管理难的问题。

4）强化数据分析。借助软件技术系统提供的丰富的状态分析工具和智能辅助诊断功能，对设备状态进行精密分析和诊断，实现对设备状态的准确掌握，为实现优化检修提供技术支撑。

5）规范异常处理。根据设备状态数据产生的报警及异常信息，通过软件技术系统对设备进行相应处理，并对处理结果进行跟踪监测，进行技术积累，以提高整体的设备检修技术水平和管理水平。

6）规范维修作业流程。从检修计划编制、审核、检修结果记录，到备件更换、材料消耗等，实现软件技术系统的规范管理。

第四节 监测检验与故障诊断

监测故障诊断是人们从医学诊断中吸取思想而发展起来的状态识别技术,通过对设备的信息载体或伴随着设备运行的各种性能指标的变化状态进行监测、记录,如温度、压力、振动、噪声、润滑油等,并对记录的数据资料进行科学分析,进而了解运行设备当时的技术状态,查明设备运行发生异常现象的部位和原因,或预报、预测有关设备异常、劣化或故障趋势,并做出相应的对策。

一、监测检验

近年来,国内市场出现了各种规格、各种功能、各种精度的专业或综合的监测检验仪器仪表和组合系统,为企业设备在线或离线监测、监控设备状态提供了良好的服务。

1. 全面提升监测监控技术

监测检验仪器仪表一般可分为多功能仪器仪表、产品组合仪表,以及专业仪器仪表等。多功能仪器仪表是集冲击脉冲、振动分析、数据采集、趋势分析于一身的多功能分析仪表,可以进行温度测量、转速测量;通过触摸式屏幕显示,按键操作,使用方便。产品组合仪表是针对设备的关键零部件和典型产品专门进行监测检验的组合仪表;包括:轴承分析仪、戴纳检测仪、电动机在线综合检测仪、电缆测试仪、电路板检测仪等。专业仪器仪表包括振动类,如测振仪、现场动平衡仪等。

2. 仪器仪表在监测检验中有待进一步发挥作用

1)从温度、压力、振动、油液四方面来分析,80%企业在监测检验中应用温度、压力方面仪器仪表比较成熟,应用范围比较广,并取得一定成效;近几年在应用振动方面仪器仪表数量增长幅度很快,应用范围越来越扩大,并取得显著效果;油液方面仪器仪表应用数量相对较少,主要是设备的油液取样后,要专门送油液化验室进行化验,这些检测化验数据不能及时反馈到现场对设备进行调整和处理。

2)部分大型企业及重点企业在设备监测检验中应用仪器仪表已取得一定效果,中小企业特别是微小企业应用还比较欠缺,造成设备发生一些故障和事故。

3)在工场内部应用已积累一定经验,但在户外、地下管线等,特别是地下管道监测检验还存在大量缺陷和空白点。

4)近年设备监测检验技术开发很快,但在应用上还缺乏专门工程技术人才,特别在油液监测检验技术应用还需要更多努力。

3. 监测检验技术开发和应用与国际还存在差距

近年来在设备战线工程技术人员共同努力下,取得较大进展,并取得明显效果。通过大力引进国外先进技术与产品,填补国内空白,如现场油品检验仪器,同时要解决检测仪器仪表的三性——技术先进性、准确性、可靠性,重点开发信息化的整合技术。要从温度、压力、振动、油液主要四大方面形成完整仪器仪表监测检验技术，具体包括：在大型设备、成套设备从综合、复合、多功能仪器仪表应用上自成体系；主要生产设备仪器仪表检测技术与设备状态监控有机结合，充分发挥设备效能；高危设备、重点设备及系统逐步建立在线监测系统等。

4. 监测检验技术应用的智能化、网络化与工业化

1）对国民经济主要产业，特别是化工、石油、冶金、航天航空、建材等行业复合仪器仪表监测检验技术应用全面覆盖，减少和杜绝恶性事故发生，使设备能效明显提高。具体包括：提高检测设备整体经济性能和效益；根据监测检验信息，确保设备在故障或事故来临前立即停机，并及时有效措施恢复设备运行；提高对设备现场运行参数分析能力，自动有效调整参数，确保设备在最佳范围运行等。

2）未来仪器仪表检测技术发展方向主要从设备监测检验系统、往复设备在线监测系统、设备状态综合监测系统三个系统来建立和完善检测技术，其关键为设备仪器仪表和传感器技术研发，以及在线监测与软件系统的研发与应用研究。仪器仪表检测技术的发展目标是互联与智能化。

5. 全面提升设备监测检验系统

1）设备检测检验系统由工厂设备状态监控与管理系统、设备综合维检系统和在线检测系统组成。

随着仪器仪表检测技术和专用组合检测仪器仪表不断开发和应用，为设备检测专业公司开发设备监测检验系统打下了扎实基础，并在企业得到试验性应用，并取得初步成效，比较典型的有 TPCM 系统。

2）通过建立 TPCM 型工厂设备状态监控与管理系统，使设备离线巡检与在线监测系统有机结合，与资产管理平台 EAM/SAP 等实现数据共享（见图 8-5）。

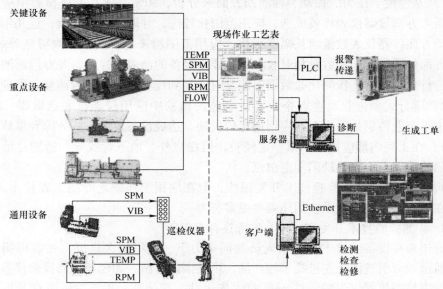

图 8-5 TPCM 型工厂设备状态监控与管理体系

3) 研发设备智能运维系统，通过建立设备智能运维系统，使运行设备等实现有效监测与维护，确保设备安全、可靠、高效、经济地运行。未来在线监测系统和设备智能运维系统相融合，通过系统运行实现智能逻辑数据采集、智能诊断、智能报警，实施有效解决高端及工况复杂的设备监测和诊断难题。

二、故障诊断

设备故障诊断技术是通过对设备故障的信息载体或伴随设备故障而出现的现象，如温升、振动、噪声、润滑油状态，以及各种性能指标等的监测与分析，了解运行中的设备或基本不拆卸设备当前的技术状态，并查明产生故障的部位和原因，或预测、预报有关设备异常、劣化或故障的趋势，并做出相应的对策的诊断技术。

1. 设备故障诊断

设备故障诊断技术已渗透到设备的设计、制作和使用各个阶段，使设备的寿命周期费用最经济，并提高可靠性、维修性，减少停机时间，大幅度地提高生产率，创造良好的社会经济效益。

设备诊断技术具有两种功能：一是设备不解体或在运行状态下，能定量地检测和评定设备所承受的应力，以及劣化、故障、强度和性能；二是能够预测其可靠性，确定正常运行的周期和消除异常的方法。所以设备的状态监测和故障诊断技术，已从单纯的故障排除，发展到以系统工程的观点来衡量。它应从设备的设计开始，直到制造、安装、运转、维护保养到报废的全过程，使设备一生的寿命周期费用最经济，如图 8-6 所示。

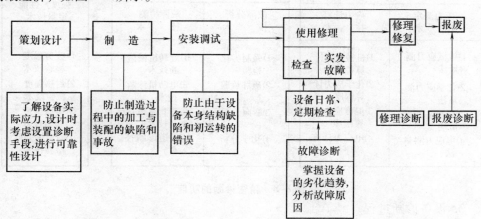

图 8-6 设备全寿命周期诊断技术的应用

2. 设备诊断技术

设备故障状态的识别，包括两个基本组成部分：一是由现场作业人员实施简易的状态诊断；二是由专门人员实施精密诊断，即对在简易诊断中查出来的故障，常常还要进行进一步精密诊断，以便确定故障的类型，了解故障产生的原因；估计故障的危害程度，预测其发展；确定消除故障、恢复设备正常运行的对策。

设备的简易诊断和精密诊断是普及和提高的关系,如图 8-7 所示。所以故障诊断,不仅需要具体的测试和分析,还要运用应力定量技术,故障检测、分析技术,强度、性能定量技术等,如图 8-8 所示。

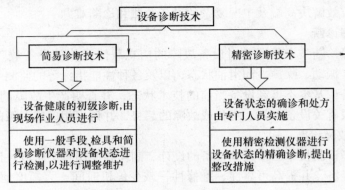

图 8-7 设备诊断技术实施中的两个阶段

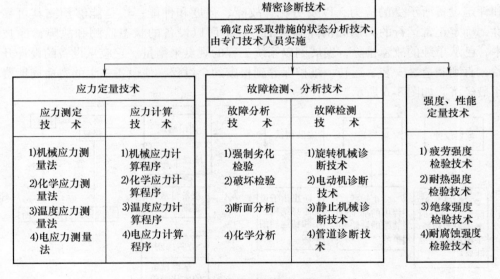

图 8-8 精密诊断的功能

3. 设备诊断过程

设备故障诊断技术是识别设备运行状态的技术,也是研究设备运行状态的变化在诊断信息中的反映。其内容包括对设备运行状态的识别、状态监测和预报三个方面。整个诊断过程如图 8-9 所示。

诊断核心是比较的过程,即将未知的设备运行状态与已知的设备标准运行状态进行比较的过程。

设备诊断的过程可分成三个阶段。即:①事前——设备开动前(或故障发生

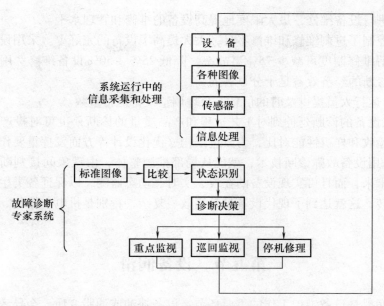

图 8-9 设备故障诊断过程

前),根据某一特定的设备状态,从过去的实际检测结果和经验,运用概率统计的数学手段,来预测某设备的缺陷、异常或故障的发生;②事中——在设备运行中进行状态监测,掌握设备故障萌芽前状态;③事后——故障发生后(或异常状态出现后)进行诊断,确定设备故障或异常的原因、部位和故障源。设备诊断的三个阶段及采用的技术见表 8-7。

表 8-7 设备诊断的三个阶段及采用的技术

阶段	阶段	采用的技术
事前	规划、研制、设计、制造(改造)	预测和分析可靠性、维修性;研究维修方式;开发检测和诊断技术;可靠性、维修性设计
事中	使用、维修	定期的计划预修;状态监测维修;点检;对可靠性和维修性的长期监测
事后	使用、维修、试验、报废	分析故障和异常的原因;计算可靠性、维修性的尺度;故障分析

4. 设备故障诊断应用效果

采用设备故障诊断技术的效果具体表现如下:

1) 可以减少或避免由于生产废品或导致整套设备突然停止运转及突然发生恶性事故而造成的重大经济损失和人员伤亡。

2) 帮助维修人员发现早期异常,迅速查明故障原因,预测故障影响,从而实现有计划、有针对性地进行视情维修,延长检修间隔期,缩短停机时间,提高修理质量,减少备件储备,制订合适的维修计划,将常规检修次数减至最少并安排最有利的时间进行设备维修,最大限度地提高设备的维修和管理水平。

由于控制了过剩维修和维修不足,大大提高了设备的完好率。采用设备诊断技术实行视情维修制度可减少75%事故率,降低25%~50%设备维修费用。这说明设备故障诊断的经济效益是十分显著的。

3)向运行人员提供及时的信息,合理调整设备运行参数。

4)从设备的诊断延伸到对工艺过程和产品质量的诊断,也可对投产前的设备进行试车验收和样机性能对比,为改进结构、优化设计等方面发挥重要作用。

5)采用设备故障诊断技术,就能从局部推测整体,由现象间接判断本质、由当前预测未来,而且可实现设备的在线、实时、动态监测,以保证各类生产自动线的可靠运转,这就达到了现代设备日趋高效、复杂,特别是机电一体化、智能化的要求。

第五节　设备润滑

设备润滑是设备维护工作的重要环节。设备缺油或油脂变质,会导致设备故障甚至破坏设备的精度和功能。搞好设备润滑工作,对于减少故障以保障生产顺利进行,减少机件磨损以延长使用寿命,都有着重要的作用。

一、设备润滑管理

1. 润滑管理任务

设备润滑管理的工作如下:

1)建立并完善各项润滑管理工作制度和办法。例如润滑组织机构的设置,润滑工作人员的职责,设备日常润滑工作的具体分工,入厂油品的质量检验,设备清洗换油计划的编制与实施,油料消耗的定额管理,废油回收与再生利用,润滑工具、器具的供应与使用管理,治理漏油等,见表8-8。

表8-8　设备润滑工作职责划分

润滑管理的主要工作内容		供应部门	设备管理部门			设备使用部门		
			设备负责人	润滑工程师	润滑站	机械师(员)	润滑分站	操作人员
制度组织	制定(修订)润滑管理的制度、规程、标准		▲	△				
	建立润滑档案、补充汇编润滑图表			▲				
	管理润滑站、负责润滑技术工作			▲				
	制定润滑管理的材料定额			▲	△			
润滑材料	润滑材料计划(年需用计划、月采购计划)			▲	△			
	润滑材料订货和采购	▲						
	润滑材料入库检验				▲			
	润滑材料保管、发放				▲			

（续）

润滑管理的主要工作内容		供应部门	设备管理部门			设备使用部门		
			设备负责人	润滑工程师	润滑站	机械师（员）	润滑分站	操作人员
润滑五定管理	编制取样化验计划、换油计划			▲				
	日常人工用油的发放						▲	
	设备换油实施和记录						▲	△
	重点设备、大型油池取样检验				▲		△	
	设备日常润滑状态检查、加油、补油							▲
检查与改进	检查部门设备润滑状态					▲	△	
	检查重点设备润滑状态		▲			▲		
	设备漏油的治理与改进		△			▲		
	设备润滑系统和装置的改进		▲			△		
废油管理	废油的收集回收				△		▲	
	废油的再生				▲①			
切削液管理	冷却油（液）的配制与使用监督				△		▲	
	冷却油（液）的检验				▲			

注：▲为主要责任，△为相关责任。
① 当地有社会化再生油脂厂时企业也可不进行再生。

2）编制润滑工作所需的各种基础技术管理资料。例如，各种型号设备的润滑卡片；油箱储油量定额，日常润滑消耗定额，设备换油周期，清洗换油的工艺过程，油品代用与掺配的技术资料等。以指导操作工、润滑工、维修工等做好设备润滑工作。

3）指导有关人员按润滑"五定"要求，搞好在用设备的润滑工作。

4）实行定额用油管理，按期向供应部门提出年、季度润滑油品需用量的申请计划，并按月把用油指标分解落实到车间、班组及单台设备。

5）实施进厂油品的质量检验，禁止发放不合格油品。

6）组织编制年、季、月设备清洗换油计划和大储油箱油质化验计划并实施，按油质情况确定最佳换油时间。

7）做好设备润滑状态的定期检查与监测，及时采取改善措施，完善润滑装置，防止油料变质，治理漏油，消除油料浪费。

8）收集油品生产厂家研制新油品的信息，逐步做到进口设备用油国产化，做好油品的代用与掺配工作。

9）组织废油的回收与再生利用工作。

10）组织润滑工作人员的技术培训，学习国内外先进经验，推广应用润滑新技术、新材料和新装置，不断提高企业润滑管理工作的水平。

2. 完善润滑管理制度

为使设备润滑管理工作有章可循,企业应建立健全各项润滑管理制度。

1)供应部门根据设备动力部门提出的年度、季度及月份润滑材料申请计划,如期按牌号、数量、质量采购供应。

2)进厂油品一定要经化验部门检验,其主要质量指标合格后方可发放使用。对不合格油品,要求供应厂家退换或采取技术处理措施。

3)供应部门对供应紧缺的油品,应提前与设备管理部门研究采用代用油品,以免供应脱节,影响使用。

4)入库油料必须专桶专用、标明牌号、分类储存,转桶时应过滤,所有油桶都要将盖子盖好。露天存放时,采取措施以防止雨水和杂质进入桶内。

5)润滑站领到的油品质量有问题时,应立即通知润滑工程师和供应部门到现场研究处理,不得随意发放。

6)润滑材料在库存放一年以上者,应送化验部门重新检验油品质量,未取得合格证者禁止发放使用,并应及时采取技术处理措施。

润滑材料供应管理的工作程序及内容要求如图8-10所示。

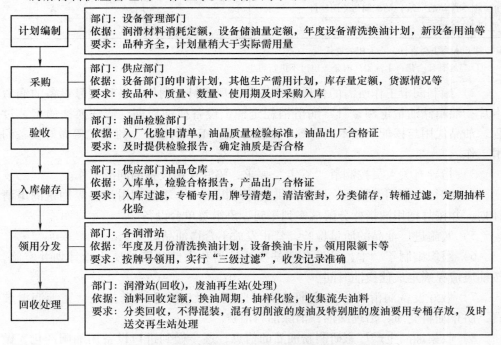

图8-10 润滑材料供应管理工作程序及内容要求

二、润滑站管理规定

1)油库的各种设施必须符合有关安全规程,严格遵守安全防火制度,按特级防火区要求设置防火设施,对消防检查中提出的问题要限期解决。

2) 进库油料入罐、转桶要过滤,油罐、油桶要专用,标明牌号,分类存放,严禁混装,盖子要盖好。

3) 保持站内清洁整齐,地面无油液。各种油罐、油箱、油桶要定期清除沉淀积存的污物,至少每半年排放冲洗一次。站内使用的润滑工具、器具,不用时应摆放在柜子里,保持清洁。

4) 收发油料必须按规定做好记录,不得乱发、错发。每月定期按要求汇总上报设备动力、财务及供应等部门,按月分析消耗情况,核对账目与实物数量。发现某种油品储备不足时,及时与供应部门联系解决。

5) 做好废油回收工作,回收的废油要用专用油桶,适当分类存放,做好标记。有条件的单位可进行废油再生,检验合格者方可使用。

6) 按工艺要求配制切削冷却液和其他工艺用油。

7) 妥善保管好润滑工具、器具,破损时以旧换新,并建立好收发账册。

润滑站工作人员包括润滑材料化验员、润滑工、钳工和库房管理工。润滑工是技术工种,除要求具有润滑材料知识、润滑管理知识外,还应具有与设备润滑工作有关的多种技能。可以由具备油脂化验技能的润滑化验工全面负责以上人员的工作。

8) 大、中型企业应建立润滑材料化验室,负责润滑材料的进货检验和使用中的润滑油的鉴定。如某大型企业化验室应配置的仪器和设施见表8-9。

表8-9 润滑化验室仪器与设备配置表

序号	仪器及设备名称	参考型号	数量	检验标准
1	运动黏度测定仪	DSY—004C	2	GB/T 265—1988
2	闪点测定器(开口杯法)	DSY—001A	1	GB/T 3536—2008
3	闪点测定器(闭口杯法)	DSY—002A	1	GB/T 261—2008
4	倾点(浊点)测定器	DSY—0060	1	GB/T 3535—2006
5	泡沫性测定器	DSY—016	1	GB/T 12579—2002
6	氧化特性测定器	DSY—028A	1	GB/T 12581—2006
7	残炭测定器	DSY—009B	1	GB 268—1987
8	锥入度测定器	DYP4100	1	GB/T 269—1991
9	滴点测定器	DYP4104	1	GB/T 4929—1985
10	电热恒温水浴锅		1	
11	干燥箱		2	
12	电炉		2	
13	电子天平或精密天平		1	

9) 企业应建立润滑材料库,一般应能储备年润滑油消耗量的1/5~1/3。库房的建筑要通风、避光和防雨、防尘,并符合安全防火的要求。润滑材料库的设备器

械见表8-10。

表8-10 润滑材料库（油库）的设备器械

序号	设备及器械名称	型号规格	数量
1	防爆电动葫芦	1t	1
2	油桶吊钳	0.3~0.75t	4
3	板框式滤油机	BASY—100	2
4	精密滤油机	CLJ—10	1
5	储油罐	5t	2
6	液压油桶搬运车	COY300	3
7	电动油桶泵、计量液压泵		2
8	钳工案		1
9	消防器材		1

10）润滑站的设置。润滑站是各单位的润滑管理点。润滑站应设专职润滑工，负责本单位设备润滑的管理。

三、润滑"五定"与"三过滤"

设备润滑"五定"与"三过滤"是我国设备管理部门总结多年来润滑技术管理的实践经验提出的。它把日常润滑技术管理工作规范化、制度化，其内容精练，简明易记。贯彻与实施设备润滑"五定"与"三过滤"工作，是搞好设备润滑工作的重要保证。

（1）润滑"五定" "五定"是指定点、定质、定量、定期、定人。

1）定点：确定每台设备的润滑部位和润滑点，保持其清洁与完整无损，实施定点给油。

2）定质：按照润滑图表规定的油脂牌号用油，润滑材料及掺配油品须经检验合格，润滑装置和加油器具保持清洁。

3）定量：在保证良好润滑的基础上，实行日常耗油量定额和定量换油，做好废油回收退库，治理设备漏油，防止浪费。

4）定期：按照润滑图表或卡片规定的周期加油、添油和清洗换油，对储油量大的油箱按规定时间抽油样化验，视油质状况确定清洗换油或循环过滤，以及下次抽验或换油时间。

5）定人：按润滑图表上的规定，明确操作工、维修工、润滑工对设备日常加油、添油和清洗换油的分工，各负其责，互相监督，并确定取样送检人员。

（2）"三过滤" "三过滤"亦称"三级过滤"，是为了减少油液中的杂质含量，防止尘屑等杂质随油进入设备而采取的措施。它包括入库过滤、发放过滤和加油过滤。

1）入库过滤：油液经运输入库泵入油罐储存时要过滤。

2) 发放过滤：油液发放注入润滑容器时要过滤。
3) 加油过滤：油液加入设备储油部位时要过滤。
（3）切削液管理制度
1) 切削液等工艺用油液的选用及消耗定额由企业设备部门会同工艺技术部门确定，其配方、配制方法及质量的定期检查鉴定，由企业技术部门下属中心试验室负责，并从技术管理上对润滑站进行这方面的指导。
2) 润滑站要严格按照工艺规程配制切削液等工艺用油液，负责保质、保量、保证供应生产需用。凡质量不合格及储存变质者不得发放，以免影响产品加工质量和腐蚀机床。
3) 使用者要定期更换切削冷却液，清理储液箱，不使用变质腐败及会使机床、工件发生锈蚀的工艺用油液。
4) 做好工艺用油液的回收处理工作，防止浪费和污染环境。

四、废油回收及再生管理

1) 为节约能源、防止污染环境，用油单位更换下来和收集起来的各种废旧油料，必须全部回收，不得流失，不准抛弃、烧掉或倒入下水道。
2) 供应部门建立油料再生站，负责集中管理回收的废油，除将规定部分交石油公司外，剩余部分由再生站负责加工成质量符合技术标准的合格油品用于生产，不合格者不准使用。
3) 各用油单位回收的废油应严格按下列要求处理：
① 回收的废油必须除去明显的水分和杂物。
② 不同种类的废油应分别回收保管。
③ 污染程度不同的废油或混有冷却液的废油，应分别回收保管，以利于再生。
④ 废旧的专用油及精密机床的特种油，应单独回收。
⑤ 废油和混杂油应分别回收。
⑥ 储存废油的油桶要盖好，防止灰沙及水混入油内。
⑦ 废油桶应有明显的标志，仅作储存废油专用，不应与新油桶混用。
⑧ 废油回收及再生场地要保持清洁整齐，做好防火安全工作。收发要有记录单据，并按用油单位每月定期汇总，上报有关部门。

第六节 设备维保、修理及更新改造

一、设备维保、修理

设备维护保养修理是指为保持或恢复设备完成规定功能的能力而采取的技术活动，这是设备管理与维修中的重要环节。设备使用期限、生产效率和工作精度在很大程度上也取决于对它的使用和维护修理情况。设备维护保养使设备保持良好技术状态，防止发生非正常磨损和避免突发性故障，延长使用寿命；延缓劣化进程，消灭隐患于萌芽状态，从而保障设备安全可靠运行。

设备的技术状态是指设备所具有的作业能力，包括性能、精度、效率、运动参数、安全、环保、能源消耗等所处状态及其变化情况。设备在使用过程中，由于生产性质、加工对象、工作条件及环境等因素对设备的影响，使设备在设计制造时所确定的功能和技术状态将不断发生变化，为了预防和减少故障发生，除应由员工严格执行操作维护规程外，还必须加强对设备使用维护的管理，定期进行设备状态检查。

为了确保设备安全可靠运行，不断开发和应用设备维护保养技术，做好设备维修工作是十分重要的。

1. 设备使用维护保养总则

1）对主要生产设备进行维护，特别是高端、高危设备进行维护保养，使之延长设备元器件使用寿命和部件磨损周期，防止意外恶性事故发生，发挥设备加工优势创造效益。

2）通过运用预防性维护保养技术，可极大地提高设备安全性、可靠性、有效性。将设备维护保养朝着更专业的技术方向深入，设备维护保养管理工作将纳入智能资产管理系统。逐步建立设备维护保养系统平台，促进维护保养技术得到更广泛的应用。

3）开展绿色维护保养，重视对环境的影响，促进设备安全可靠、高效运行。追求卓越维护保养，达到降低风险、高可靠性、高作业率，充分利用社会资源创造条件与专业维护保养公司在合作协议框架下建立伙伴关系。实现智能化的设备维护与保养工作。例如精大稀及重要及关键设备，应实现95%的智能化设备维护与保养等功能。普通及常用设备应实现80%的智能化设备维护与保养等功能。

4）设备的维保是保持设备的正常技术状态，延长使用寿命所必须进行的日常工作，也是操作者的主要责任之一。设备维保工作做好了，可以减少停工损失和维修费用，降低产品成本，保证产品质量，提高生产效率。

2. 设备维保的要求

设备维保的四项规定要求如下：

（1）整齐　工具、工件、附件放置整齐，设备零部件及安全防护装置齐全，线路、管道完整。

（2）清洁　设备内外清洁，无黄泡；各滑动面、丝杠、齿条等无黑油垢，无碰伤；各部位不漏油、不漏水、不漏气、不漏电；切削垃圾清扫干净。

（3）润滑　按时加油、换油，油质符合要求，油壶、油枪、油杯、油嘴齐全，油毡、油线清洁，油标明亮，油路畅通。

（4）安全　实行定人定机和交接班制度；熟悉设备结构，遵守操作维护规程，合理使用设备，精心维护，监测异状，不出事故。

3. 设备维保的类别

设备的维保工作分为日常维保和定期维保两类。

(1) 设备的日常维保　设备日常维保包括每班维保和周末维保两种,由操作者负责进行。每班维保要求操作员工在每班生产中必须做到:班前对设备各部分进行检查,并按规定加油润滑;规定的点检项目应在检查后记录到点检卡上,确认正常后才能使用设备。设备运行中要严格按照操作维护规程正确使用设备,注意观察其运行情况,发现异常要及时处理,操作者不能排除的故障应通知维修工检修,并由维修工在"故障修理单"上做好检修记录。下班前用 15min 左右时间认真清扫、擦拭设备,并将设备状况记录在交接班簿上,办理交接班手续。

周末维保主要是操作人员在每周末和节假日前,用 1~2h 对设备进行较彻底的清扫、擦拭和涂油,并按设备维保"四项要求"进行检查评定,予以考核。

(2) 设备的定期维保　设备定期维保是在维修工辅导配合下,由操作者进行的定期维保工作,是设备管理部门以计划形式下达执行的。两班制生产的设备约 3 个月维保一次,干磨多尘设备每月维保一次,其作业时间按设备复杂情况,一般以 0.3~0.5h 计算停歇,视设备的结构情况而定。精密、重型、稀有设备(包括有严重污染的作业环境的设备)的维护和要求另行规定。

4. 维修方式

设备在使用过程中,其零部件会逐渐产生磨损、变形、断裂、蚀损等现象(统称为有形磨损)。随着零部件磨损程度逐渐增大,设备的技术状态将逐渐劣化,失去原有的功能和精度,使整机丧失使用价值。设备技术状态劣化或发生故障后,为了恢复其功能和精度而采取的更换或修复磨损和失效的零件(包括基准件),并对整机或局部进行拆装、调整的技术活动,称为设备维修。

设备维修的经济效益是企业经济效益体系中的一个重要组成部分,它取决于设备维修性设计的优劣、修理人员技术水平的高低、维修组织系统及装备设施的完善程度。因此,要提高企业设备维修的经济效益,应从三个方面综合考虑,采取对策。首先,对于在用设备必须贯彻预防为主的方针,并根据企业的生产性质、设备特点及其在生产中所处的地位,选择适当的维修方式。其次,通过日常和定期检查、状态检测和诊断等各种手段,切实掌握设备的技术状况,按照生产工艺要求和针对设备技术状态劣化程度,编制预防性修理计划、修理前充分做好技术及生产准备工作,适时地进行修理。最后,修理中应积极采用新工艺、新技术、新材料和现代科学管理方法,以保证修理质量、缩短停歇时间和降低修理费用。同时,结合修理对设备进行必要的局部改进设计,以提高设备的可靠性和维修性,从而提高设备的可利用率。

(1) 预防修理方式　为了防止设备性能和精度劣化,降低故障率,按事先规定的计划和相应的技术要求所进行的修理活动,称为预防修理。通常有两种预防修理方式,即状态检测修理和定期修理。

预防为主是工业交通企业设备维修管理工作的重要方针。对生产设备实行预防修理,是贯彻这一方针的重要管理工作内容。

1)状态检测修理。这是一种以设备技术状态为基础的预防修理方式。它是根据设备的日常点检、定期检查、状态检测和诊断提供的信息,经过统计分析和处理,来判断设备的劣化程度,并在故障发生前有计划地进行适当的修理。由于这种维修方式对设备适时地、有针对性地进行维修,不但能保证设备经常处于完好状态,而且能充分利用零件的使用寿命,因此比定期维修更为合理。状态检测修理方式适用的设备比较广泛,但由于进行状态检测需要使用价格昂贵的监测仪器,故它主要是用于连续运转的设备、利用率高的重点设备和大型精密设备。

2)定期修理。这是一种以时间为基础的预防修理方式。它具有对设备进行周期性修理的特点,根据设备的磨损规律,事先确定修理类别、修理间隔期及修理工作量和所需的备件、材料,预先确定修理时间,因此对修理计划有较长时间的安排。

定期修理方式适用于已掌握磨损规律和在生产过程中平时难以停机进行维修的流程生产、动能生产、自动线,以及大批量生产中使用的主要设备。

(2)事后修理方式 设备发生故障或性能、精度降低到合格水平以下时所进行的非计划性修理,称为事后修理,亦称为故障修理。

生产设备发生故障后,往往会给生产造成较大损失,也会给修理工作造成被动和困难。对故障停机后再修理并不会给生产造成损失的设备,采用事后修理方式往往更经济。例如对利用率低、修理不复杂、能及时提供备件、实行预防修理经济上不合算的设备,便可采用这种修理方式,如普通车床、砂轮机等。

5. 设备修理

根据修理内容和要求,一般可分成大修、项修及故障修理。

(1)大修 设备的大修是工作量最大的一种计划修理。大修时需要将设备的全部或大部分部件解体,修复基准件,更换或修复全部不合格的零件,修理、调整设备的电力系统,修复设备的附件以及翻新外观等,从而达到全面消除修前存在的缺陷,恢复设备的规定精度和性能的目的。

(2)项修 项目修理(简称项修)是根据设备的实际技术状态,对状态劣化已难以达到生产工艺要求的零部件,按实际需要进行针对性的修理。项修时,一般要部分拆卸、检查、更换或修复失效的零件,必要时对基准件进行局部修理和校正坐标,从而恢复所修部分的性能和精度。项修的工作量视情况而定。

项修是在总结我国设备计划预修制正反两方面经验的基础上,随着状态监测修理技术的推广应用。在实践中不断改革而形成的。过去的设备计划预修中,往往忽视设备的出厂质量、使用条件、负荷率、维护优劣等情况的差异,而按照统一的修理周期结构及修理间隔期安排计划修理,从而产生以下两种弊病:一是设备的某些部件技术状态尚好,却按计划安排了大修,造成过度修理;二是设备的技术状态劣化已难以满足生产工艺要求，却因未到修理期而不安排计划修理，造成失修。采用项修可以避免上述弊病，并可缩短停修时间和降低修理费用。特别是对单一关键设备，可以利用生产间隙时间进行项修，从而保证生产的正常进行。因此，目前我国企业都已实行项修，并取得良好的效益。

(3) 故障修理　设备的故障修理是工作量最小的一种计划修理。

1) 对于实行状态（监测）修理的设备，故障修理的工作内容主要是针对日常点检和定期检查发现的故障，拆卸有关零部件，进行检查、调整、更换或修复失效的零件，以恢复设备的正常功能。

2) 对于实行定期修理的设备，故障修理的工作内容主要是根据掌握的磨损规律，更换或修复在修理间隔期内失效或即将失效的零件，并进行调整，以保证设备的正常工作能力。

由此可见，两种预防修理方式的故障修理工作内容，主要均为更换或修复失效的零件，但确定失效零件的依据不同。显然，状态（检测）修理方式比定期修理方式针对性更强，故更为合理。

设备大修、项修与故障修理工作内容的比较见表 8-11。

表 8-11　设备大修、项修与故障修理工作内容的比较

修理类别	大修	项修	故障修理
拆卸分解程度	全部拆卸分解	针对检查部位，部分拆卸分解	拆卸，检查部分磨损严重的机件和污秽部位
修复范围和程度	修理基准件，更换或修复主要件、大型件及所有不合格的零件	根据修理项目，对修理部位进行修复，更换不合格的零件	清除污秽积垢，调整零件间隙及相对位置，更换或修复不能使用的零件，修复未达到完好程度的部位
刮研程度	加工和刮研全部滑动接合面	根据修理项目决定刮研部位	必要时局部修刮，填补划痕
精度要求	按大修精度及通用技术标准检查验收	按预定要求验收	按设备完好标准要求验收
表面修饰要求	全部外表面刮泥子、打光、喷漆，手柄等零件重新电镀	补漆或不进行	不进行

6. 维修计划的编制

设备维修计划是企业组织管理设备修理工作的指导性文件，也是企业生产经营计划的主要组成部分，由企业设备管理部门负责编制。

企业的设备维修计划，通常是按时间进度安排的年、季、月计划及按修理类别编制的工作计划。设备维修计划是考核企业及车间修理工作的依据。设备维修计划

表的格式见表8-12。

表8-12 设备维修计划　　　　　　　　　　　　　　　年　季　月

序号	使用单位	资产编号	设备名称	型号规格	维修类别	主要内容	修理工时定额/h					停歇天数	计划进度												承修单位	备注
													1季			2季			3季			4季				
							合计	机械	电气	仪表	其他		1	2	3	4	5	6	7	8	9	10	11	12		
～	～	～	～	～	～	～	～	～	～	～	～	～	～	～	～	～	～	～	～	～	～	～	～	～	～	～

主管领导：　　　　　　　　设备部门负责人：　　　　　　编制：

7. 设备委外修理

面对当今激烈的竞争环境，单个制造企业的价值链不断缩短，制造企业更专注于自身核心竞争力，并将许多生产服务性的业务包给外面的专业公司。例如，由于设备数量的增加、设备技术的复杂化、设备自我维护而产生的高额维修费用等，许多制造企业已将设备维修业务外包给专业维修公司或原设备制造商。随着我国服务经济的进一步发展及我国维修外包市场的成熟，设备委外修理已成为发展趋势。我国制造企业迫切需要突破固有思维，探索发展设备委外修理的新模式，推进设备维修的专业化、社会化水平不断提高。

8. 设备修理实施

按照生产工艺要求和针对设备技术状态劣化程度，编制预防性修理计划，修理前充分做好技术及生产准备工作，适时地进行修理。修理中应积极采用新工艺、新技术、新材料和现代科学管理方法，以保证修理质量、缩短停歇时间和降低修理费用。同时，结合修理对设备进行必要的局部改进设计，以提高设备的可靠性和维修性。

（1）修前准备工作　修前准备工作包括技术准备和生产准备两方面的内容。

修前准备工作由主修技术人员负责，包括对需修设备技术状况的修前预检；在预检的基础上，编制出该设备的修理技术文件，作为修前生产准备工作的依据。

修前的生产准备工作由备件、材料、工具管理人员和修理单位的计划人员负责。它包括修理用主要材料、备件和专用工具、检具、研具的订货、制造和验收入库，以及修理作业计划的编制等。

修前准备工作的完善程度和及时性，将直接影响设备的修理质量、停歇天数和经济效益。企业设备管理部门应认真做好修前准备工作的计划、组织、协调和控制工作，定期检查准备工作完成情况，发现问题应及时研究并采取措施解决，保证满足修理计划的要求。对重点、关键设备的修前准备工作，宜编制修理准备工作计划，下达给有关职能科（组）执行，并进行考核。修前准备工作的程序如图 8-11 所示。

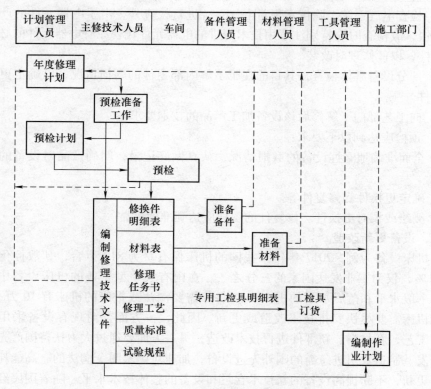

图 8-11　修前准备工作程序

（2）设备修理应注意事项　为了全面深入掌握需修设备技术状态、具体劣化情况和修后对设备上加工产品的技术要求，以设备部门负责设备修理的技术人员（以下简称主修技术人员）为主，会同设备使用单位及施工单位修理技术人员共同进行调查和修前预检。实施内容及步骤如下：

1）向操作工人了解设备的技术状态，如精度是否满足产品工艺要求，性能出力是否下降，液压、气动、润滑系统是否正常和有无泄漏，附件是否齐全和有无损坏，安全防护装置是否灵敏可靠和设备的使用情况等；向维修工人了解设备的事故情况、易发故障部位及现存的主要缺陷等。

2）检查各导轨的磨损情况（测出导轨的磨损量）和外露零件磨损情况。

3）检查设备的各种运动是否达到规定的速率，特别应注意高速时的运动平稳性、振动和噪声，以及低速时有无爬行现象；同时检查操纵系统的灵敏性和可靠性。

4）对规定检验精度的设备，按出厂精度标准逐项检查，记录实测精度值。了解产品对机床精度的要求，以确定修后达到的精度标准。

5）检查安全防护装置，包括各指示仪表、安全联锁装置、限位装置等是否灵敏可靠，各防护板、罩有无损坏。

6）检查电气系统。除按常规对电气系统进行检查外，由于电器元件的产品更新速度快，故检查时应特别注意用技术先进的电器元件代替原有电器元件的必要性与可靠性，以便修理时改装。

7）部分设备解体检查，其目的在于了解内部零件的磨损情况，以确定更换件及修复件。

8）向工艺部门了解修后该设备加工产品的技术要求。

9）预检应达到以下要求：

① 全面准确地掌握设备的磨损情况，认真做好记录；明确产品对设备的精度要求。

② 确定更换件和修复件等。

③ 测绘或校对更换件。修复件的图样应达到准确可靠。

二、设备更新改造

以机床设备为例，2017年年末我国的机床保有量为810万台，其数控化率不到20.1%，仅为工业发达国家的三分之一。在国有大中型企业的机床设备中，属于国内一般水平和落后水平的占51%；每年需要淘汰或报废的机床有10万多台，一大批机床需要尽快安排技术改造或更新。因此，一方面要对现有设备采用新技术、新工艺、新材料、新部件进行技术改造；另一方面要通过大力扶持国产先进设备的研发、制造及引进急需的国外先进设备，加速对国家明令淘汰的、高能耗的老旧设备更新，不断提高设备的新技术含量和设备的整体技术水平。随着国民经济发展和产品的升级换代，大力开展和推进设备改造、更新，未来方向将主要体现在：更加注重产业结构调整和产业升级；更加注重战略性的新兴产业的发展和创新；更加注重落实可持续发展的要求。设备改造和更新，是提高企业素质、促进企业技术进步、增强企业内在的发展能力和对外界环境变化的适应能力的需要。通过设备改造更新，必然会为企业的产品生产不断增加柔性生产能力，在提高质量、增加产量、降低消耗、节约能源、提高效率等方面带来收益。

1. 设备的寿命与磨损

设备在使用或闲置过程中由于受力和自然力的作用，设备零部件会发生摩擦、振动和疲劳，使设备产生损耗，性能逐渐弱化和贬值，所以考察设备改造更新问题时，首先要研究设备的磨损问题。设备的磨损一般有两种形式：有形磨损和无形磨损。

（1）设备的有形磨损　设备在使用或闲置过程中发生实体磨损和损耗，称为有形磨损。有形磨损有两种情况：一种是设备在运行过程中，其零部件间隙配合表面因摩擦、振动和疲劳等产生的磨损。这种磨损使零部件的原始尺寸甚至形状发生变化，改变公差配合状况，使设备的精度下降，性能劣化，不能满足工艺要求，造成操作、维修、管理等费用的增加。这种磨损发展到严重程度时，设备就不能继续正常工作，故障频繁，甚至导致事故。另一种是设备在闲置或封存过程中，由于自然力和环境的作用，使设备金属腐蚀、橡胶和塑料老化，或由于维护管理不善，而丧失精度和工作能力。

（2）设备的无形损失　设备在使用或闲置过程中，不是由于使用或自然力的原因，而是随着时间的推移，科学技术的进步，引起设备价值的损失，称为无形损失。无形损失也分两种情况。一种是由于制造企业的技术、工艺和管理水平的提高，生产同样的设备所需的社会必要劳动耗费减少，因而使原设备相应贬值。另一种也是更重要的，是由于科学技术的发展而不断出现技术先进、结构新颖、性能更好、效率更高的设备，使原设备在自然寿命终了前就显得相对陈旧落后，原设备价值相对降低。

设备在有效使用期内，往往同时发生有形磨损和无形损失，两者均使原设备价值贬低。有形磨损严重的设备往往不能正常运行，而无形损失严重的设备虽可正常使用，但效率相对较低，经济效果差。

2. 设备磨损的补偿

1）为了保证企业生产经营活动的顺利进行，使设备经常处于良好的技术状态，就必须对设备的磨损及时予以补偿。补偿的方式视设备的磨损情况、设备的技术状况和是否经济而定。基本形式是修理、改造和更新，但必须根据设备的具体情况采用不同的方式。设备磨损形式及其补偿方式如图 8-12 所示。

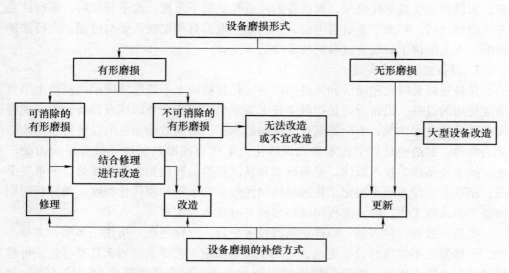

图 8-12　设备磨损形式及其补偿方式

对可消除的有形磨损，补偿方式主要是修理，但有些设备为了满足工艺要求，需要改善性能或增加某些功能并提高可靠性时，可结合修理进行局部改造；对不可消除的有形磨损，补偿方式主要是改造；对改造不经济或不宜改造的设备，可予以更新。

2）设备寿命。

设备寿命是指设备从安装验收后，交付生产开始使用，直到不能使用以致报废所经过的时间。设备的寿命可分为物质寿命、技术寿命和经济寿命。

① 物质寿命。设备的物质寿命又称为设备的自然寿命或物理寿命，设备经使用磨损后，通过维修可延长其物质寿命。但在一般情况下，随着设备使用时间延长，支出的维修费用日益增加，设备的技术状况也不断劣化。因此，过分延长设备的物质寿命在经济上、技术上不一定是合理的。

② 技术寿命。设备的技术寿命是指从设备开始使用，到因技术落后而被淘汰所经过的时间。科学技术的发展，特别是微电子技术和计算机技术的发展，加快了机电设备的更新换代，使设备的技术寿命趋于缩短。要延长设备的技术寿命，就必须用新技术加以改造。

③ 经济寿命。设备的经济寿命，是指设备从开始使用到创造最佳经济效益所经过的时间。也就是说，是从经济角度来选择最佳使用年限。设备的经济寿命期满后，如不进行改造式更新，就会影响企业的新产品开发、产品质量和生产成本，影响企业的经济效益。

我国大多数企业在相当长的时间内是根据物质寿命来考虑更新设备的，甚至简单地按财务规定的年折旧率4%～5%计算使用年限，一台设备往往要用20年左右，大修理也仅按原样修复，对设备的改造和更新不重视。改革开放后，实行社会主义市场经济，扩大了企业自主权，一些企业根据自身发展需要与可能，实行加速折旧，大大加快了对现有设备的技术改造和更新。

3. 设备更新改造实施

设备更新是以比较经济和先进的设备，代替物质上不能继续使用或经济上不宜继续使用的设备。设备改造是把科学技术新成果应用于企业的现有设备，改变现有设备落后的技术状况，不断提高现代化制造水平。对制造型企业的设备更新与改造尤为重要。制造业是科学技术和知识转化为生产力的最具深度、最有影响力的产业，技术装备作为技术载体，是科研成果从潜在效益转化为企业现实效益的重要手段，制造业的设备水平决定了我国整体国民经济的水平和现代化程度，做好新时期设备更新改造工作，对未来我国经济发展具有重大现实意义。

更新一般有两种方法：原样更新和技术更新。原样更新：指使用多年，大修多次，再修复已不经济的设备更新，适用于满足特定工艺要求，暂无新型号设备可替换的情况；技术更新：指选用性能好、技术先进、效率高或耗能少的设备进行替换，是更新的主要方式。

（1）设备更新改造原则

1）因增加产量，提高设备效率需要更新改造。

2）为发展品种，研制新产品需要更新改造。

3）为改进工艺，提高质量需要更新改造。
4）设备陈旧老化，无修复价值，需要更新。
5）耗能大或环境污染大，危害人身安全与健康，需要更新。
6）国家或有关部门规定淘汰的设备，需要更新。

（2）设备更新改造规划编制　更新改造规划的制定工作应在企业主管领导下，以企业设备生产部门为主负责编制。规划应包括下列内容：

1）企业的总体发展规划。
2）国内外同类设备的技术性能和精度指标。
3）同行业使用新设备的技术经济效果。
4）现有设备的技术状态分析和需要更新的具体理由。
5）企业生产的工艺要求。
6）更新设备的投产时间、资金来源、使用要求和环境条件等。

（3）实施过程应注意问题　更新改造计划经批准后，由企业设备动力部门组织实施。在实施过程中，还需要注意以下的问题：

1）在实施过程中要充分了解对当前生产的影响、生产需要的急迫性、国家对设备的鼓励或限制政策、设备的供货周期等。
2）更新设备的安装尺寸、使用条件及生产工艺流程等变化因素。
3）由于更新设备的使用而引起的对操作、管理、维修等人员的知识更新要求。
4）相应的管理制度和操作制度的及时更新。
5）对被更新设备的原有基础利用可能性。
6）对被更新设备剩余价值的利用。
7）被更新设备的库存备品、备件的处理。

4. 贯彻执行《产业结构调整指导目录》

2011年3月经国务院批准，并由国家发展和改革委员会予以发布《产业结构调整指导目录（2011年本）》，要求自发布之日起施行。2015年12月由国家发展改革委员会重新公布《产业结构调整指导目录（2015年修订本）》。2019年8月由国家发展改革委员会重新公布《产业结构调整指导目录（2019年本）》。

《产业结构调整指导目录》是政府引导投资方向，管理投资项目，制定和实施财税、信贷、土地、进出口等政策的重要依据，由发展和改革委员会同国务院的有关部门依据国家有关法律法规制定，经国务院批准后公布，《产业结构调整指导目录》由鼓励、限制和淘汰三类目录组成。

（1）鼓励类　主要是指对经济社会发展有重要促进作用，有利于节约资源、保护环境、产业结构优化升级，需要采取政策措施予以鼓励和支持的关键技术、装备及产品。

(2) 限制类　主要是指工艺技术落后，不符合行业准入条件和有关规定，不利于产业结构优化升级，需要督促改造和禁止新建的生产能力、工艺技术、装备及产品。

(3) 淘汰类　主要是指不符合有关法律法规规定，严重浪费资源、污染环境、不具备安全生产条件，需要淘汰的落后工艺技术、装备及产品。

第七节　特种设备管理

2013年6月29日颁布中华人民共和国主席令第四号《中华人民共和国特种设备安全法》已由中华人民共和国第十二届全国人民代表大会常务委员会第三次会议于2013年6月29日通过，并自2014年1月1日起施行。这标志着我国特种设备安全工作向科学化、法制化方向又迈进了一大步，这也是我国在设备领域中第一部法律文件。

一、用法律保障特种设备安全运行

1. 特种设备安全法

近年来，随着我国经济的快速发展，特种设备数量也在迅速增加。特种设备本身所具有的危险性，与迅猛增长的数量因素双重叠加，使得特种设备安全运行形势更加复杂。《特种设备安全法》的出台，必将为特种设备安全运行提供更加坚实的法制保障。

从以往特种设备发生的安全事故看，大多是由于单位安全管理不善、安全责任不落实导致的。因此，《特种设备安全法》规定由特种设备生产、经营、使用单位承担安全主体责任。必须不断提高各级人员的安全意识，增强使用人员的自我保护能力。在使用或者操作特种设备时，必须严格遵守安全操作规程等。

2. 特种设备管理范围

特种设备是指涉及生命安全且危险性较大的设备，根据国家《特种设备安全法》规定，是指锅炉、压力容器（含气瓶）、压力管道、电梯、起重机械、客运索道、大型游乐设施和场（厂）内专用机动车辆。

(1) 锅炉　是指利用各种燃料、电或者其他能源，将所盛装的液体加热到一定的参数，并对外输出热能的设备。其范围规定为容积大于或者等于30L的承压蒸汽锅炉；出口水压大于或者等于0.1MPa（表压），且额定功率大于或者等于0.1MW的承压热水锅炉；有机热载体锅炉。

(2) 压力容器　是指盛装气体或者液体，承载一定压力的密闭设备，是工作范围规定为最高工作压力大于或者等于0.1MPa（表压），且压力与容积的乘积大于或者等于2.5MPa·L的气体、液化气体和最高工作温度高于或者等于标准沸点的液体的固定式容器和移动式容器；盛装公称工作压力大于或者等于0.2MPa（表压），且压力与容积的乘积大于或者等于1.0MPa·L的气体、液化气体和标准沸点等于或者低于60℃液体的气瓶、氧舱等。

（3）压力管道　是指利用一定的压力，用于输送气体或者液体的管状设备。其范围规定为最高工作压力大于或者等于0.1MPa（表压）的气体、液化气体、蒸汽介质或者可燃、易爆、有毒、有腐蚀性、最高工作温度高于或者等于标准沸点的液体介质，且公称直径大于25mm的管道。

（4）电梯　是指动力驱动，利用沿刚性导轨运行的箱体或者沿固定线路运行的梯级（踏步），进行升降或者平行运送人、货物的机电设备。包括载人（货）电梯、自动扶梯、自动人行道等。

（5）起重机械　是指用于垂直升降或者垂直升降并水平移动重物的机电设备。其范围规定为额定起重量大于或者等于0.5t的升降机；额定起重量大于或者等于1t，且提升高度大于或者等于2m的起重机和承重形式固定的电动葫芦等。

（6）客运索道　是指动力驱动，利用柔性绳索牵引箱体等运载工具运送人员的机电设备，包括客运架空索道、客运缆车、客运拖牵索道等。

（7）大型游乐设施　是指用于经营目的，承载乘客游乐的设施。其范围规定为设计最大运行线速度大于或者等于2m/s，或者运行高度距地面高于或者等于2m的载人大型游乐设施。

（8）场（厂）内专用机动车辆　是指除道路交通、农用车辆以外仅在工厂厂区、旅游景区、游乐场所等特定区域使用的专用机动车辆。

特种设备包括其所用的材料、附属的安全附件、安全保护装置和与安全保护装置相关的设施，图8-13所示为特种设备管理范围。

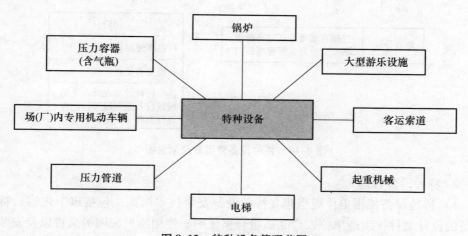

图8-13　特种设备管理范围

2019年年底我国特种设备登记数量已达1525.4万台，在工业企业生产活动中发挥着很大作用。但我国特种设备事故率仍然较高，总体上是工业发达国家的1~3倍。一些设备事故多发的势头仍未得以根本扭转，重大事故时有发生，安全形势依然严峻；安全监察检验工作定位不够清晰，单位（企业）主体责任落实不够到位，单位诚信和社会安全意识还比较薄弱；监管体制改革有待深化，工作体系有待完善，方式方法还欠科学，检验资源配置效率有待提高，监管效能有待增强；与国际先进水平相比，我国特种设备安全运行管理与节能工作在法制、科技、管理等诸多方面还存在较大差距。

二、特种设备使用登记与管理

1. 特种设备使用登记

1）特种设备使用单位应当使用符合安全技术规范要求的特种设备。特种设备投入使用前，使用单位应当核对特种设备出厂时附带的相关文件；特种设备出厂时，应当附有安全技术规范要求的设计文件、产品质量合格证明、安装及使用维修说明、监督检验证明等文件。

2）特种设备在投入使用前或者投入使用后 30 日内，特种设备使用单位应当向直辖市或者市级（设区）特种设备安全监督管理部门登记，如图 8-14 所示。登记标志应当置于或者附着于该特种设备的显著位置。

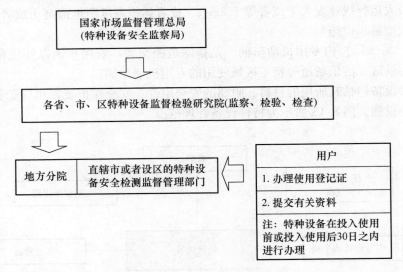

图 8-14 特种设备使用登记示意图

2. 特种设备管理

1）特种设备使用单位应当建立特种设备安全技术档案，包括以下内容：特种设备的设计文件、制造单位、产品质量合格证明、使用维护说明等文件以及安装技术文件和资料；特种设备的定期检验和定期自行检查的记录；特种设备的日常使用状况记录；特种设备及其安全附件、安全保护装置、测量调控装置及有关附属仪器仪表的日常维护保养记录；特种设备运行故障和事故记录；高耗能特种设备的能效测试报告、能耗状况记录及节能改造技术资料。

2）特种设备使用单位应当对在用特种设备进行预防性检查工作，具体见图8-15。特种设备使用单位对在用特种设备应当至少每月进行1次自行检查，并进行记录。特种设备使用单位在对在用特种设备进行自行检查和日常维护保养时发现异常情况的，应当及时处理。特种设备使用单位应当对在用特种设备的安全附件、安全保护装置、测量调控装置及有关附属仪器仪表进行定期检验、检修，并做出记录。

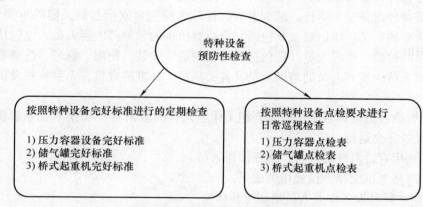

图8-15　特种设备预防性检查

3）特种设备使用单位应当按照安全技术规范的定期检验要求，在安全检验合格有效期届满前1个月向特种设备检验检测机构提出定期检验要求。检验检测机构接到定期检验要求后，应当按照安全技术规范的要求及时进行安全性能检验和能效测试。未经定期检验或者不合格的特种设备，不得继续使用。

4）特种设备出现故障或者发生异常情况时，使用单位应当对其进行全面检查，消除事故隐患后，方可重新投入使用。特种设备不符合能效指标的，特种设备使用单位应当采取相应措施进行整改。

5）特种设备存在严重事故隐患，且无改造、维修价值，或者超过安全技术规范规定使用年限的，特种设备使用单位应当及时予以报废，并应当向原登记的特种设备安全监督管理部门办理注销。

6）锅炉、压力容器、电梯、起重机械、场（厂）内专用机动车辆的作业人员及其相关管理人员（以下统称特种设备作业人员），应当按照国家有关规定经特种设备安全监督管理部门考核合格，取得国家统一格式的特种作业人员证书，方可从事相应的作业或者管理工作。

7）特种设备的安全管理人员应当对特种设备使用状况进行经常性检查，发现问题的应当立即处理。情况紧急时，可以决定停止使用特种设备并及时报告本单位有关负责人。

8）特种设备使用单位应当对特种设备作业人员进行特种设备安全、节能教育和培训，保证特种设备作业人员具备必要的特种设备安全、节能知识。

三、特种设备培训考核

开展对特种设备管理及作业人员的培训与考核，对素质水平的提高有十分重要的意义。

1. 特种设备安全培训

搞好特种设备安全培训工作对于提高监察、检验、管理、作业人员的素质水平，保证特种设备安全运行，减少事故，保障人民生命安全起到关键的重要作用，有十分重要的意义。培训对象既包括安全监察机构的领导与监察人员，也包括检验检测单位的检验、检测人员，还包括设计、制造、安装、使用、修理、改造单位的相关从业人员，所有人员的培训质量及各类法规、标准的宣贯关系到特种设备安全运行。

1) 明确办班培训目的，即提高相关作业人员的政治素质和技术业务素质，保证特种设备安全运行。

2) 选用有针对性的教材，选好授课人员。

3) 严格考试纪律，检验培训成果。

2. 建立特种设备作业人员培训考核体系

（1）提高特种设备作业人员培训考核的工作质量　我国特种设备检测机构根据具体实际，通过对作业人员安全知识理论教学和现场模拟仿真设备的操作训练相结合，使作业人员的培训考核从传统的安全知识教育转向以安全操作技能训练为主的方向发展，减少了特种设备操作事故隐患。

（2）建立培训考核体系，全面提高作业人员实际安全操作技能

1) 建立特种设备检测新基地，包括培训检测基地内设业务大厅、设置呼叫系统，便于考核安排，多媒体阶梯教室，内部配备投影仪、计算机等教学设备，电化考试室，是理论练习和无纸化考试的主场地。

2) 建立培训考试新系统，包括培训系统和考试系统。培训系统功能有模拟练习、课后作业、知识竞赛等。考试系统功能根据设置试题的难度系数，从题库中随机出卷，学员上机考试，学员可当场查询考试成绩，增加了考试的公平性和透明度，使教师能够从出题、批卷、成绩统计等繁重的任务中解放出来，提高了培训效率。

四、特种设备事故处理

1. 设备事故损失计算（案例）

（1）停产和修理时间的计算

1) 停产时间：从设备损坏停工时起，到修复后投入使用时为止。

2) 修理时间：从动工修理起到全部修完交付生产使用时为止。

（2）修理费用的计算　修理费用是指设备事故修理所花费用，其计算方法为

修理费(元) = 修理材料费(元) + 备件费(元) + 工具辅材费(元) + 工时费(元)

（3）停产损失费用的计算　设备因事故停机，造成工厂生产损失，其计算方

法为

$$停产损失(元) = 停机小时 \times 每小时生产成本费用(元)$$

（4）事故损失费用的计算　由于事故迫使设备停产和修理而造成的费用损失，其计算方法如下：

$$事故损失费(元) = 停产损失费(元) + 修理费(元)$$

2. 特种设备事故应急预案

根据国家规定，特种设备使用单位应当制定事故应急专项预案，并定期进行事故应急演练。

压力容器、压力管道发生爆炸或者泄漏，在抢险救援时应当区分介质特性，严格按照应急预案规定程序处理，防止二次爆炸。

特种设备事故发生后，事故发生单位应当立即启动事故应急预案，组织抢救，防止事故扩大，减少人员伤亡和财产损失，并及时向事故发生地县以上安全监督管理部门和有关部门报告。

（案例）某企业大型车间制定的特种设备事故应急预案。

1）事故抢救组织者。

① 第一组织者×××。

② 当第一组织者不在现场时，由第二组织者立即进行组织抢救。

③ 当第二组织者不在现场时，由第三组织者立即进行组织抢救。

2）设备（包括火灾事故）事故发生后，立即按应急预案中的规定，将车间总电源指定专人关闭；关闭车间内氧气管道、乙炔管道等易燃易爆管道总阀门；关闭车间内有毒介质管道总阀门；有关专人也应设立第一专人、第二专人、第三专人。

3）按应急预案中规定的逃生路线，组织人员迅速撤离现场，减少人员伤亡，根据事故原位置，按不同路线进行逃生，如图8-16所示。

4）如发生火灾和易燃易爆、有毒介质压力容器、压力管道发生爆炸或泄漏事故，应立即由专人向现场员工发放防毒面具，以减少人员伤亡。

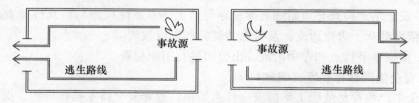

图8-16　组织人员按逃生路线迅速撤离现场

5）每月或每季定期进行事故应急演练，结束后进行及时总结，不断提高应急演练水平。

第九章 精益安全管理

第一节 企业安全管理

一、安全管理制度

1. 安全生产检查制度（案例）

为了深入贯彻"安全第一，预防为主、综合治理"的安全生产方针，各级领导必须对照规章制度、作业场所的环境、生产设备等进行经常性的安全检查，认真地开展查思想、查制度、查纪律、查隐患、查措施活动，及时发现问题，消除隐患，防患于未然，确保公司的生产安全。

1）总经理为本公司安全生产工作的主管领导，为第一责任人。负责组织全公司的安全生产检查工作，具体督促和推动安全生产检查工作。

2）公司级安全生产检查每年12次，每月一次。另外，每年四大节日（元旦、春节、五一、国庆节）公司级组织全公司安全生产检查。员工则应坚持班前、班中和班后安全检查。

3）安全检查的主要内容：负责特种设备及生产装备的检查，包括主体设备的安全附件及安全装置；配电柜及临时性电气设备的检查；负责消防器材、设施的检查；对重点设备定期安全检查。同时检查各岗位劳动纪律、安全技术操作规程和防护用品的正确穿戴。

4）公司对员工，尤其是新进公司人员进行安全教育和员工的岗位教育、施工教育。

5）安全生产检查必须始终贯彻领导与员工、专业性检查与群众性检查结合的原则，依靠群众、边查边改，及时总结经验和吸取教训。

6）根据季节特点和专项治理，由公司另行组织检查。

2. 安全生产教育制度（案例）

安全生产教育是使职工掌握安全技术知识，遵守安全技术操作规程，提高防范意识，防止人身伤害事故发生的一种重要手段，是保证公司员工生产和安全的基础。

1）定期召开安全生产会议，学习党和国家有关安全生产的方针、政策、法令、法规，组织安全生产经验的交流，提高各级人员安全生产的管理水平。

2）员工安全教育包括安全生产制度和遵章守纪的教育；安全技术操作规程的学习教育。

3）对新员工、实习人员（含委培人员）、临时性用工及变换工种、长病假员工，根据不同情况，进行安全教育和"变工""复工"教育。

① 公司级教育：招收的新员工，首先由生产部长或负责安全技术工作职能人员进行安全教育。内容：安全生产方针、政策，安全生产制度，公司概况和历年工伤事故教训，以及重点要害部位、防火防爆部位等。

② 班级教育：新员工分配到工段后，由工段长或安全员对其进行岗位安全教育；讲解本岗位安全技术操作规程、工艺规程、设备性能和特点、安全装置及常见故障的排除等。

4）特殊工种（指电工、锅炉工、焊工等）人员需经主管部门专业安全培训，考试合格方能持证上岗。

5）员工由各班组利用公司规定时间，结合生产实际，进行群众性安全教育。

3. 安全生产奖惩制度（案例）

为了更好地贯彻"安全第一，预防为主、综合治理"的总方针，切实加强安全生产管理，鼓励公司全体员工积极参与，为保障安全生产献计献策、创造革新、消除隐患、抢险救灾，公司设立安全专项奖，用于奖励安全生产成绩突出的部门和个人，同时对违章指挥、违章作业造成事故，使国家财产和人民生命遭受损失的部门和个人分别视情况给予经济处罚、行政处分。

1）安全生产各级责任制是经济责任制的重要组成部分，各部门必须把责任制与经济效益挂钩，坚决实行"一票否决权"。

2）对安全生产做出显著成绩的部门和个人，只要符合下列情况之一，年终给予一次性表彰。

① 发现事故隐患，及时采取措施，避免发生伤亡事故或其他重大事故的有功人员。

② 在抢险救灾中，使国家财产和人民生命免受损失或减少损失的有关人员。

③ 在安全生产、劳动保护工作中，有创新、发明并获得卓著成绩者。

④ 对安全生产提出合理化建议，并且已取得突出成绩者。

3）符合下列情况之一的部门和个人，给予经济处罚。

① 发生重大未遂和其他种类事故，不及时报告公司领导。

② 发生轻重事故的主要责任者及责任者。

③ 发生重伤或5000元以上直接经济损失的事故主要责任者及责任者所在工段领导。

④ 发生死亡或直接经济损失30000元以上事故的责任者取消全年评奖资格，并给予适当的处分。

4）符合下列情况之一的，追究有关负责人的责任：

① 没有认真贯彻国家有关安全生产法律、法规，忽视安全生产、管理混乱而发生伤亡事故或其他事故的。

② 未对员工进行安全教育和安全技术培训的。

③ 对不具备安全技术条件的设备、设施（含安全装置不齐全），不采取措施而发生事故的。
④ 发生隐患不及时整改或不采取防范措施的。
⑤ 违章指挥、违章作业而发生各类事故的。
5) 具有下列情况之一的，追究有关人员的责任：
① 不遵守安全生产规章制度、违章作业造成伤亡事故的。
② 发现事故苗头不及时报告，又不采取任何措施导致发生各类事故的。
③ 违反工艺纪律、劳动纪律擅离岗位或擅自开机，损坏或擅自拆除安全装置而发生事故的。
④ 不按规定正确穿戴防护用品、用具而发生事故的。
6) 具有下列情况之一的，对有关人员加重处罚：
① 发生工伤事故瞒报、虚报或拖延不报的。
② 隐瞒事故真相，破坏事故现场，虚报作假、刁难、阻碍对事故调查的。
③ 未认真吸取教训，未采取有效措施而发生重复事故的。
7) 重大事故及以上，后果严重，触犯法律的，由司法部门追究其刑事责任。

4. 工伤事故报告制度（案例）

为了贯彻执行劳动保护的方针、政策，加强对劳动保护工作的领导和管理，及时了解和研究、分析工伤事故的原因，以利采取消除人身伤害事故的对策，保障和促进公司生产的发展和本公司作业特点，特制定本制度。

1) 职工在下列情况之一的负伤、致残、死亡的，应当认定为工伤。
① 从事本单位生产工作或者本单位负责人临时指定的工作的。
② 经本单位负责人安排或同意，从事与本单位有关的科学试验、发明创造和技术改进工作的。
③ 在生产工作的时间或区域内，因不安全因素造成意外伤害的，或者由于工作紧张突发疾病造成死亡，或经第一次抢救治疗后，丧失劳动能力的。
④ 因履行职责遭致人身伤害的。
⑤ 从事抢险救灾、救人等维护国家、社会和公众利益的活动的。
⑥ 因公外出期间，由于工作原因遭受交通事故或其他事故造成伤害或者失踪的，或因突发疾病造成死亡或者经第一次抢救治疗后，丧失劳动能力的。
2) 凡本公司员工在上班时，生产（工作）过程中，发生与本岗位生产直接有关的伤亡事故（包括急性中毒、中暑事故），按照本制度进行调查和处理。
3) 员工在生产中发生伤害事故使本人工作中断时，负伤人员或最先发现的人应立即报告工段长（或安全员），工段长逐级报告至总经理。
4) 发生重伤事故（指经医生诊断负伤人员达到残疾程度的事故）及死亡事故，工厂领导应立即组织抢救，同时保护现场，以利于事故的调查、分析，并立即报告总经理，在24h内上报主管或市级主管部门。
5) 发生重伤事故由总经理组织有关部门及事故所在班组成立调查组，对事故勘察、调查、分析、定性，采取防范措施，提出对事故责任者的处理意见，报送上级部门。如有隐瞒不报、虚报等情况，除责成如实补报外，视情节轻重、损失大小给予加重处分。

6）发生多人事故或死亡事故，由主管部门组成调查组，公司协助上级做好事故的调查、分析、处理工作。

5. 危险作业审批制度（案例）

为贯彻危险作业审批制度，防止高空坠落、触电、火灾和中毒等恶性事故的发生，切实加强危险作业的管理，特制定本制度。

（1）危险作业范围

1）离地平面3m以上，工作斜面坡度在45°以上，地平面没有平衡的落脚点或在有振动的地方作业。

2）高空作业的安全注意事项如下：

① 作业者不得患有高血压、心脏病、精神衰弱症、严重贫血、严重关节炎、深度近视、散光等。

② 作业者必须经安全负责人对其进行安全教育，再由施工负责人现场强调安全注意事项，确保作业安全。

③ 作业者应正确穿戴防护用品。

④ 作业前要检查登高用具，工具要装入工具袋，安全带要系在固定结构件上，确保安全可靠。

⑤ 夜间登高作业，照明设施要齐全。

⑥ 大风、大雾、雷雨、冰雹天气禁止作业。

（2）禁火区　禁火区内严禁进行明火作业，严禁易燃易爆作业。

（3）审批手续

1）凡属危险作业，应由下达任务部门或具体施工单位填写"情况汇报"一式两份，申请部门必须将作业内容、安全防护措施、辅助人员等填写清楚，经安全技术负责人现场检查、审核、部署安全措施后，方能施工。

2）遇特殊情况，含有危险作业成分的一般作业亦需按规定审批。情况紧急的应有安全技术人员现场监护，事后补办审批手续。

6. 临时线审批制度

1）凡生产区域内因工作需要临时架设电压在36V以上的线路，要认真填写"情况汇报"，经负责人审核、批准后方可动工。

2）电气临时线一般使用期限不得超过五天，确因工作需要，必须在期限前一天办理延期手续，最长不得超过一个月。

3）临时电源线的安装应符合电气安全技术操作规程。

4）电工在接装、拆除临时线路时，一般安全技术要求如下：

① 电工安装临时线时，应按要求操作，安装完毕由使用部门验收，并按期拆除，不符手续的电工有权拒绝。

② 临时线必须用绝缘良好的橡胶线，线径与负荷必须相匹配。

③ 临时线必须沿墙架设，屋内不得低于2.5m，室外不得低于3.5m，严禁在树上或脚手架上挂线。

④ 临时线跨越道路时架线高度不得低于6m，并用电杆与专用瓷瓶固定。临时线与其他门窗、水管间距离应大于0.3m以上。

⑤ 多路临时线必须设置一个总开关，每一分路设有与负荷相匹配的熔断器。

⑥ 临时使用所有设备的金属外壳必须有良好的接地或接零线。

⑦ 安装好的临时线，非经审批部门同意任何电工不得任意更改或借接。

7. 消防安全制度（案例）

为加强消防工作，保障公司生产、经营顺利进行，保护公司财产和员工生命免受火灾危害，特制定本制度。

1）公司由主管安全的部门根据公司生产场所共同研究划出禁火区，并设置明显的禁火标志。

2）禁火区内严禁动用明火和吸烟。

3）确需在禁火区内动用明火，必须事先办理动火申请手续，填写"情况汇报"，经职能部门批准，落实防范措施，指定现场监护人后方可动火。动火结束，清理现场，消除火患。

4）不准擅自动用消防设施，设施周围不准堆放杂物。

8. 劳动保护用品管理制度（案例）

合理分配和正确使用劳动保护用品，保护员工的安全与健康，结合本公司实际，特制定本制度。

1）根据生产、工作的需要，按发放标准合理发放劳动用品，凡个人领用的防护用品只能在生产过程中使用。

2）员工按标准规定领用个人防护用品，凭部门签署的领料单，办理领用手续。

9. 安全生产责任制（案例）

按"分级管理，分线负责"的基本原则，明确公司安全管理的要求，其目的是为了保证员工在生产、工作过程中的安全与健康。

（1）总则

1）根据"安全生产、人人有责"的原则，各部门、各级人员都必须牢固树立"安全第一"的思想，履行各自工作范围内的安全职责，做到责任明确、配合密切、赏罚有据，认真切实搞好安全生产的各项管理工作。

2）各级领导必须在管理生产的同时，切实抓好安全生产工作，并始终坚持执行安全工作与生产工作同时计划、布置、检查、总结、评比，新建、改造、扩建和技术改造的项目必须将保证安全生产和环保的设施与主体工程同时设计、同时施工、同时投产的规定，保障员工在生产过程中的安全与健康。

3）安全生产应贯彻于整个生产的全过程，各部门应制定各类人员的安全生产岗位责任制。

(2) 组织体系

1) 在公司总经理的领导下,做好公司的安全生产工作。

2) 各分厂、车间主任是工厂安全生产工作的具体负责人。

(3) 主要人员的安全职责

1) 总经理:

① 公司的安全生产总负责人,认真贯彻、严格执行和督促各部门执行有关安全生产的方针、政策和各项规定,支持各部门、各分厂提出的有关公司事故隐患的整改措施和合理化建议。

② 审批本公司各项安全管理标准及年度安全技术措施计划,并检查执行情况。

③ 健全安全管理机构,组织制定并实施安全生产责任制、安全生产规章制度和操作规程、安全教育和培训计划。及时对公司安全生产形势进行分析、研究,采取相应对策。

④ 发生重大事故和重大未遂事故,应亲临现场,组织调查分析,并按规定严肃处理。

⑤ 领导、督促、检查整个公司的安全技术、劳动保护工作,对在安全生产工作中有显著成绩或严重违规的部门和个人实施奖励或处罚。

2) 各分厂及车间主任:

① 认真贯彻执行安全生产的方针、政策、法令,以及上级有关部门和本公司的有关安全生产的各项规定,每月组织一次安全检查,并有检查、整改记录,对本部门的安全生产负责。

② 在计划、布置、检查、总结、评比生产的同时,必须计划、布置、检查、总结、评比安全生产工作。

③ 抓好现场的安全管理工作,建立安全管理台账,组织开展各项安全生产的竞赛活动。

④ 加强本部门员工的安全教育、新员工进厂安全教育,员工变换工种安全教育。

⑤ 对特殊工种人员必须进行安全教育和配合市职能部门搞好专业培训,经考核合格、领证后方准许上岗操作。

⑥ 合理组织生产,注意员工劳逸结合。

⑦ 对患有高血压、心脏病、精神病等疾病的员工,不准调配在特殊工种和高空、高温等危险性大的岗位上作业。

⑧ 未经专门培训的员工,不得单独上岗作业。

⑨ 定期编制本部门的安全技术、劳动保护措施计划,经批准后积极组织实施。

⑩ 教育员工爱护各种设备和安全装置,定期组织安全检查,及时整改不安全因素,消除事故隐患,并负责本部门事故的调查、分析、处理上报。

3) 生产人员:

①员工必须自觉执行安全生产的各项规章制度，对违章指挥有权拒绝并及时报告领导。

②努力学习管理和技术，自觉遵守安全技术操作规程，正确使用和维护、保养好生产装备、安全附件及装置等。

③积极参加安全活动，自觉接受安全教育，服从指挥，虚心听取领导对安全生产的指导。

④正确穿戴、爱护和合理使用劳保用品。

⑤及时清除废料、经常保持工作场所、生产装备的清洁卫生，做到半成品、成品堆放整齐，保持通道畅通。

⑥班前班后认真进行安全检查，将安全状况作为交接班的重要内容，严格执行交接手续。

⑦发生事故和重大未遂事故或发现事故隐患时必须及时向领导汇报。

（4）各级职能部门的安全职责

1）各级职能部门对公司的安全工作负有指导、检查、督促、监定、协调和安全奖惩、事故调查分析、处理、报告等管理职责。

2）认真贯彻、严格执行党和国家关于安全生产工作的方针、政策、法令、法规、保护员工在生产过程中的安全和健康。

3）参与编制年度安全技术措施计划，并督促有关部门切实执行。

4）负责组织对员工进行安全教育，做好新进厂员工的安全教育，并督促各部、车间、班组做好各种类别的安全教育。

5）定期参加安全生产会议，总结推广安全生产经验。

6）参与审查并落实工艺布置、新建项目的设计、竣工验收和设备试运转等工作的安全措施。

7）参与工伤事故及重大未遂事故的调查、分析、处理、登记建档和上报工作。积极做好整改隐患和落实防范措施，并督促其按时实现。

8）参与设备事故的调查、分析和处理。

9）督促有关部门不断改善劳动条件，消除事故隐患和有毒有害因素。

10）参与编制、下达年度生产计划时，要同时编制、下达安全技术措施项目，合理组织生产，注意劳逸结合。

11）把安全生产列为生产调度会的重要内容，经常研究、分析生产过程中出现的不安全因素，并组织有关部门及时采取措施。

12）采用新工艺、新设备、新工装时，必须同时研究和解决有关安全、防护等措施项目。

13）产品生产过程中，根据原材料特性、产品特点、工艺过程机理，充分考虑和改善劳动条件，部署防冻、防尘毒、防暑的安全技术措施。

14）从开发到正式投产的项目必须符合安全生产、工业卫生的要求。

15）进行危险性较大的试验时，应采取可靠的安全措施，并会同有关部门预先会审、会签。

16）对新建项目、更新改造项目，必须保证有具体安全和排除有毒有害的设施，与主体工程同时设计，同时施工，同时投产。

17）编制新产品试制计划时，必须同时把安全技术、工业卫生措施纳入计划。

18）加强特种设备的管理和维护保养，保证特种设备处于完好状态。

19）自行设计、制造、安装的设备及设施，必须同时符合安全性评价的技术要求方准使用。

20）无证人员及外来人员，未经公司有关职能部的批准，不得擅自操作本公司设备，特殊工种必须持证方能作业。

21）对动力管线（含附属设备）的敷设和施工的安全工作必须按规定执行。

22）认真做好企业安全管理台账，如安全检查活动记录、事故隐患整改通知书、特种作业人员安全教育（培训）登记表、消防器材登记表、重要和危险部位登记表、安全投资登记表、劳动保护用品发放登记表、工业卫生措施登记表等。

二、安全管理表格及台账（案例）

1）事故隐患整改通知书，见表 9-1。

表 9-1 事故隐患整改通知书

安检字第_____号

整改责任部门		整改期限		
整改内容及要求				第一联存根
	签发人：	整改负责人：	年 月 日	
验收意见				
	整改负责人：	验收人：	年 月 日	

注：1. 本通知书是企业安全管理人员在日常安全检查中针对存在的安全问题出具的指令，必须坚决执行。
2. 整改部门对事故隐患立即组织整改，因拖延整改而造成后果的要依法追究责任。
3. 此单一式三联，签好验收意见后，第二联交整改部门存查，第三联返回安全管理主管部门。

2）劳动保护用品发放登记表，见表 9-2。

3）工业卫生措施登记表，见表 9-3。

4）特种作业人员安全教育（培训）登记表，见表 9-4。

5）消防器材登记表，见表9-5。
6）重要和危险部位登记表，见表9-6。
7）安全投资登记表，见表9-7。
8）安全检查活动记录，见表9-8。

表9-2　劳动保护用品发放登记表

序号	姓名	工种	劳保用品名称	发放日期	规定使用起止日期	领用人签名	备注

表9-3　工业卫生措施登记表

部位	需定期采样检测的项目（粉尘、有毒气体、噪声等）	测试结果	防护措施	治理措施	备注

表9-4　特种作业人员安全教育（培训）登记表　　　月　　日

序号	姓名	性别	年龄	文化程度	作业部位	工种职别	考试成绩	核发证号	教育形式	备注

表 9-5　消防器材登记表

序号	放置位置	型号	规格	数量	购进日期	换药日期	保管人	负责人	有效起止日期	备注

表 9-6　重要和危险部位登记表

序号	部位名称主要特征	监管部门	责任人	主要安全防范措施	备注

表 9-7　安全投资登记表

序号	日期	投资用途	投资额	投资效果评价	备注

表 9-8　安全检查活动记录

组织单位		时间		地点	
主持人		参加人员签名			
记录人					
主题					
具体内容					

第二节　危险等级划分

一、危险等级划分原则

1. 危险因素的确定

企业危险总是伴随着设备、设施及物品而存在。因此确定企业中的危险因素也就是确定企业中带有危险的设备、设施及物品、物料。根据我国制造业部分重点企业多年来发生事故的统计分析，以及发生事故概率的高低和发生事故后的灾害程度，确定以 16 种设备、设施及物品作为衡量制造业工厂危险等级划分的基准，并根据拥有量的多少来计算企业危险程度的大小。据统计资料表明，这 16 种设备、设施及物品发生的事故约占事故总数 86.2%。

2. 危险容量的分类

危险容量是设备、设施及物品固有的危险性大小的量。根据事故的统计分析，并考虑到各地区、各种不同类型和规模企业的情况，评价标准中将危险容量分为三类，Ⅰ类容量低，对事故的影响小，Ⅱ类高于Ⅰ类，Ⅲ类容量最高，对事故的影响也大。

二、危险等级划分

某公司的危险等级划分,见表 9-9(案例)。

表 9-9　某公司的危险等级划分表(案例)

序号	设备(物品)名称	单位	危险容量					
			I 类		II 类		III 类	
			R_I	H_1	R_{II}	H_2	R_{III}	H_3
1	锅炉	t/h	10 以下		10~40		40 以上	
2	油库	m³	5 以下		5~20		20 以上	
3	煤气发生炉	台	3 以下		5~10		10 以上	
4	高压气瓶	个	40 以下		40~100		100 以上	
5	闪点<40℃易燃易爆物品储量	t	10 以下		10~50		150 以上	
6	轻质易燃易爆物品储量	m³	50 以下		50~200		200 以上	
7	压力机	台	20 以下		20~60		60 以上	
8	木工机械	台	4 以下		4~10		10 以上	
9	起重机械	台	30 以下		30~100		100 以上	
10	机动车辆	辆	40 以下		40~100		100 以上	
11	空压机	m³/min	40 以下		40~100		100 以上	
12	制氧机	m³/h	50 以下		50~300		300 以上	
13	变配电所(主变)	kV·A	380 以下		380~750		750 以上	
14	锻锤	t	0.5 以下		0.5~1		1 以上	
15	电弧炼钢炉	t	5 以下		5~10		10 以上	
16	冲天炉	t	5 以下		5~10		10 以上	

三、危险等级计算

1. 危险程度计算

危险程度大小的计算采用加权平均法,其公式为

$$T = \frac{N_1 C_1 + N_2 C_2 + N_3 C_3}{16}$$

式中　N_1、N_2、N_3——分别表示 I、II、III 类危险容量存在状态的次数,即 $N_1 = \sum H_1$,$N_2 = \sum H_2$,$N_3 = \sum H_3$;

　　　H_1、H_2、H_3——分别表示 I、II、III 类危险容量状态的分布,用 1 或 0 表示,有此项内容用 1,否则为 0;

　　　C_1、C_2、C_3——分别表示 I、II、III 类危险容量的指数,反映 I、II、III 类危险容量对企业危险的影响程度。为便于计算取 $C_1 = 10$,$C_2 = 20$,$C_3 = 30$;

　　　T——危险等级。

2. 危险等级的划分

危险等级按危险程度的大小分为高度危险、中度危险、低度危险三级。

根据表9-9，某公司危险等级（案例）计算如下：

$T > 23$　　　　高度危险

$T < 13$　　　　低度危险

$13 \leq T \leq 23$　　中度危险

3. 危险等级划分的说明案例

1）该16项设备、设施及物品，若其中某一项或某几项企业没有时，则缺项不计值（即 $H=0$），但在计算企业危险等级 T 值时仍按16项加权平均（即分母取16）。

2）企业凡有此类设备、设施及物品时，不论一年内使用时间长短、次数多少，如一年只用一次，在考虑危险容量时都应计算在内。

3）闪点是指易燃和可燃液体挥发出的气体与空气形成的混合物遇火源发生闪燃的最低温度。闪点<40℃的属于易燃易爆物品，如汽油、酒精、乙醇、丙酮、苯等。

危险等级划分表中，轻质易燃易爆物品是指其他易燃易爆液体和固体，如油漆、润滑油、木材、橡胶制品、化学易燃品、炸药、赛璐珞、磷及其化合物、油纸、油布、棉麻、谷草、纸等。其储量是按一年中最大储量的一次为准，既不是年总量，也不是月平均量。

四、危险等级划分的作用

1）为宏观管理提供依据，使主管部门掌握行业及系统中各企业拥有危险量的多少和危险程度的大小，做到重点监督管理。

2）使企业领导和安技人员对本企业危险程度的大小有明确认识，做到心中有数，确定安全工作基点，采取对策。

第三节　安全性评价

安全性评价又叫风险评价、危险度评价，分定性和定量评价两种方法，它是应用安全系统工程的方法，对系统内的人、机、物、环境的安全性进行预测和度量，从数量上说明分析对象安全性的程度。开展安全性评价是近年来大力推广应用安全系统工程的必然结果，是安全系统工程的继续和发展、深化和提高。它把预测、预防、预控事故的工作推向一个新的阶段，从事故的处理转向事故的预测、预防。开展安全性评价是社会不断进步、生产不断发展、改革不断深化形势的需要，也是企业实现安全生产提高经济效益的需要。通过评价可使宏观管理抓住重点、分类指导；也可为微观管理提供可靠的基础数据，是工业安全工作实现科学管理的重要环节。

一、安全性评价的目的和意义

1. 安全性评价的目的

评价的目的是辨识危险，预测危险，控制或消除危险及预防事故。工厂生产是一个大系统，要识别、控制、预防、改造这个大系统中的人、机、物、环境的危险性，就必须对它有充分的认识，充分揭示危险性的存在和危险发生的可能性，这就必须要进行安全性评价。

2. 安全性评价的意义

1）预防事故的需要。开展安全性评价能对企业建设项目和生产运行系统的安全性进行科学的预测和评估，有效地预防事故的发生，因此，它是预防事故的需要。在工业生产中各种生产装置和工艺过程，都是为了把原料和资源转换为半成品和成品，而这种转换不可能达到完全的程度，必然有一部分剩余的物质和能量，如果这些剩余的能量和物质失去控制，就可能导致事故，造成人员的伤亡或财产的损失，有的甚至导致社会性灾难。而这些隐患在生产过程中又往往被忽视或不易察觉，所以开展安全性评价对预防事故有极为重要的意义。

2）制定安全对策的需要。现代工业生产需要应用各种科学领域的知识和专门技术，采取综合管理建立有效的安全生产保证体系，因而要付出一定的投资与费用，但是安全投资也有一个优化问题，而且系统安全所指的不仅是有效地控制和消除危险，还包括系统的运行周期、操作效率和投资费用达到最佳配合。采用安全评价无论是在可行性研究中进行方案论证，比如新设备、新技术的采用、工艺路线的选定、厂址选择、合理布局、防灾对策等，还是对系统的设计进行安全评价，比如鉴别系统设计中的薄弱环节等，都可以得到最佳的综合效果，因而它是一种最经济的获得系统安全的方法。

3）加强管理的需要。从宏观管理来说对企业进行危险等级的划分，可比较确切地表明企业危险性情况及其对社会的危害程度，可使有关部门了解整个社会生产的安全状况，部署力量，确定重点管理范围与对象，实行分级管理，分类指导。从微观来说，通过评价可以全面掌握企业的安全状况，进一步修改安全制度与规程，改善防灾设施与组织，提高防灾能力和管理水平。

4）提高管理水平的需要。

二、安全性评价的预期目标

评价的预期目标是实现三个转变、达到六点效果。

1. 三个转变

评价的预期目标为实现三个转变：从传统管理转到科学管理；从事故处理转到事故预测、预防；从一般事务工作转到目标管理，即事故控制。

2. 六点效果

安全性评价可以收到如下六点效果：

1）安全机构的工作效率和安技干部的素质进一步提高。

2）对潜在的危险源及其危害的分析、认识更加符合实际。

3）安全生产的物质技术条件进一步改善,设备、设施更安全化,安全装置完善化、可靠化、环境无害化和人机化。

4）避免事故重复发生的措施更加有效。

5）安全制度、标准、法规更健全、更系统、更明确。

6）安全教育更科学,安全活动更有效。

三、制造业工厂安全性评价

制造业工厂安全性评价见表9-10（案例）。

1. 综合管理评价

1）表9-11为现代科学管理安全性评价检查表。

2）表9-12为规划、计划目标安全性评价检查表。

3）表9-13为职能部门安全责任分解指标安全性评价检查表。

4）表9-14为八种安全教育安全性评价检查表。

5）表9-15为安全生产责任制安全性评价检查表。

6）表9-16为安全生产规章制度安全性评价检查表。

7）表9-17为安全档案安全性评价检查表。

8）表9-18为安全管理图表安全性评价检查表。

9）表9-19为执行"五同时"情况安全性评价检查表。

10）表9-20为安技措施费安全性评价检查表。

2. 危险性评价

1）表9-21为气瓶安全性评价检查表。

2）表9-22为化学危险品库安全性评价检查表。

3）表9-23为油库安全性评价检查表。

4）表9-24为液化气站安全性评价检查表。

5）表9-25为煤气站安全性评价检查表。

6）表9-26为制氧站安全性评价检查表。

7）表9-27为木材、木制品库房安全性评价检查表。

8）表9-28为锅炉安全性评价检查表。

9）表9-29为热交换器安全性评价检查表。

10）表9-30为空压站安全性评价检查表。

11）表9-31为起重机械安全性评价检查表。

12）表9-32为厂内专用机动车辆安全性评价检查表。

13）表9-33为电焊机安全性评价检查表。

14）表9-34为冲、剪、压机械安全性评价检查表。

15）表9-35为木工机械安全性评价检查表。

16）表9-36为酸、碱、油槽安全性评价检查表。

17）表9-37为电弧炉安全性评价检查表。

18）表9-38为冲天炉安全性评价检查表。
19）表9-39为工业窑炉安全性评价检查表。
20）表9-40为锻造机械安全性评价检查表。
21）表9-41为金属切削机床安全性评价检查表。
22）表9-42为砂轮机安全性评价检查表。
23）表9-43为风动工具安全性评价检查表。
24）表9-44为建筑机械安全性评价检查表。
25）表9-45为碾砂机安全性评价检查表。
26）表9-46为带式输送机安全性评价检查表。
27）表9-47为破碎机安全性评价检查表。
28）表9-48为炊事机械安全性评价检查表。
29）表9-49为直梯安全性评价检查表。
30）表9-50为斜梯安全性评价检查表。
31）表9-51为厂房建筑耐火等级安全性评价检查表。
32）表9-52为临时线路安全性评价检查表。
33）表9-53为变配电站安全性评价检查表。
34）表9-54为车间动力、照明箱（柜）安全性评价检查表。
35）表9-55为电网接地系统安全性评价检查表。
36）表9-56为防雷接地安全性评价检查表。
37）表9-57为手持式电动工具安全性评价检查表。
38）表9-58为移动风扇安全性评价检查表。
39）表9-59为管道泄漏安全性评价检查表。
40）表9-60为危险建筑安全性评价检查表。
41）表9-61为油漆作业安全性评价检查表。

3. 作业环境评价

1）表9-62为有害作业点安全性评价检查表。
2）表9-63为防尘防毒设备、设施安全性评价检查表。
3）表9-64为特种作业人匹安全性评价检查表。
4）表9-65为接触Ⅰ、Ⅱ级毒物危害工人比率安全性评价检查表。
5）表9-66为接触Ⅳ级粉尘危害工人比率安全性评价检查表。
6）表9-67为车间通道安全性评价检查表。
7）表9-68为厂区主干道安全性评价检查表。
8）表9-69为车间设备、设施布局安全性评价检查表。
9）表9-70为工位器具、工件、材料摆放安全性评价检查表。
10）表9-71为生产区域地面状态安全性评价检查表。
11）表9-72为生产场地采光安全性评价检查表。

表 9-10 制造业工厂安全性评价表（案例）

序号	指标名称或内容	查证测定方法	单位	目标值	实测值	应得分	评分标准	实得分	检查（抽查）数量
	一、综合管理评价		分			240			
1	运用现代科学管理方法管理安全生产，有内容、有形式、有效果	按表9-11查证查资料、看现场、抽查（考）有关部门和人员	种	10		40	少一种扣4分		
2	企业长远工作规划，年度计划，安全技术措施计划，厂长任职目标等有安全工作目标，且保证上级目标实现。有落实情况	按表9-12查证查资料、文本、检查落实情况	种	4		12	有文本每种1分，如期实现每种2分 如有一种未达到目标扣3分		
3	职能部门有安全责任分解指标	按表9-13查证查有关职能部门资料、计算分解指标部门占被查部门百分比		100%		5	每少10%扣1分		
4	坚持八种安全教育形式	按表9-14查证查教育档卡，抽考有关人员	种	8		57			
	其中：新职工进厂三级安全教育			100%		10	少一个扣全分		
	中层以上干部教育			100%		4	少10%扣2分		
	特种作业人员教育			100%		7	少一个扣全分		
	全员教育			80%		12	少5%扣3分		
	复训教育			100%		6	少5%扣2分		
	变换工种教育			100%		8	少一个扣全分		
	班组长教育			100%		4	少5%扣2分		
	复工教育			100%		6	少一个扣全分		
5	各职能部门有明确的安全生产责任制，有执行效果	按表9-15查证，查制度文本，抽查有关部门执行情况及效果	分			15	每少一个部门扣2分		
6	有各种安全生产规章制度并贯彻执行	按表9-16查证，查制度文本、查执行记录	种	12		12	少三种制度文本扣全分；制度文本与执行情况有一处不符扣1分；累计有六处不符扣全分		

（续）

序号	指标名称或内容	查证测定方法	数据			应得分	评分标准	实得分	检查（抽查）数量
			单位	目标值	实测值				
7	有各工种操作规程并贯彻执行		分			38			
	其中：操作规程文本		分			6	每少一种扣1分，少三种扣6分		
	现场违章操作率			0		12	每1%扣2分		
	防护用品穿戴不合格率			5%		8	超1%扣2分		
	特种作业人员持证率			100%		8	少10%扣2分		
	安全知识抽试合格率			80%		4	不足80%扣全分		
8	安全档案完整	按表9-17查证五年以上	种	10		5	少一种扣1分，少三种扣全分		
9	安全管理图表齐全	按表9-18查证	种	9		5	少一种扣1分，少三种扣全分		
10	安技部门参加"三同时"审批	查上一年度新、改、扩项目总数，看安技部门参加审批比例		100%		10	有一项未参加扣全分		
11	按"三不放过"原则处理事故	查上一个年度事故报告，看坚持"三不放过"数占事故总数百分比	分			15	事故统计与报告不符，每起扣2分，事故报告中有一处缺项扣1分，累计缺项十处以上扣全分		
12	各级能坚持"五同时"	按表9-19查证查全厂性文件、记录、包括车间、分厂、部门口试有关人员	分			8	按月考核，每少一个部门扣1分；厂部少一次或三个以上职能部门少一次扣全分		

(续)

序号	指标名称或内容	查证测定方法	数据 单位	数据 目标值	数据 实测值	应得分	评分标准	实得分	检查(抽查)数量
13	按比例提取安措费，合理使用并按计划完成安措项目	按表9-20查证	分	更新和技改费的10%~20%		10	提取比例不足10%，使用不合理或没按计划实施扣全分		
14	机构人员配备符合规定	查安技干部实有人数（不含环保、劳保用品、保健食品、交通人员；含车间专职）		2‰~5‰		8	不足2‰扣全分		
二、危险性评价			分			600			
1	气瓶不合格率	按表9-21检查 不合格率 = $\frac{\text{不合格个数}}{\text{拥有总数}} \times 100\%$			0	22	每超1%扣0.66分		
2	化学危险品库	按表9-22检查	分			8	按检查表实得分		
3	油库	按表9-23检查	分			22	按检查表实得分		
4	液化气站（天然气、煤气站）	按表9-24、表9-25检查	分			22	按检查表实得分		
5	制氧站	按表9-26检查	分			10	按检查表实得分		
6	木制品，材库（场、站、房）	按表9-27检查（加权平均）	分			8	按检查表实得分		
7	锅炉不合格率	按表9-28检查			0	22	每超1%扣0.66分		
8	热交换器不合格率	按表9-29检查			0	10	每超1%扣0.30分		
9	空压站	按表9-30检查			0	8	每超1%扣0.24分		

(续)

序号	指标名称或内容	查证测定方法	单位	目标值	实测值	应得分	评价标准	实得分	检查（抽查）数量
10	起重机械不合格率	按表9-31检查		0		32	每超1%扣0.96分		
11	厂内机动车辆不合格率	按表9-32检查		0		24	每超1%扣0.72分		
12	各种电焊机不合格率	按表9-33检查		0		8	每超1%扣0.24分		
13	冲压机械不合格率	按表9-34检查		0		24	每超1%扣0.72分		
14	木工机械不合格率	按表9-35检查		0		18	每超1%扣0.54分		
15	酸碱油槽防护设施不合格率	按表9-36检查		0		5	每超1%扣0.15分		
16	电弧炉	按表9-37检查加权平均	分			10	按检查表实得分		
17	冲天炉及其装置	按表9-38检查加权平均	分			10	按检查表实得分		
18	工业窑炉	按表9-39检查加权平均	分			12	按检查表实得分		
19	锻造机械	按表9-40检查加权平均	分			12	按检查表实得分		
20	金属切削机床不合格率	按表9-41检查		0		25	每超1%扣0.75分		
21	砂轮机不合格率	按表9-42检查		0		8	每超1%扣0.24分		
22	风动工具不合格率	按表9-43检查		0		12	每超1%扣0.36分		
23	建筑机械不合格率	按表9-44检查		0		12	每超1%扣0.36分		

（续）

序号	指标名称或内容	查证测定方法	数据			应得分	评分标准	实得分	检查（抽查）数量
			单位	目标值	实测值				
24	碾砂机不合格率	按表9-45检查		0		12	每超1%扣0.36分		
25	带式输送机不合格率	按表9-46检查		0		12	每超1%扣0.36分		
26	破碎机不合格率	按表9-47检查		0		12	每超1%扣0.36分		
27	炊事机械不合格率	按表9-48检查		0		12	每超1%扣0.36分		
28	登高梯台不合格率	直梯按表9-49检查，斜梯按表9-50检查 不合格率 = $\frac{检查不合格梯台数}{检查梯台总数} \times 100\%$		0		24	每超1%扣0.36分，直梯、斜梯各12分		
29	厂房建筑耐火等级不合格率	按表9-51检查 按《工厂设计规范》耐火条款检查，易燃易爆库房全检 不合格率 = $\frac{耐火等级不符合防火标准面积}{厂区建筑物总面积} \times 100\%$		0		10	每超1%扣0.30分		
30	临时用电线路不合格率	按表9-52检查		0		12	每超1%扣0.36分		
31	变配电站	按表9-53检查 实得分 = $40 \times \frac{检查表累计实得分}{100}$	分			40	按检查表实得分		
32	车间动力照明箱（板、柜）不合格率	按表9-54检查		0		24	每超1%扣0.72分		

(续)

序号	指标名称或内容	查证测定方法	数据 单位	数据 目标值	数据 实测值	应得分	评分标准	实得分	检查(抽查)数量
33	电网接地系统接地点不合格率	按表9-55检查 不合格率=〔(不合格接地点数+缺少接地点数)/应有接地点数〕×100%		0		20	每超1%扣0.60分		
34	防雷接地不合格率	按表9-56检查		0		13	每超1%扣0.39分		
35	手持式电动工具不合格率	按表9-57检查		0		22	每超1%扣0.66分		
36	移动电扇不合格率	按表9-58检查		0		15	每超1%扣0.45分		
37	管道泄漏率	按表9-59检查 泄漏点每1km管道不得多于3处	处/km			8	超过3处/km全扣		
38	危险建筑面积比例	危险建筑面积比例=已鉴定危险建筑面积/厂区建筑物总面积×100% 按表9-60检查		0		8	每超1%扣0.24分		
39	油漆作业场所	按表9-61检查	分			12	按检查表实得分		
	三、作业环境评价		分			160			
1	有害作业达标点率	按表9-62检查 按《有害作业点划分准则》计算作业点数,按TJ 36《工业企业设计卫生标准》判断达标点数 达标率=测定达标点数/全厂有害作业点数×100%		80%		40	每低2%扣3分		

(续)

序号	指标名称或内容	查证测定方法	数据 单位	数据 目标值	数据 实测值	应得分	评分标准	实得分	检查(抽查)数量
2	防尘防毒设备合格	按表9-63查证 合格率 = $\dfrac{合格防尘、防毒设备总数}{全厂防尘、防毒设备总数} \times 100\%$		85%		30	每低5%扣6分		
3	特种作业人机匹配不合格率	按表9-64查证不匹配人数 不合格率 = $\dfrac{不匹配人数}{特种作业人数} \times 100\%$		0		10	每超5%扣3分		
4	接触Ⅰ、Ⅱ级毒物危害工人比率	按表9-65查证 按 GBZ 230《职业性接触毒物危害程度分级》确定接触Ⅰ、Ⅱ级毒物人数 接触比率 = $\dfrac{接触Ⅰ、Ⅱ级毒物人数}{全厂人数} \times 100\%$		3%		10	每超5%扣3分		
5	接触Ⅳ级粉尘危害等级工人比率	按表9-66查证 确定接触Ⅳ级粉尘危害等级工人数 接触比率 = $\dfrac{接触Ⅳ级粉尘人数}{全厂人数} \times 100\%$		10%		10	每超5%扣3分		

（续）

序号	指标名称或内容	查证测定方法	数据 单位	数据 目标值	数据 实测值	应得分	评分标准	实得分	检查（抽查）数量
6	车间安全通道占道率	按表9-67查证 占道率= $\frac{被占通道长度}{各车间安全通道总长度} \times 100\%$		5%		10	每超5%扣5分		
7	厂区主干道占道率	按表9-68查证 占道率= $\frac{被占主干道长度}{全厂主干道总长度} \times 100\%$		5%		10	每超5%扣5分		
8	车间设备、设施布局不合格率	按表9-69查证 不合格率= $\frac{不合格点数}{检查总点数} \times 100\%$		0		10	每超1%扣0.3分		
9	工位器具、工件、材料摆放不合格率	按表9-70查证 不合格率= $\frac{不合格点数}{检查总点数} \times 100\%$		0		10	每超1%扣0.3分		
10	生产区域地面状态	按表9-71查证	分			10	按检查表计分		
11	生产场地采光合格率	按表9-72查证 按厂房设计规范确定合格厂房数 合格率= $\frac{合格厂房数}{厂房个数} \times 100\%$		100%		10	每少10%扣3分		

注：1. 在检查项目中，10台以下应全部进行检查，10～500台抽查率应大于10%，但不得少于10台；500台以上抽查5%。
2. 对于评价表中有量值项目，必须用相应的仪器仪表等器具进行检测。
3. 应根据企业系统和一个周期的资料数据全面抽样，以保证抽检的代表性。
4. 对每项有缺陷的扣分最大值为该项应得分，则该项实得分为0。

表 9-11 现代科学管理安全性评价检查表

检查日期　　年　　月　　日

评价标准	目标值：10 种以上		计分方法	少一种扣 4 分		标准分	40	实得分	
序号	内容		应用部门	有形式、有内容、有效果	序号	内容		应用部门	有形式、有内容、有效果
1	安全检查表				9	人机工程			
2	事故树分析				10	行为科学			
3	危险因素分级管理（ABC 分析法）				11	信息系统管理			
4	预先危险性分析				12	PDCA 循环			
5	故障类型及影响分析				13	计算机辅助管理			
6	心理学				14	目标管理			
7	安全性评价				15	电化教育			
8	生物节律								

注：有形式、有内容、有效果"√"，否则"×"。　　　　　　　　　　　　　　　　　检查人

表 9-12 规划、计划目标安全性评价检查表

检查日期　　年　　月　　日

评价标准	目标值：4 种	计分方法	每种 3 分，其中文本 1 分，如期实现 2 分	标准分	12	实得分	
序号	内容			有否文本资料	如期实现否	备注	
1	企业长远规划中有安全目标，生产与安全同步发展						
2	企业年度工作计划中有下列目标值 ①工伤事故控制目标值 ②有害作业点治理率、达标率 ③现代科学管理应用目标值						
3	企业安全技术措施计划目标包括 ①安全技术措施计划 ②工业卫生措施计划 ③生产卫生措施计划 ④安全宣传、教育、竞赛等设施的计划						
4	厂长任职目标						

注：有文本、如期实现的"√"，没有"×"。　　　　　　　　　　　　　　　　　检查人

表 9-13 职能部门安全责任分解指标安全性评价检查表

检查日期　年　月　日

评价标准	目标值：部门的100%	计分方法	每少10%扣1分	标准分	5	实得分	
序号	各职能部门安全责任指标文本			评价结果	序号	各职能部门安全责任指标文本	评价结果
1	生产计划部门				11	供应部门	
2	工艺部门				12	销售部门	
3	技术部门				13	基建部门	
4	保卫部门				14	运输部门	
5	设备部门				15	车间或分厂	
6	动力部门				16	厂办	
7	财务部门				17	全质办	
8	行政部门				18	企管办	
9	劳资部门				19	工会	
10	教育部门						

注：评价结果有"√"，没有"×"，未设此部门"/"。　　　　　　　　　　　　　　　检查人

表 9-14 八种安全教育安全性评价检查表

检查日期　年　月　日

评价标准	目标值：8种	计分方法	累计计分	标准分	57	实得分			
序号	内容	规定（教育率%）	标准分	评分标准	拥有人数	已教育人数	实际教育率(%)	实得分	
1	新职工进厂三级安全教育	100	10	少一个扣全分					
2	中层以上干部教育	100	4	少10%扣2分					
3	特种作业人员教育	100	7	少一个扣全分					
4	全员教育	80	12	少5%扣3分					
5	复训教育	100	6	少5%扣2分					
6	变换工种教育	100	8	少一个扣全分					
7	班组长教育	100	4	少5%扣2分					
8	复工教育	100	6	少一个扣全分					

检查人

表 9-15 安全生产责任制安全性评价检查表

检查日期　年　月　日

评价标准	目标值：100%	计分方法	少一个部门扣2分	标准分	15	实得分	
序号	名称	安全生产责任制文本			执行情况及效果评价		
1	总经理职责						
2	副总经理职责						
3	总工程师职责						
4	总经济师职责						
5	总会计师职责						
6	工会主席职责						
7	各职能科室职责						
8	分厂厂长职责						
9	车间主任职责						

注：有文本及效果为"√"，没有"×"。　　　　　　　　　　　　　　　　　　　　检查人

表9-16 安全生产规章制度安全性评价检查表

检查日期　　年　　月　　日

评价标准	目标值：12种	计分方法	少三种扣全分，文本与执行情况有一处不符扣1分，累计有六处不符扣全分	标准分	12	实得分	

序号	制度名称	文本资料	执行记录	备注
1	安全生产检查制度			
2	安全生产教育制度			
3	安全生产奖惩制度			
4	工伤事故管理制度			
5	危险作业审批制度			
6	特种设备管理制度			
7	动力管线管理制度			
8	危险化学品管理制度			
9	新建、改建等项目评审制度			
10	职业病防治管理制度			
11	承包合同安全评审制度			
12	临时线审批制度			

注：有文本有执行记录为"√"，没有"×"。　　　　　　　　　　　　　　检查人

表9-17 安全档案安全性评价检查表

检查日期　　年　　月　　日

评价标准	目标值10种	计分方法	少一种扣1分，少三种扣全分	标准分	5	实得分	

序号	档案名称	有	否	备注
1	工伤事故档案			
2	安全教育档案			
3	违章记录档案			
4	安全奖惩档案			
5	隐患及整改记录			
6	安措项目档案			
7	特种设备档案			
8	特种作业及危险作业人员健康档案			
9	工业卫生档案			
10	防尘防毒设备档案			

注：有"√"，没有"×"。　　　　　　　　　　　　　　　　　　　　　检查人

表 9-18　安全管理图表安全性评价检查表

检查日期　　年　　月　　日

评价标准	目标值：9 种	计分方法	少一种扣1分、少三种扣全分	标准分	5	实得分	
序号		管理图表名称		有	否	备 注	
1		历年工伤事故分析图					
2		危险作业及危险点分布图					
3		厂区通道布置图					
4		配电系统及接地网布置图					
5		安全管理信息网络图					
6		安全机构体系图					
7		多发性伤害及重大伤亡事故的事故树图					
8		有害作业点分布图					
9		工伤事故控制图					

注：有"√"，没有"×"。　　　　　　　　　　　　　　　　　　　　　　检查人

表 9-19　执行"五同时"情况安全性评价检查表

检查日期　　年　　月　　日

评价标准	目标值：各级资料齐全	计分方法	少一个部门扣1分，少三个部门或厂部少一次扣全分，安全员例会少一次扣全分	标准分	8	实得分	
序号		评价内容		有否安全内容		备 注	
1		全厂性文件					
2		生产调度会纪要、记录					
3		车间生产会议记录					
4		企业安全员例会记录					
5		总结评比材料					

注：有"√"，没有"×"。　　　　　　　　　　　　　　　　　　　　　　检查人

表 9-20　安技措施费安全性评价检查表

检查日期　　年　　月　　日

评价标准	目标值：达到国家规定值	计分方法	提取比例低于国家规定不得分	标准分	10	实得分	
固定资产值/万元		更新改造费总数	应提取安措费用数		实际提取数	提取比率（%）	
序号	年 度	计划费用	实际费用	使用合理	如期实现	备 注	
1	年						
2	年						
3	年						
4							
5							
6							
7							
8							
9							
10							

注：使用合理、如期实现"√"，未达到要求"×"。　　　　　　　　　　　检查人

表 9-21 气瓶安全性评价检查表

检查日期　年　月　日

评价标准	目标值：不合格率为0		计分方法	每超1%扣0.66分		计算公式	实得分 = 22 - 不合格率×0.66×100	
拥有总数		抽查数		不合格数	不合格率（%）	标准分	22	实得分

序号	使用部门	在检验周期内使用	无严重锈蚀或损伤	无超装现象	有明显的漆色标志	安全装置齐全	备注
1							
2							
3							
4							
5							
6							
7							
8							
9							
10							
11							

注：合格"√"，不合格"×"，其中有一项不合格，则视该瓶为不合格。　　　　检查人

表 9-22 化学危险品库安全性评价检查表

检查日期　年　月　日

评价标准	按表检查	计分方法	累计计分	计算公式	累计相加	（加权平均）
拥有总数		抽查数		标准分	8	实得分

序号	评价内容	标准分	实得分	备注
1	化学危险物品应分别设置专库、专柜贮存，分类保管，并有名称标志 ① 剧毒品有专柜贮存，并有控制发放的措施 ② 能引起燃烧、爆炸的物品不能贮存在一起 ③ 灭火方法不同的化学品，如金属钠与硝酸棉，丙酮与电石等不得同库贮存 ④ 每种物品都标有名称标志、燃烧特性及灭火方法等	3		
2	有明显的安全标志和防火设施（包括建筑耐火等级、防火间距、避雷装置、消防通道、消防水源和器材、救护用具等）	2		
3	库房有良好的通风（包括通风、隔热、避光等措施）	2		
4	易燃易爆物品库房采用防爆电器设施	1		

注：拥有多处时加权平均。　　　　检查人

表 9-23 油库安全性评价检查表

检查日期　　年　　月　　日

评价标准	按表检查	计分方法	累计计分	计算公式	累计计分	(加权平均)
拥有总数		抽查数		应得分	22	实得分

序号	评价内容	标准分	实得分	备注
1	油罐基础、罐体和保温层应用防火的材料建造	2		
2	油罐高度应不大于17m(特殊情况除外)	1		
3	油罐上应使用机械式液位计	1		
4	油罐上应装有呼吸阀、呼吸阀下装有阻火器,呼吸阀每月查二次,阻火器每季查一次	3		
5	油罐设备管道应可靠接地	2		
6	库房与其他厂房、道路的间距大于15m,与散发明火点的间距应大于30m	2		
7	库房内应有良好通风	3		
8	库房内电器设施应达到防爆要求	2		
9	达到规定数量的消防器材	2		
10	消防道路畅通(以消防车能转弯为合格)	2		
11	库房内应采用不产生火花的工具	1		
12	油库内外有醒目的安全标志	1		

注:拥有多座油库或多只油罐时,取平均值。凡贮量超过0.5t的汽、柴油罐均进行评价。　　检查人

表 9-24 液化气站安全性评价检查表

检查日期　　年　　月　　日

评价标准	按表检查	计分方法	累计计分	计算公式	累计相加	
拥有总数		抽查数		标准分	22	实得分

序号	评价内容	标准分	实得分
1	罐体有产品质量证明并经定期检验合格	2	
2	罐体无异常状态	1	
3	压缩机各紧固件达到规定要求、无泄漏	1	
4	系统管道接头无泄漏	1	
5	充装装置灵敏、准确、定期校验	1	
6	消防设施完备有效	2	
7	防火间距符合消防要求	2	
8	喷淋降温系统完好,随时能启用	2	
9	电气开关、照明采用防爆电气设备	1	
10	水封井及防火堤合格	1	
11	消防道路畅通	1	
12	安全阀定期校验(1年)	2	
13	压力表定期校验、精度等符合要求	1	
14	液位计清晰,有防超装措施	2	
15	气瓶在检验周期内使用	1	
16	气瓶无划痕、腐蚀、过火、鼓泡现象	1	

检查人

表 9-25 煤气站安全性评价检查表

检查日期　年　月　日

评价标准	按表检查	计分方法		计算公式		累计相加	
拥有总数		抽查数		标准分	22	实得分	

序号	评价内容	标准分	实得分	备注
1	煤气生产、用气设备制造质量符合设计要求，附件齐全，档案资料完整	2		
2	安全阀、压力表等每年校验一次，灵敏可靠	3		
3	各信号系统、事故照明、自控、报警装置齐全准确，有试验记录	2		
4	设备及管道的壁厚测试每年抽查一次，每三年进行一次气密性试验，有记录	2		
5	电气设备属 B 型防爆型、线路干燥、绝缘良好、站内无临时线	2		
6	化学毒品及易燃品应有专人保管、分类贮存，并有名称标志	2		
7	煤气中氧含量低于 0.6%，并有定期检测记录	2		
8	洗涤煤气的水的排放和粉尘含量应符合国家排放标准	2		
9	站内管道漆色应符合国家统一规定	2		
10	安全标志醒目，管理制度齐全，消防设施完备、良好	1		
11	运行记录齐全，岗位人员防护用品穿戴符合规定（不穿化纤服和钉子鞋）	2		

注：合格"√"，不合格"×"，其中有一项不合格则视该站为不合格。　　　　检查人

表 9-26 制氧站安全性评价检查表

检查日期　年　月　日

评价标准	按表检查	计分方法	累计计分	计算公式		累计相加	
拥有总数		抽查数		标准分	10	实得分	

序号	评价内容	标准分	实得分	备注
1	门窗一律向外开，有防止阳光直射气瓶和贮气罐措施	0.5		
2	设备、管道处于良好的工艺状态下运行，定期化验蒸馏塔中燃爆物质含量	1		
3	凡与氧气接触零件、工具等物严禁沾染油脂，手上不得有油污	1		
4	氧气管道不得有折皱或焊接弯头	0.5		
5	氧气管道、阀门、充装设备有导除静电接地，接地电阻不大于10Ω	1		
6	各种氧气、氮气放散管均应引至室外	0.5		
7	贮气囊应有防止超压的安全装置	1		
8	空瓶、实瓶、灌充台在同一房间时，应分开放，其间距达到国家标准规定要求	1		
9	贮瓶间地坪应平整、耐磨、防滑，并有防止瓶倒的措施	1		
10	灌瓶站气瓶贮存量不得超过国家标准的规定	0.5		
11	各生产岗位应配置消防器材，并定期检验，保持良好	1		
12	氧气站内外各主要部位有醒目的安全标志	1		

检查人

表9-27 木材、木制品库房安全性评价检查表

检查日期　年　月　日

评价标准		按表检查		计分方法		累计计分		计算公式		累计相加		（加权平均）
拥有总数				抽查数				标准分		8		实得分

序号	评价内容	标准分	实得分	备注
1	通道畅通，人行道、木材堆放等应达到国家标准规定要求，摆放整齐，稳妥可靠	2		
2	木材、木制品库房、通道入口处及重点部位应设置防火安全标志	1		
3	消防设施齐全完好，大型库应设消防水栓，小型库及易燃部位配有两个以上灭火器	2		
4	电器设施符合安全要求，电动机开关应密封，导线穿在管内	1		
5	库内不得堆积其他易燃物质，木屑、刨花应及时清除	1		
6	防火间距应不小于15m，间距达不到的可设置防火墙	1		

注：拥有多处时取平均值。　　　　　　　　　　　　　　　　　　检查人

表9-28 锅炉安全性评价检查表

检查日期　年　月　日

评价标准		目标值：不合格率为0		计分方法		每超1%扣0.66分		计算公式		实得分=22－不合格率×0.66×100
拥有总数		抽查数		不合格数		不合格率（%）		标准分	22	实得分

序号	使用部门	锅炉登记证、年检证齐全，技术资料完整	安全阀灵敏可靠，每年校验一次；铅封完好	水位计显示清晰、准确	压力表灵敏准确，每半年校验、铅封完好	给水设备可靠、完好	炉墙无严重漏风、烟现象	停炉期间采用符合标准要求的保养方式	有水质处理设施和化验仪器，水处理技术指标达到国家标准的规定
1									
2									
3									
4									
5									
6									
7									
8									
9									
10									
11									

注：合格"√"，不合格"×"，其中有一项不合格，则视该台锅炉为不合格。　　　　检查人

表9-29 热交换器安全性评价检查表

检查日期　　年　　月　　日

评价标准	目标值：不合格率为0	计分方法	每超1%扣0.3分	计算公式	实得分=10－不合格率×0.3×100		
拥有总数		抽查数		不合格数	不合格率（%）	标准分 10	实得分

序号	使用部门	技术资料齐全，在检验周期内使用	安全阀灵敏可靠，每年校验一次，铅封完好	无严重腐蚀
1				
2				
3				
4				
5				
6				
7				
8				
9				
10				
11				

检查人

注：合格"√"，不合格"×"，其中有一项不合格则视该容器为不合格，检查对象为受压容器（超过规定压力的热交换器），按压力容器进行检查。

表9-30 空压站安全性评价检查表

检查日期　　年　　月　　日

评价标准	目标值：不合格率为0	计分方法	每超1%扣0.24分	计算公式	实得分=8－不合格率×0.24×100	
拥有总数		抽查数		标准分	8	实得分

序号	评价内容	标准分	实得分	备注
1	贮气罐技术资料齐全，在检验周期内使用	2		
2	贮气罐无严重腐蚀	1		
3	安全阀、压力表灵敏可靠，定期校验，铅封完好	2		
4	贮气罐支承平稳，无晃动	1		
5	空压机带轮防护罩可靠	1		
6	操作间的噪声不大于85dB	1		

注：拥有多台时取平均值。　　　　　　　　　　　　　　　　　检查人

表 9-31 起重机械安全性评价检查表

评价标准	目标值：不合格率为0	计分方法	每超1%扣0.96分	计算公式	标准分	实得分	检查日期 年 月 日
		抽查数	不合格数	不合格率（%）	32	实得分=32-不合格率×0.96×100	
拥有总数							

序号	使用部门	钢丝绳断丝不超标，在卷筒上至少留有三圈，尾端卡牢固	吊钩转动灵活，无裂纹，磨损不超标	滑轮转动灵活，无裂纹缺损	制动器工作稳定可靠	卷扬限位器	大小车行程限位器	门窗电器联锁装置	紧急停止开关	终端缓冲器（含小车）	信号装置	轨道端部缓冲器	扫轨板	露天行车夹轨钳	轨道接地	转动部位保护罩	滑线保护档板	吊索具完好
								安全防护系统完好可靠										
1																		
2																		
3																		
4																		
5																		
6																		
7																		
8																		
9																		
10																		
11																		

注：合格"√"，不合格"×"，有一项不合格则视该起重机械为不合格。

检查人

表 9-32 厂内专用机动车辆安全性评价检查表

检查日期　　年　　月　　日

评价标准	目标值：不合格率为0	计分方法	每超1%扣0.72分	计算公式	实得分 = 24 - 不合格率×0.72×100			
拥有总数		抽查数		不合格数	不合格率(%)	标准分	24	实得分

序号	使用部门	离合器使用平稳可靠，无异常声响	转向装置调整适当，操纵方便，灵活可靠	燃油、油箱无渗漏	制动装置调整适当，制动距离符合要求	仪表照明、信号及各附属装置安全性能良好	车辆经检验符合特种设备使用要求	液化气槽车、油罐车应有防静电装置
1								
2								
3								
4								
5								
6								
7								
8								
9								
10								

注：1. 合格"√"，不合格"×"，其中有一项不合格，则视该辆车为不合格。　　　　检查人
　　2. 指企业内机动车辆，不包括个人购买机动车辆。

表 9-33 电焊机安全性评价检查表

检查日期　　年　　月　　日

评价标准	目标值：不合格率为0	计分方法	每超1%扣0.24分	计算公式	实得分 = 8 - 不合格率×0.24×100			
拥有总数		抽查数		不合格数	不合格率(%)	标准分	8	实得分

序号	使用部门	电源线、焊接电缆与电焊机的接地处有屏护罩	焊机插座完整，有良好的接地（零）	焊接变压器的一次、二次线圈间，绕组与外壳间的绝缘电阻不小于1MΩ，有测试记录	一次线长度不超过2m、二次线接头不超过三个	备注
1						
2						
3						
4						
5						
6						
7						
8						
9						
10						
11						

注：合格"√"，不合格"×"，其中有一项不合格则视该机为不合格。　　　　检查人

表 9-34　冲、剪、压机械安全性评价检查表

检查日期　　年　　月　　日

评价标准	目标值：不合格率为0	计分方法	每超1%扣0.72分	计算公式	实得分 = 24 − 不合格率 × 0.72 × 100		
拥有总数		抽查数		不合格数		不合格率(%)	
						标准分	24	实得分	

序号	使用部门	离合器动作灵敏可靠，无连冲	制动器灵敏可靠	紧急停止按钮灵敏可靠	传动外露部分的防护罩齐全、可靠	脚踏操纵机构的上部及两侧防护罩牢固	踏脚板有防滑措施	各种安全防护装置及安全保护控制装置可靠有效	接地(零)良好
1									
2									
3									
4									
5									
6									
7									
8									
9									
10									
11									

注：合格"√"，不合格"×"，其中有一项不合格则视该台设备为不合格。　　　　检查人

表 9-35　木工机械安全性评价检查表

检查日期　　年　　月　　日

评价标准	目标值：不合格率为0	计分方法	每超1%扣0.54分	计算公式	实得分 = 18 − 不合格率 × 0.54 × 100		
拥有总数		抽查数		不合格数		不合格率(%)	
						标准分	18	实得分	

序号	使用部门	限位装置灵敏可靠	各旋转部位防护装置完好可靠	吸尘装置完好有效	夹紧装置完好有效	锯条、锯片、砂轮无裂纹变形	接地(零)装置完好	跑车两端设有护栏	锁紧机构工作可靠	各安全装置完好可靠	锯条接头牢固，不超过三个	平刨台面开口度 ≤55mm
1												
2												
3												
4												
5												
6												
7												
8												
9												
10												
11												

注：合格"√"，不合格"×"，其中有一项不合格则视该台机械为不合格。　　　　检查人

表 9-36 酸、碱、油槽安全性评价检查表

检查日期　　年　　月　　日

评价标准	目标值：不合格率为0	计分方法	每超1%扣0.15分	计算公式	实得分 = 5 - 不合格率×0.15×100		
拥有总数		抽查数		不合格数	不合格率（%）	标准分	5	实得分	
序号	使用部门	槽体坚固无渗漏	镀槽及电解槽上的导电装置与槽体有绝缘措施	导电部位保持干净，导电良好	地下槽体必须在地面设置跨护围栏，高度达到国家标准要求	电加热器使用可靠，符合国家标准规定	备注
1							
2							
3							
4							
5							
6							
7							
8							
9							
10							
11							

注：合格"√"，不合格"×"，其中有一项不合格则视该设备为不合格。　　　　检查人

表 9-37 电弧炉安全性评价检查表

检查日期　　年　　月　　日

评价标准	按表检查	计分方法	累计计分	计算公式	累计相加	（加权平均）
拥有总数		抽查数		标准分	10	实得分	
序号	评价内容			标准分	实得分	备注
1	炉门升降机构灵敏可靠，钢索磨损、断丝符合规定			0.5		
2	电极密封圈应比电极大40~50mm，且无渗水现象			0.5		
3	倾炉限制器灵活可靠			1		
4	电极升降机构钢丝绳的磨损、断丝符合规定			0.5		
5	炉顶限制器应灵敏、可靠			1		
6	炉体和桥架必装置限位开关，并保持灵敏可靠			1		
7	炉体外露传动部位必须装置防护罩			1		
8	电炉水冷系统齐全、完好			0.5		
9	控制柜上仪表、指示灯、按钮齐全、完好、灵敏可靠			1		
10	出钢坑内应保持干燥			1		
11	电炉必须设除尘装置			2		

注：拥有多台炉时取平均值。　　　　检查人

表 9-38　冲天炉安全性评价检查表

检查日期　　年　　月　　日

评价标准		按表检查		计分方法		累计计分		计算公式		累计相加		（加权平均）
拥有总数				抽查数				标准分	10	实得分		

序号	评价内容	标准分	实得分	备注
1	冲天炉炉体及防爆门、防爆箱完整无损，工作可靠	2		
2	炉底板应牢固，炉底门开启灵活	1.5		
3	炉坑内严禁积水	1.5		
4	鼓风机、电动机接地（零）可靠，外露传动部分防护装置齐全完好	1.5		
5	加料部位设有栅栏，加料装置必须符合起重机械的有关条款规定	2		
6	加料平台不准超过规定载荷，平台要比料口低 0.5m，平台的护栏符合规定	1.5		

注：拥有多座时采取平均值。　　　　　　　　　　　　　　　检查人

表 9-39　工业窑炉安全性评价检查表

检查日期　　年　　月　　日

评价标准		按表检查		计分方法		累计计分		计算公式		累计相加		（加权平均）
拥有总数				抽查数				标准分	12	实得分		

序号	评价内容	标准分	实得分	备注
1	炉门升降机构完好，钢索断丝不超标，重锤配置适当，外露传动部位防护罩完好	3		
2	炉车钢丝绳、滑轮应完整无损	2		
3	炉体的炉墙、炉衬应严密、无泄漏	2		
4	锻造加热炉：炉门循环冷却水保持正常流通 退火炉、烘模炉：炉门必须装设自动联锁保险装置 煤气（天然气）炉：气阀完好，无松动和泄漏现象 重油炉：油管、风管及加热管无裂纹，无泄漏现象 盐浴炉：测温仪表、仪器灵敏可靠，电气设备接地（零）良好 箱式电阻炉：测温仪表灵敏可靠，电阻丝完好，电气设备、接地及防护罩完好 燃油反射炉：风管、油管、油嘴保持畅通，油温、风压、测温仪表工作正常 气体渗碳炉：炉盖升降机构工作正常，风扇转动平稳，水管、油管、排气管等无渗漏 气体氮化炉的炉盖氮气管无泄漏，氮气瓶严禁靠近热源	5		

注：1. 拥有多台时取平均值。
　　2. 第 4 项按每一种炉型进行检查。　　　　　　　　　　　检查人

表 9-40　锻造机械安全性评价检查表

检查日期　　年　　月　　日

评价标准	按表检查	计分方法	累计计分	计算公式	累计相加	（加权平均）
拥有总数		抽查数		标准分	12	实得分

序号	评价内容	标准分	实得分	备注
1	上下砧平行且无松动，销楔、横销紧固	2		
2	锤头无裂纹	1.5		
3	脚踏杆（操纵手柄）与连接杆和旋阀连接牢固且操作灵活	2		
4	电机底座连接牢固，接地（零）可靠	1.5		
5	外露传动部分防护装置齐全完好	1		
6	操纵机夹钳无裂纹，且转动灵活	1		
7	操纵机制动器的制动性能良好	1.5		
8	贮气罐无严重锈蚀，技术资料齐，在检验周期内使用，压力表、安全阀定期校验	1.5		

注：拥有多台时采取平均值。　　　　　　　　　　　　　　　检查人

表 9-41　金属切削机床安全性评价检查表

检查日期　　年　　月　　日

评价标准	目标值：不合格率为 0	计分方法	每超 1% 扣 0.75 分	计算公式	实得分 = 25 − 不合格率 × 0.75 × 100
拥有总数		抽查数		不合格数		不合格率（%）		标准分	25	实得分	

序号	使用部门	防护罩、盖、栏完备可靠	防卡具脱落装置完好	备有清除切屑的专用工具	加工细长料的机床尾端有防弯装置	机床的限位、联锁操作手柄灵活可靠	照明采用安全电压	机床有可靠的接地（零）装置	不加罩的旋转连接部位的楔、销应平滑不突出	砂轮无裂纹旋转时无明显跳动
1										
2										
3										
4										
5										
6										
7										
8										
9										
10										
11										

注：合格"√"，不合格"×"，有一项不合格则视该机床为不合格。　　　　　检查人

表 9-42 砂轮机安全性评价检查表

检查日期　年　月　日

评价标准	目标值：不合格率为0		计分方法	每超1%扣0.24分	计算公式	实得分 = 8 − 不合格率 × 0.24 × 100		
拥有总数		抽查数		不合格数	不合格率(%)	标准分	8	实得分

序号	评价内容	标准分	实得分	备注
1	安装地点不能正对着附近的设备及操作人员，或经常有人往来的地方	0.5		
2	防护罩有足够的强度，安装牢固，罩与砂轮间的间隙应匹配	0.5		
3	挡屑屏板完好，能挡住碎块飞出	1		
4	砂轮无裂纹	2		
5	托架牢固、可调	1		
6	法兰盘直径应小于砂轮直径的1/3，与砂轮间有金属软垫	1		
7	砂轮运行时无明显的径向跳动	1		
8	接地（零）装置完好可靠	1		

注：单台砂轮机6分为合格。　　　　　　　　　　　　　　　　检查人

表 9-43 风动工具安全性评价检查表

检查日期　年　月　日

评价标准	目标值：不合格率为0		计分方法	每超1%扣0.36分	计算公式	实得分 = 12 − 不合格率 × 0.36 × 100		
拥有总数		抽查数		不合格数	不合格率(%)	标准分	12	实得分

序号	使用部门	砂轮夹紧必须符合规定	防护罩完好无损	气阀、开关完好无漏气	砂轮、铲头、扳手等部件无裂纹。防松脱锁卡完好	气路密封无泄漏，气管无腐蚀、老化	备注
1							
2							
3							
4							
5							
6							
7							
8							
9							
10							
11							

注：合格"√"，不合格"×"，其中有一项不合格则视该工具为不合格。　　　　检查人

表 9-44 建筑机械安全性评价检查表

检查日期　　年　　月　　日

评价标准	目标值：不合格率为0	计分方法	每超1%扣0.36分	计算公式	实得分＝12－不合格率×0.36×100
拥有总数		抽查数		不合格数		不合格率（%）		标准分	12	实得分	

序号	使用部门	传动装置外露部分防护罩齐全牢固	连接机件保持完好，无松动现象	离合器、制动器工作灵活可靠	钢丝绳磨损或断丝不超标	卷扬筒上钢丝绳不准放完，至少留有三圈，尾端装卡牢固	电气装置和线路绝缘良好，接地（零）可靠	电源开关箱有防雨水遮栏措施，箱内无杂物
1								
2								
3								
4								
5								
6								
7								
8								
9								
10								
11								

注：合格"√"，不合格"×"，其中有一项不合格，则视该台机械为不合格。　　　　检查人

表 9-45 碾砂机安全性评价检查表

检查日期　　年　　月　　日

评价标准	目标值：不合格率为0	计分方法	每超1%扣0.36分	计算公式	实得分＝12－不合格率×0.36×100
拥有总数		抽查数		不合格数		不合格率（%）		标准分	12	实得分	

序号	使用部门	机罩取弹门完好，手不伸入机内取砂样	密封罩封闭良好，罩门必须安装电气联锁装置，且齐全有效	外露传动部分防护罩齐全完好	电动机接地（零）有效可靠	控制按钮指示灯灵敏可靠，清晰明亮，标志明显	备注
1							
2							
3							
4							
5							
6							
7							
8							
9							
10							
11							

注：合格"√"，不合格"×"，其中有一项不合格则视该机为不合格。　　　　检查人

表 9-46 带式输送机安全性评价检查表

检查日期　　年　　月　　日

评价标准	目标值：不合格率为0	计分方法	每超1%扣0.36分	计算公式	实得分 = 12 - 不合格率 × 0.36 × 100		
拥有总数		抽查数		不合格数	不合格率(%)	标准分 12	实得分
序号	使用部门	齿轮箱与电动机、主动轮的连接应牢固,防护罩齐全完好	头架、尾架的主动轮、被动轮处应装置防护栏网	电动机接地（罩）可靠		备注	
1							
2							
3							
4							
5							
6							
7							
8							
9							
10							
11							

注：合格"√"，不合格"×"，其中有一项不合格则视该机为不合格。　　　检查人

表 9-47 破碎机安全性评价检查表

检查日期　　年　　月　　日

评价标准	目标值：不合格率为0	计分方法	每超1%扣0.36分	计算公式	实得分 = 12 - 不合格率 × 0.36 × 100		
拥有总数		抽查数		不合格数	不合格率(%)	标准分 12	实得分
序号	使用部门	防护围栏封闭牢固	电动机接地（零）良好	各传动装置外露部分防护罩完好、牢固	落锤式破碎机激发机构定位可靠,不失灵。落锤隔板（支承板）完好牢靠	备注	
1							
2							
3							
4							
5							
6							
7							
8							
9							
10							
11							

注：合格"√"，不合格"×"，其中有一项不合格则视该机为不合格。　　　检查人

表 9-48 炊事机械安全性评价检查表

检查日期　　年　　月　　日

评价标准	目标值：不合格率为0	计分方法	每超1%扣0.36分	计算公式	实得分 = 12 − 不合格率 × 0.36 × 100			
拥有总数		抽查数		不合格数	不合格率（%）	标准分	12	实得分

序号	使用部门	合面机搅面粉的盛器必须有盖	合面机盖机联锁工作可靠	绞肉机加肉斗口径、高度应确保手不能伸进	绞肉机每台机组均有单独的控制开关	压面机轧辊处应有防护装置	各炊事机械的传动部位有防护罩完好牢固	各炊事机械电源线完好、接地（零）可靠
1								
2								
3								
4								
5								
6								
7								
8								
9								
10								
11								

注：合格"√"，不合格"×"，其中有一项不合格则视该机为不合格。　　　　检查人

表 9-49 直梯安全性评价检查表

检查日期　　年　　月　　日

评价标准	目标值：不合格率为0	计分方法	每超1%扣0.36分	计算公式	实得分 = 12 − 不合格率 × 0.36 × 100			
拥有总数		抽查数		不合格数	不合格率（%）	标准分	12	实得分

序号	使用部门	直梯				
		梯宽应达到国家标准的规定	3m 以上部分设护笼，其护笼：直径为 0.75m，护圈间距小于 0.5m，垂条不少于五根（不含直梯杆）	直梯与平台相连的扶手高为 1.15m	梯级间隔小于 0.3m	结构件无严重脱焊、变形、腐蚀、断裂
1						
2						
3						
4						
5						
6						
7						
8						
9						
10						
11						

注：合格"√"，不合格"×"，其中有一项不合格则视该梯为不合格。　　　　检查人

表 9-50 斜梯安全性评价检查表

检查日期　　年　　月　　日

评价标准	目标值：不合格率为0	计分方法	每超1%，扣0.36分	计算公式	实得分 = 12 – 不合格率×0.36×100		
拥有总数		抽查数		不合格数	不合格率（%）	标准分	12	实得分	

序号	使用部门	斜梯					备注
		扶手立柱高0.9m，立柱间距小于1m	梯宽大于0.6m，小于1m	除扶手外必须设一横杆	踏步高、宽适当	结构件无严重脱焊、变形、腐蚀、断裂	
1							
2							
3							
4							
5							
6							
7							
8							
9							
10							
11							

注：合格"√"，不合格"×"，其中有一项不合格，则视该梯为不合格。　　　　　　检查人

表 9-51 厂房建筑耐火等级安全性评价检查表

检查日期　　年　　月　　日

评价标准	目标值：不合格率为0	计分方法	每超1%扣0.3分	计算公式	实得分 = 10 – 不合格率×0.3×100 不合格率 = $\dfrac{\text{耐火等级不合格面积}}{\text{厂房建筑总面积}} \times 100\%$		
拥有建筑面积/m²		抽查耐火等级面积		不合格面积	不合格率（%）	标准分	10	实得分	

序号	评价内容	规定耐火等级	实查等级	拥有面积/m²	备注
1	油库建筑耐火等级	二级以上			
2	化学品库建筑耐火等级	二级以上			
3	气瓶库建筑耐火等级	二级以上			
4	油漆库建筑耐火等级	二级以上			
5	油漆车间建筑耐火等级	二级以上			
6	木制品、木材库建筑耐火等级	二级以上			
7	木工库建筑耐火等级	二级以上			
8	乙炔站建筑耐火等级	二级以上			
9	锅炉房建筑耐火等级	二级以上			
10	变（配）电站建筑耐火等级	二级以上			
11	一般厂房建筑耐火等级（抽查两幢）	三级以上			

注：合格"√"，不合格"×"。　　　　　　检查人

表 9-52 临时线路安全性评价检查表

检查日期　　年　　月　　日

评价标准	目标值：不合格率为0		计分方法	每超1%扣0.36分		计算公式	实得分 = 12 - 不合格率×0.36×100		
拥有总数		抽查数		不合格数		不合格率(%)	标准分	12	实得分

序号	评价内容	标准分	实得分	备注
1	临时线审批手续完备，不超期使用	3		
2	临时线必须用绝缘良好的橡皮线，线径与负荷相匹配	2		
3	临时线必须沿墙或悬空架设距地高度：户内>2.5m，户外>4.5m，跨越道路时>6m	2		
4	临时线必须设一总开关，每一分路应设有与负荷相匹配的熔断器	2		
5	临时用电设备必须有良好的接地（零）	2		
6	临时线与其他设备、门窗、水管的距离应大于0.3m	1		
7	严禁在有爆炸和火灾危险的场所架设临时线	否决项		凡发现该项者则临时线路一项得0分

注：每条临时线满10分为合格。　　　　　　　　　　　　　　　检查人

表 9-53 变配电站安全性评价检查表

检查日期　　年　　月　　日

评价标准	按表检查		计分方法	累计计分		计算公式	实得分 = 40 × $\dfrac{检查表累计实得分}{100}$		
拥有总数		抽查数		不合格数		不合格率(%)	标准分	40	实得分

序号	评价内容	标准分	实得分	备注
1	变配电所与其他建筑间有足够的安全消防通道（消防车能转弯、调头为合格）	2		
2	变配电所与爆炸危险场所、有腐蚀性场所有足够间距（一般为30m）	2		
3	变配电所地势不低洼，以防雨后积水	2		
4	变配电所门应向外开，高低压间门向低压一边开，电压相等时门应双向开	2		
5	变配电所门窗孔应装设网孔小于10mm×10mm的金属网	2		
6	变配电所的隧道、电缆沟、进户套管应有防小动物和防水措施	3		
7	变压器油位清晰，油色透明，无渗漏，变压器油有定期绝缘测试化验报告	5		
8	变压器油温指示清晰，冷却设备良好，温度低于85℃	5		
9	变压器应设有100%油量的贮油池或排油设施	2		
10	变压器绝缘和接地完好可靠，有定期检测资料	10		
11	变压器的瓷瓶、套管清洁，无裂纹或放电痕迹	5		
12	变压器内部无异常声放电声	7		

(续)

评价标准	按表检查	计分方法	累计计分	计算公式	实得分 = 40 × 检查表累计实得分 / 100		
拥有总数		抽查数		不合格数	不合格率（%）	标准分 40	实得分

序号	评价内容	标准分	实得分	备注
13	应用规定的警示标志和遮栏	3		
14	高低压配电间、电容间所有瓷瓶、套管、绝缘子清洁无裂纹	2		
15	所有母线整洁，接点接触良好，温度低于70℃，漆色鲜明，连接牢靠	2		
16	电缆头外表清洁、无漏油，接地可靠	2		
17	油断路器应为国家许可生产厂的合格产品，有定期检验记录，油位正常，油色透明，无渗漏	13		
18	操纵机构应为国家许可生产厂的合格产品，有定期检验记录，操纵灵活，联锁可靠，脱钩保护可靠	12		
19	空气开关灭弧罩完整，触头平整完好	2		
20	电力电容器外壳无膨胀、凹陷现象	2		
21	接地可靠，并有定期检测资料（包括网状接地体、电气设备、设施接地），电阻不大于4Ω	5		
22	有规定的警示标志及工作操作标志	2		
23	各种安全用具完好可靠，有定期检测资料，存放整齐合理	5		
24	各种通道符合安全要求，单排柜板前为1m，双排柜对向间为1.5m，柜后为0.8m	3		

检查人

注：此项为100分制，拥有多个变配电站时取平均值，最后按标准分40分进行折合计算为实得分。

表9-54 车间动力、照明箱（柜）安全性评价检查表

检查日期　　年　　月　　日

评价标准	目标值：不合格率为0	计分方法	每超1%扣0.72分	计算公式	实得分 = 24 - 不合格率 × 0.72 × 100		
拥有总数		抽查数		不合格数	不合格率（%）	标准分 24	实得分

序号	评价内容	标准分	实得分	备注
1	箱、柜内整洁完好，符合电气安装规程要求，应区别场所采用不同形式箱、柜、板	10		
2	各种元件、仪表、开关与线路连接可靠，接触良好，无发热烧损现象	20		
3	编号识别标志齐全，每一开关或熔断器都应有控制对象的文字或号码标记	10		
4	各熔断器内熔断元件应与负荷或线路匹配合理	20		
5	箱体接地（零）可靠，插座接线正确	10		
6	箱、柜内无杂物、无积水，箱、柜前无堆积（挂）物	20		
7	外露元件屏护完好	10		

注：每只箱柜满80分为合格，最后按标准分24分进行折合计算为实得分。　　　　检查人

表 9-55　电网接地系统安全性评价检查表

检查日期　　年　　月　　日

评价标准	目标值：不合格率为0		计分方法	每超1%扣0.6分		计算公式	实得分 = 20 – 不合格率×0.6×100			
拥有总数		抽查数		不合格数	不合格率(%)		标准分	20	实得分	
序号	设置地点	变压器中性点接地：大接地短路电流系统电阻值应低于0.5Ω	变压器中性点接地：小接地短路电流系统电阻值应低于10Ω	低压电网电阻值应低于4Ω	网路重复接地的电阻值应低于10Ω	接地线连接可靠，防腐，有足够机械强度	有定期的检查、测试记录	备注		
1										
2										
3										
4										
5										
6										
7										
8										
9										
10										
11										

注：合格"√"，不合格"×"，有一项不合格则视该处为不合格。　　检查人

表 9-56　防雷接地安全性评价检查表

检查日期　　年　　月　　日

评价标准	目标值：不合格率为0	计分方法	每超1%扣0.39分	计算公式	实得分 = 13 – 不合格率×0.39×100		
拥有总数		抽查数	不合格数	不合格率(%)	标准分	13	实得分
序号	评价内容				标准分	实得分	备注
1	接地电阻一般应不大于10Ω				25		
2	避雷针、带与引下线应采用焊接				15		
3	避雷针不得设在行人经常通过的地方，与道路建筑出入口、与其他接地体的距离应达到国家标准要求				20		
4	装有避雷针、线的构架上不许设低压线、通信线，必要时应采用金属护套且埋入地下应达到国家标准要求				15		
5	避雷针、器应定期检测，有检测资料				25		

检查人

注：每一装置满75分为合格，易燃易爆部位、锅炉、变电所必查，有一处不合格，全项否定。最后按标准分13分进行折合计算为实得分。

表 9-57 手持式电动工具安全性评价检查表

检查日期　　年　　月　　日

评价标准	目标值：不合格率为 0	计分方法	每超 1% 扣 0.66 分	计算公式	实得分 = 22 − 不合格率 × 0.66 × 100		
拥有总数		抽查数		不合格数	不合格率（%）	标准分 22	实得分

序号	使用部门	防护罩、盖或手柄无破损、变形、松动	开关无失灵、缺损、破裂，插头无破损，规格相符	有定期绝缘测试记录，并达到国家标准的规定	电缆采用橡皮软线，插头无缺损，电缆无破裂	使用Ⅱ类工具应用隔离变压器或漏电保护器，Ⅰ类应有可靠的接地（零）措施
1						
2						
3						
4						
5						
6						
7						
8						
9						
10						
11						

注：合格"√"，不合格"×"，其中有一项不合格则视该工具为不合格。　　检查人

表 9-58 移动电扇安全性评价检查表

检查日期　　年　　月　　日

评价标准	目标值：不合格率为 0	计分方法	每超 1% 扣 0.45 分	计算公式	实得分 = 15 − 不合格率 × 0.45 × 100		
拥有总数		抽查数		不合格数	不合格率（%）	标准分 15	实得分

序号	使用部门	采用保护接零措施	绝缘值达规定值（1MΩ）	电源线采用三芯或四芯，多股铜芯橡皮线	电源线绝缘无破裂无接头	防护栅网应能使手指无法接触旋转部位、网罩及风叶完好，固定可靠	风扇使用环境应无易燃易爆气体和粉尘（防爆风扇除外）
1							
2							
3							
4							
5							
6							
7							
8							
9							
10							
11							

注：合格"√"，不合格"×"，其中有一项不合格则视该台电扇为不合格。　　检查人

表 9-59　管道泄漏安全性评价检查表

检查日期　　年　　月　　日

评价标准	目标值:1000m内,漏点不超过三处为合格	计分方法	合格得满分不合格不得分	计算公式		
拥有总数		抽查数	不合格数	不合格率(%)	标准分　8	实得分

序号	使用部门	易燃易爆介质管道用测漏仪测试在距漏点50mm处,其浓度低于该介质爆炸极限下限的10%为合格	腐蚀性介质管道如有泄漏现象视为不合格	热力管道泄漏点处无蒸汽冒出为合格	整个管道系统在任意1000m内,漏点不超过国家标准的规定为合格	备注
1						
2						
3						
4						
5						
6						
7						
8						
9						
10						
11						

注:合格"√",不合格"×"。　　　　　　　　　　　　　　　　　　　　　　　检查人

表 9-60　危险建筑安全性评价检查表

检查日期　　年　　月　　日

评价标准	目标值:不合格率为0	计分方法	每超1%扣0.24分	计算公式	实得分 $= 8 -$ 不合格率 $\times 0.24 \times 100$ 不合格率 $= \dfrac{\text{已鉴定的危险建筑面积}}{\text{厂区建筑总面积}} \times 100\%$	
拥有总面积/m^2		已鉴定的危险建筑面积		危险建筑面积比例(%)	标准分　8	实得分

序号	已鉴定的危险建筑名称	面积	所占比例	备注
1				
2				
3				
4				
5				
6				
7				
8				
9				
10				
11				
12				

注:若在评价检查中发现有未经鉴定的危险建筑则该项得分为0。　　　　　　　　检查人

表9-61 油漆作业安全性评价检查表

检查日期　年　月　日

评价标准		按表检查		计分方法		累计计分		计算公式		累计相加		（加权平均）
拥有总数			抽查数				标准分		12	实得分		

序号	评价内容	标准分	实得分	备注
1	电气设施（开关照明、电动机、电扇、线路）应达到防爆要求，无明火设施	3		
2	现场具有良好通风	3.5		
3	作业现场油料堆放不得超过3日用量	1		
4	消防设施完备，安全标志齐全醒目	2.5		
5	油漆作业场所与其他场所有隔离措施（距明火30m，有隔离墙为10m，调漆点有排风设施）	2		

注：拥有多处时取平均值，手工刷漆暂不评价。　　　　　　　　　检查人

表9-62 有害作业点安全性评价检查表

检查日期　年　月　日

评价标准	目标值：达标率为80%	计分方法	每低2%扣3分	计算公式	达标率 = $\dfrac{测定达标点数}{全厂有害作业点数} \times 100\%$	
拥有总数		抽查数	不合格数	不合格率（%）	标准分　40	实得分

序号	评价内容	拥有点数	测试合格数	备注
1	有毒物质（铅、汞、苯、氯、一氧化碳等）			
2	生产性粉尘（硅尘、石棉尘、煤尘、有机粉尘等）			
3	高温、高湿、低温			
4	高气压、低气压			
5	噪声、振动			
6	非电离辐射（可见光、紫外线、红外线、射频、微波、激光）			
7	电离辐射（X射线、γ射线等）			
8	炭疽杆菌、霉菌等			

检查人

表 9-63 防尘防毒设备、设施安全性评价检查表

检查日期　年　月　日

评价标准	目标值：合格率为85%		计分方法	每低5%扣6分	计算公式	合格率 = $\dfrac{\text{合格防尘、防毒设备总数}}{\text{全厂防尘、防毒设备总数}} \times 100\%$		
拥有总数		抽查数		不合格数	不合格率（%）	标准分	30	实得分
序号	使用部门	系统中各级均能运行或运行参数不低于设计参数的90%	主管道及70%以上支管道无破裂无泄漏	集尘（毒）风罩个数90%以上完好有效	闸板灵活可靠、无泄漏	滤料（元件）有效	不产生严重的二次扬尘（毒）	
1								
2								
3								
4								
5								
6								
7								
8								
9								
10								
11								

注：合格"√"，不合格"×"，其中有一项不合格则视该台设备为不合格。

检查人

表 9-64 特种作业人匹安全性评价检查表

检查日期　年　月　日

评价标准	目标值：不合格率为0		计分方法	每超5%扣3分	计算公式	不合格率 = $\dfrac{\text{不匹配人数}}{\text{特种作业人数}} \times 100\%$		
拥有特种作业总人数		抽查数		不匹配数	不合格率（%）	标准分	10	实得分
序号	特种作业人员名称	拥有人数	不匹配人数	备注				
1	焊（气焊）工			无各型活动性肺结核、支气管哮喘、扩张症、肺气肿、肝硬化、动脉硬化、高血压、心脏病				
2	厂内专用机动车辆驾驶人员			无癫痫精神病、高血压、动脉硬化、器质性心脏病、两眼矫正视力0.8以下、严重眼疾、色盲				
3	锅炉工			无各型活动性肺结核、高血压、动脉硬化、胃及十二指肠溃疡、贫血、中枢神经系统器质性疾病				
4	压力容器操作工			无神经系统器质性病变（包括癫痫）、贫血、活动性肺结核				
5	电工			无神经系统器质性病变（包括癫痫），精神病、明显的神经官能症、高、低血压				
6	起重机械操作人员			无癫痫，精神病，明显的神经官能症，高、低血压，动脉硬化，器质性心脏病				
7	机动船舶驾驶工			无开放性肺结核、传染病、永久性残疾				
8	机车司机			无癫痫，精神病，较重的神经官能病、高、低血压，心脏病				
9	制氧设备操作人员			无癫痫，精神病，较重的神经官能症、明显的心血管呼吸系统疾病				
10	瓦斯检验人员			无贫血、活动性肺结核、神经系统器质性病变（包括癫痫）				
11	建筑架子作业人员			无神经系统器质性病变（包括癫痫、精神病）及高、低血压、动脉硬化，器质性心脏病				

检查人

表 9-65 接触Ⅰ、Ⅱ级毒物危害工人比率安全性评价检查表

检查日期　年　月　日

评价标准	目标值：接触人数比率为3%		计分方法	每超5%扣3分	计算公式	接触比率＝$\dfrac{\text{接触Ⅰ、Ⅱ级毒物人数}}{\text{全厂工人数}} \times 100\%$		
拥有工人数		接触Ⅰ、Ⅱ级毒物人数		接触比率（%）		标准分	10	实得分

序号	Ⅰ、Ⅱ级毒物场所（或所属部门）	接触人数	接触毒物名称	毒　物　名　称
1				
2				
3				Ⅰ级：汞及其化合物、苯、砷及其无机化合物、氯乙烯、铬酸盐、重铬酸盐、黄磷、铍及其化合物、对硫磷、羰基镍、八氟异、丁烯、氯甲醚、锰及其无机化合物、氯化物
4				
5				
6				Ⅱ级：三硝基甲苯、铬及其化合物、二硫化碳、氯、丙烯腈、四氯化碳、硫化氢、甲醛、苯胺、氟化氢、五氯酚和钠盐、镉及其化合物、敌百虫、氯丙烯、钒及其化合物、溴甲烷、硫酸二甲酯、金属镍、甲苯二异氢酸酯、环氧氯丙烷、砷化氢、敌敌畏、光气、一氧化碳、硝基苯
7				
8				
9				
10				
11				
12				

检查人

表 9-66 接触Ⅳ级粉尘危害工人比率安全性评价检查表

检查日期　年　月　日

评价标准	目标值：接触比率为10%		计分方法	每超5%扣3分	计算公式	接触比率＝$\dfrac{\text{接触Ⅳ级粉尘人数}}{\text{全厂工人数}} \times 100\%$		
拥有工人数		接触Ⅳ级粉尘人数		接触比率（%）		标准分	10	实得分

序号	Ⅳ级粉尘作业场所	接触人数	备　注
1			
2			
3			
4			
5			
6			
7			
8			
9			
10			
11			
12			

检查人

表 9-67　车间通道安全性评价检查表

检查日期　　年　　月　　日

评价标准	目标值：占道率为5%		计分方法	每超5%扣5分	计算公式	占道率 = $\dfrac{\text{被占通道长度}}{\text{各车间安全通道总长度}} \times 100\%$		
拥有通道总数		抽查数		占道数		占道率(%)		
						标准分	10	实得分
序号	车间名称			通道长度		被占道长度	备注	
1								
2								
3								
4								
5								
6								
7								
8								
9								
10								
11								
12								

注：允许占道率5%，必须标有白线，作为定置管理区域。　　　　　　　　　　　检查人

表 9-68　厂区主干道安全性评价检查表

检查日期　　年　　月　　日

评价标准	目标值：占道率为5%		计分方法	每超5%扣5分	计算公式	占道率 = $\dfrac{\text{被占主干道长度}}{\text{全厂主干道总长度}} \times 100\%$		
拥有主干道总数		抽查数		占道数		占道率(%)		
						标准分	10	实得分
序号	厂区主干道长度/m					被占道长度/m	备注	
1								
2								
3								
4								
5								
6								
7								
8								
9								
10								
11								
12								

注：允许占道率5%，必须标有白线，作为定置管理区域。

表 9-69 车间设备、设施布局安全性评价检查表

检查日期　年　月　日

评价标准	目标值：不合格率为0	计分方法	每超1%扣0.3分	计算公式	实得分 = 10 − 不合格率 ×0.3×100		
拥有总数		抽查数		不合格数	不合格率（%）	标准分　10	实得分

序号	使用部门	加工设备间距（以活动机件到达最大范围计算）应达到国家标准的规定	设备与墙、柱间距（以活动机件到达最大范围计算）应达到国家标准的规定	操作空间（设备间距在外）应达到国家标准的规定	高于2m的运输线有牢固护栏
1					
2					
3					
4					
5					
6					
7					
8					
9					
10					
11					

注：合格"√"，不合格"×"，其中有一项不合格则视该台设备布局为不合格。　　检查人

表 9-70 工位器具、工件、材料摆放安全性评价检查表

检查日期　年　月　日

评价标准	目标值：不合格率为0	计分方法	每超1%扣0.3分	计算公式	实得分 = 10 − 不合格率 ×0.3×100		
拥有总数		抽查数		不合格数	不合格率（%）	标准分　10	实得分

序号	使用部门	工作场所原材料、半成品、成品及工具柜摆放整齐、平稳可靠	各种工位器具、专用工具、模具夹具应平稳可靠，符合安全要求	各工位器具、坯料、产品应限量摆放，不妨碍操作	工件、材料等摆放不超高（1.2m）	备注
1						
2						
3						
4						
5						
6						
7						
8						
9						
10						
11						

注：合格"√"，不合格"×"，其中有一项不合格，则视该处为不合格。　　检查人

表 9-71　生产区域地面状态安全性评价检查表

检查日期　　年　　月　　日

评价标准	按表检查	计分方法	累计计分	计算公式		
拥有总数		抽查数		标准分	10	实得分

序号	评价内容	标准分	实得分	备注
1	人行道宽不小于1m，车行道不小于1.8m	2		
2	为生产所设置的坑沟、池有可靠护栏、盖板，夜间有照明	3		
3	作业场所的工业垃圾、油污、污水及污物应及时清理干净	2		
4	车间人行道及空地平坦、无绊脚物、如有应设醒目标志或防护措施	3		

检查人

表 9-72　生产场地采光安全性评价检查表

检查日期　　年　　月　　日

评价标准	目标值：合格率100%	计分方法	每少10%扣3分	计算公式	合格率=$\dfrac{\text{采光合格厂房数}}{\text{厂房总跨数}} \times 100\%$		
拥有总跨数		抽查数		不合格数	不合格率（%）	标准分 10	实得分

序号	厂房名称	自然采光	人工采光	备注
1				
2				
3				
4				
5				
6				
7				
8				
9				
10				
11				
12				

注：采光合格"√"，不合格"×"，厂房采光合格与否，按跨数计算合格率。　　　　检查人

第四节　安全风险管控

近年来，安全事故总体上处于稳中有降，但安全形势依然十分严峻，事故主要原因是安全主体责任不落实，安全投入不足及重视不够，通过全面落实安全主体责任，才能有效防止和减少安全事故。

一、新时期安全生产工作目标

1. 当前安全生产的主要问题

当前安全生产的主要问题如图 9-1 所示。

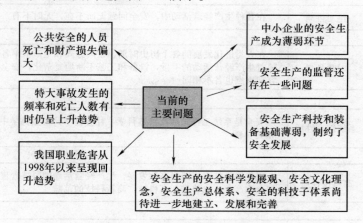

图 9-1 当前安全生产的主要问题

2. 安全生产的重要性

安全生产是关系到我国社会稳定大局及可持续发展战略实施的重要问题,安全生产与人口、资源、环境是我国的一项基本国策。

安全生产的重要性如图 9-2 所示。

安全生产的特性如图 9-3 所示。

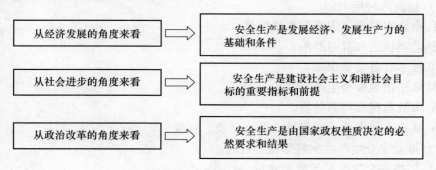

图 9-2 安全生产的重要性

3. 新时期安全生产工作目标

1)建立六大体系:

① 建立、完善企业安全保障。

② 政府监管和社会监督。

③ 安全科技支撑。

④ 法律法规和政策标准。

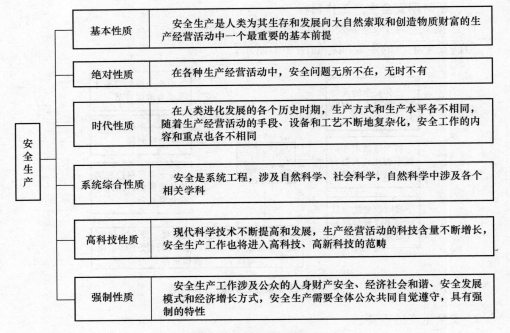

图 9-3 安全生产的特性

⑤ 应急救援。
⑥ 宣传培训。
2）提高六种能力：
① 企业本质安全水平和事故防范。
② 监测执法和群防群治。
③ 技术装备安全保障。
④ 依法依规安全生产。
⑤ 事故救援和应急处置。
⑥ 从业人员安全素质和社会公众自救、互救。
3）推动安全生产状况持续稳定好转。
4）加快安全生产长效机制建设。

二、安全与特种设备事故等级划分

1. 事故等级

国务院安全生产监督管理部门会同国务院有关部门，制定事故等级划分的规定。

安全事故分类及其相应法律责任划分见表 9-73。安全事故等级划分为四类：一般事故、较大事故、重大事故、特别重大事故。特种设备事故分类见表 9-74。

表 9-73 安全事故分类及其相应法律责任划分

	项目	特别重大事故	重大事故	较大事故	一般事故
事故分类	死亡人数	30 人以上	10~29 人	3~9 人	1~2 人
	受伤人数（包括急性工业中毒）	100 人以上	50~99 人	10~49 人	9 人以下
	直接经济损失	1 亿元以上	5000 万元~1 亿元	1000 万元~5000 万元	1000 万元
法律责任	事故发生单位对事故负有责任	1000 万元~2000 万元罚款	200 万元~1000 万元罚款	100 万元~200 万元罚款	30 万元~100 万元罚款
	事故发生单位主要负责人未依法履行安全生产管理职责，导致事故发生的（构成犯罪的，追究刑事责任）	一年年收入 100% 罚款	一年年收入 80% 罚款	一年年收入 60% 罚款	一年年收入 40% 罚款

表 9-74 特种设备事故分类

项目	特别重大事故	重大事故	较大事故	一般事故
600MW 以上锅炉	发生爆炸	因故障中断运行 240h 以上	—	—
压力管道、压力容器有毒介质泄露	造成 15 万人以上转移	造成 5 万人以上、不足 15 万人转移	造成 1 万人以上、不足 5 万人转移	造成 500 人以上、不足 1 万人转移
客运索道、大型游乐设施高空滞留	100 人以上，并且时间在 48h 以上	100 人以上，并且时间在 24h 以上、不足 48h	有人员在 12h 以上	1) 客运索道高空滞留人员在 3.5h 以上、不足 12h 2) 大型游乐设施高空滞留人员 1h 以上、不足 12h
特种设备运行	—	—	锅炉、压力容器、压力管道发生爆炸	电梯轿厢滞留人员 2h 以上
起重机械运行	—	—	起重机械整体倾覆	起重机械主要结构件折断或起升机构坠落

2. 事故报告

1）事故报告应当及时、准确、完整，任何单位和个人对事故不得迟报、漏报、谎报或者瞒报。

2）事故发生后，事故现场有关人员应当立即向本单位负责人报告；单位负责人接到报告后，应当于1h内向事故发生地县级以上人民政府安全生产监督管理部门和负有安全生产监督管理职责的有关部门报告。情况紧急时，事故现场有关人员可以直接向事故发生地县级以上人民政府安全生产监督管理部门和负有安全生产监督管理职责的有关部门报告。

3）安全生产监督管理部门和负有安全生产监督管理职责的有关部门接到事故报告后，应当依照下列规定上报事故情况，并通知公安机关、劳动保障行政部门、工会和人民检察院。

① 特别重大事故、重大事故逐级上报至国务院安全生产监督管理部门和负有安全生产监督管理职责的有关部门。

② 较大事故逐级上报至省、自治区、直辖市人民政府安全生产监督管理部门和负有安全生产监督管理职责的有关部门。

③ 一般事故上报至设区的市级人民政府安全生产监督管理部门和负有安全生产监督管理职责的有关部门。

4）报告事故应当包括下列内容：

① 事故发生单位概况。

② 事故发生的时间、地点以及事故现场情况。

③ 事故的简要经过。

④ 事故已经造成或者可能造成的伤亡人数（包括下落不明的人数）和初步估计的直接经济损失。

⑤ 已经采取的措施。

⑥ 其他应当报告的情况。

5）事故报告后出现新情况的，应当及时补报。

3. 事故调查

1）特别重大事故由国务院或者国务院授权有关部门组织事故调查组进行调查。重大事故、较大事故、一般事故分别由事故发生地省级人民政府、设区的市级人民政府、县级人民政府负责调查。省级人民政府、设区的市级人民政府、县级人民政府可以直接组织事故调查组进行调查，也可以授权或者委托有关部门组织事故调查组进行调查。未造成人员伤亡的一般事故，县级人民政府也可以委托事故发生单位组织事故调查组进行调查。

2）事故调查组组长由负责事故调查的人民政府指定。事故调查组组长主持事故调查组的工作。

3）事故调查组履行下列职责：

① 查明事故发生的经过、原因、人员伤亡情况及直接经济损失。

② 认定事故的性质和事故责任。

③ 提出对事故责任者的处理建议。
④ 总结事故教训，提出防范和整改措施。
⑤ 提交事故调查报告。

4）事故调查组有权向有关单位和个人了解与事故有关的情况，并要求其提供相关文件、资料，有关单位和个人不得拒绝。事故发生单位的负责人和有关人员在事故调查期间不得擅离职守，并应当随时接受事故调查组的询问，如实提供有关情况。事故调查中发现涉嫌犯罪的，事故调查组应当及时将有关材料或者其复印件移交司法机关处理。

5）事故调查中需要进行技术鉴定的，事故调查组应当委托具有国家规定资质的单位进行技术鉴定，必要时，事故调查组可以直接组织专家进行技术鉴定。

6）事故调查组成员在事故调查工作中应当诚信公正、恪尽职守，遵守事故调查组的纪律，保守事故调查的秘密。

4. 事故处理

1）对于重大事故、较大事故、一般事故，负责事故调查的人民政府应当自收到事故调查报告之日起15日内做出批复；对于特别重大事故，30日内做出批复。

2）有关机关应当按照人民政府的批复，依照法律、行政法规规定的权限和程序，对事故发生单位和有关人员进行行政处罚，对负有事故责任的国家工作人员进行处分。

三、风险分级管控

风险分级管控的目的是防范和遏制各种事故与事件发生。

在进行生产与社会活动中，对可能出现导致人员伤亡，财产损失及其他的不良社会影响的设备设施和活动等进行风险辨识和科学评价，并按照风险级别采取分级管控，对不同级别风险采取相应措施的管理方法，就是风险分级管控。

各单位通过建立健全安全风险分级管控体系，对本单位的安全风险及事故隐患实训自评、自控、自查、自改、自报及差异化、动态化管理，结合本辖区安全风险分级结果，细化管控措施，明确单位管控与监管责任，组织落实不同风险导致的差异化动态管控，强化对安全风险辨识的监督检查，并纳入年度检查计划，实施全覆盖。

风险分级是根据风险辨识结果，按照风险等级和需要关注程度进行排序的过程，风险等级从高到低分为重大风险1级、较大风险2级、一般风险3级、低风险4级，分别用红、橙、黄、蓝四种颜色表示，见表9-75。

表9-75 风险分级表

风险等级	管控级别	风险色度	描述
1级	重大风险	红色	极易造成重特大事故及巨大财产损失，造成极其恶劣的社会及政治影响
2级	较大风险	橙色	易造成重大事故及较大财产损失，造成恶劣的社会及政治影响
3级	一般风险	黄色	较易造成一般事故及一般财产损失，造成一定的社会及政治影响
4级	低风险	蓝色	可能造成一般事件及轻微财产损失，一般不会造成社会及政治影响

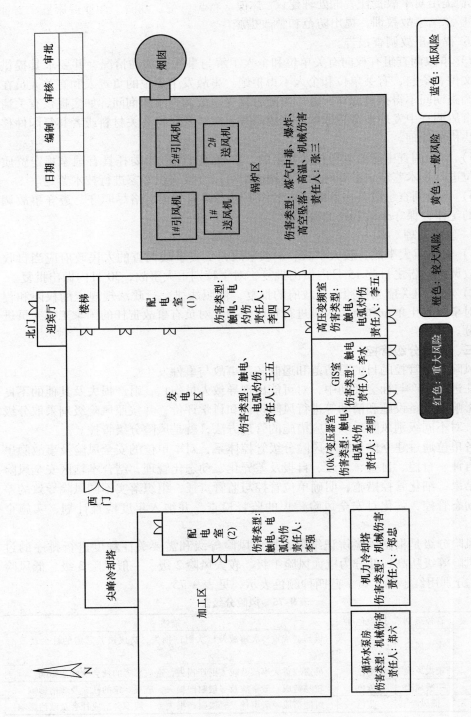

图 9-4 某工厂安全风险示意图

风险分级管控实施,一般从安全、环保、特种设备、消防、职业健康五个方面展开,近年来某冶金集团各分工厂开展风险分级管控工作,取得了很好的效果,下面展开叙述。

(1) 安全风险分级管控 该集团某分厂绘制本辖区安全风险等级分布图,根据风险点辨识管控情况,及时发布风险公告及预警信息,并落实到具体责任人(见图9-4),同时建立该分厂安全风险责任人一览表(见表9-76)。

表9-76 安全风险责任人一览表

序号	区域名称	风险级别	特征	责任人
1	锅炉区	一般风险	煤气中毒、爆炸、高空坠落、高温、机械伤害	张三
2	配电室(1)	低风险	触电、电灼伤	李四
3	发电区	低风险	触电、电弧灼伤	王五
4	高压变频室	低风险	触电、电弧灼伤	李五
5	GIS室	低风险	触电	李水
6	10kV变压器室	低风险	触电、电弧灼伤	李明
7	配电室(2)	低风险	触电、电弧灼伤	李强
8	机力冷却塔	低风险	机械伤害	郑忠
9	循环水泵房	低风险	机械伤害	郑六
10				

(2) 环保风险分级管控 该集团分厂绘制本辖区环保风险等级分布图,根据环保风险点辨识管控情况,及时发布环保风险公告及预警信息并落实到具体责任人(见图9-5),同时建立该分厂环保风险责任人一览表。

(3) 特种设备风险分级管控 该集团分厂绘制本辖区特种设备风险等级分布图,根据特种设备风险点辨识管控情况,及时发布特种设备风险公告及预警信息,并落实到具体责任人(见图9-6),同时建立该分厂特种设备风险责任人一览表。

根据特种设备管理要求,需要建立特种设备的风险辨识评估表,通过细化编制评估表,系统掌握特种设备点种类、数量和分布情况,摸清特种设备风险底数,确保安全可靠运行,见表9-77和表9-78。

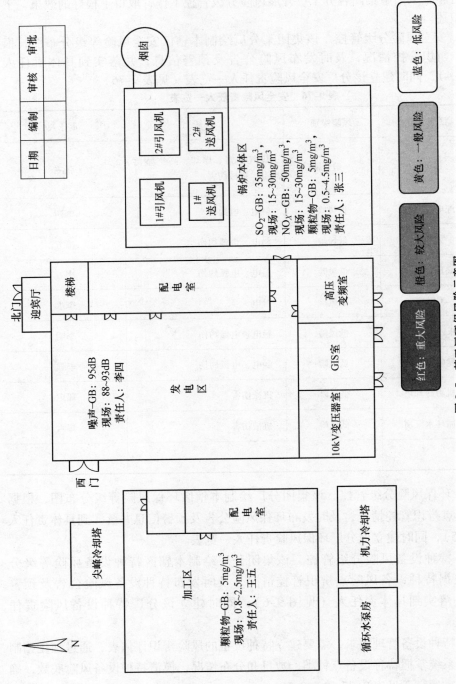

图 9-5 某工厂环保风险示意图

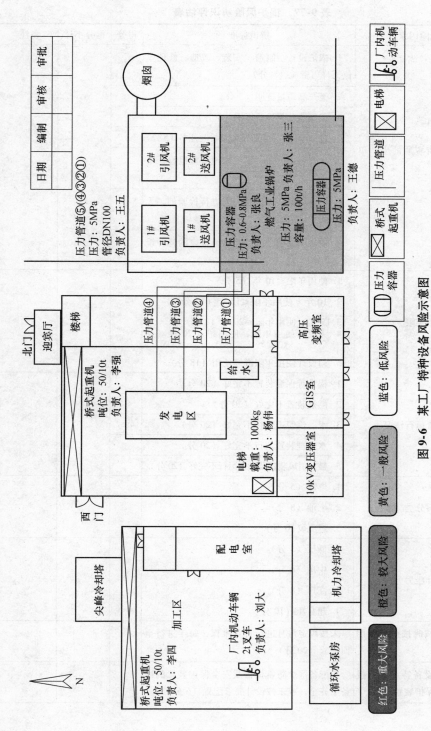

图 9-6 某工厂特种设备风险示意图

注：特种设备（一般风险）：一台燃气工业锅炉；特种设备（低风险）：二台压力容器，五条压力管道，二台桥式起重机，一台厂内机动车辆，一台电梯。

表 9-77　锅炉风险辨识评估表

序号	风险因素	辨识标准	得分	得分小计	备注
1	锅炉具有资质的生产单位制造	1. 锅炉设计、制造、安装、改造、修理单位无许可资质（5分）			
		2. 无产品质量证明（5分）			
		3. 无制造监督检验证书（5分）			
		4. 进口设备无安全性能监督检验证书（5分）			
		5. 无安装、改造、重大修理监督检验证书（5分）			
		6. 拆卸后移装的设备，需进行检验的，无检验报告（5分）			
		7. 使用国家明令淘汰和已经报废的特种设备（5分）			
2	锅炉使用年限	1. 使用年限≤10年（5分）			
		2. 10年＜使用年限≤15年（10分）			
		3. 15年＜使用年限≤20年（15分）			
		4. 无设计使用年限，使用超过20年（18分）			
		5. 超设计使用年限继续使用（18分）			
3	锅炉装置运行情况	1. 锅炉等保温装置不完好（20分）			
		2. 燃烧装置不完好（20分）			
		3. 水、汽管道运行不完好（20分）			
		4. 水处理装置运行不完好（20分）			
		5. 鼓、引风装置及烟道运行不完好（20分）			
4	使用燃料分类	1. 燃煤（5分）			
		2. 燃油（8分）			
		3. 燃气（10分）			
5	设备设计压力分级	1. 低压（3分）			
		2. 中压（6分）			
		3. 高压（8分）			
		4. 超高压（10分）			
6	锅炉应按时按规定定期维保	未按规定每月进行日常维保，每年进行全面检验（20分）			
7	应根据设备特点配备报警及安全保护装置等	应配备锅炉防雷报警及安全保护装置的配备不齐全，或未按设计要求配置（6分）			

（续）

序号	风险因素	辨识标准	得分	得分小计	备注
8	锅炉是否异常运行或发生过事故	曾发生设备事故或操作原因造成损坏等情况（6分）			
9	设备停用应设置停用标志	设备停用1年以上的，未采取有效的保护措施，未设置停用标志（5分）			
	设备停用后启用应组织自行检查	设备停用1年以上的，重新启用时，未组织自行检查（5分）			

注：1. 锅炉风险辨识评估表分值达到或超过单位规定分值的，应引起高度重视，并立即采取措施，排除安全隐患。
2. 应对每台锅炉进行安全风险辨识评估。

表 9-78　压力容器风险辨识评估表

序号	风险因素	辨识标准	得分	得分小计	备注
1	压力容器具有资质的生产单位制造	1. 压力容器设计、制造、安装、改造、修理单位无许可资质（5分）			
		2. 无产品质量证明（5分）			
		3. 无制造监督检验证书（5分）			
		4. 进口设备无安全性能监督检验证书（5分）			
		5. 无安装、改造、重大修理监督检验证书（5分）			
		6. 拆卸后移装的压力容器需进行检验的，无监督检验报告（5分）			
		7. 使用国家明令淘汰和已经报废的压力容器（5分）			
2	压力容器使用年限	1. 使用年限≤10年（5分）			
		2. 10年＜使用年限≤15年（10分）			
		3. 15年＜使用年限≤20年（15分）			
		4. 设计使用年限超过20年继续使用（18分）			
3	压力容器种类	1. Ⅰ类（5分）			
		2. Ⅱ类（15分）			
		3. Ⅲ类（20分）			

(续)

序号	风险因素	辨识标准	得分	得分小计	备注
4	压力容器使用介质分类	1. 第一类介质：毒性危害程度为极度介质、高度危害的化学介质、易燃易爆介质、液化气体（10分）			
		2. 第二类介质：除第一类以外的介质（6分）			
5	压力容器设计压力分级	1. 低压（3分） 2. 中压（6分） 3. 高压（8分） 4. 超高压（10分）			
6	压力容器安全状况等级	1. Ⅰ～Ⅱ级（5分） 2. Ⅲ级（15分） 3. Ⅳ级（20分）			
7	应根据压力容器特点配备报警及联锁保护装置	配备压力容器防雷报警及联锁保护装置的配备不齐全，或未按设计要求配置（6分）			
8	压力容器是否发生过事故	曾发生事故或操作原因造成损坏等情况（6分）			
9	压力容器停用应设置停用标志	压力容器停用1年以上的，未采取有效的保护措施，未设置停用标志（5分）			
	压力容器停用，再启用应组织自行检查	压力容器停用1年以上的，重新启用时，未组织自行检查（5分）			

注：1. 压力容器风险辨识评估表分值达到或超过单位规定分值的，应引起高度重视，并立即采取措施，排除安全隐患。
2. 应对每个压力容器进行安全风险辨识评估。

（4）消防风险分级管控　该集团分厂绘制本辖区消防风险等级分布图，根据消防风险点辨识管控情况，及时发布消防风险公告及预警信息，并落实到具体责任人（见图9-7），同时建立该分厂消防风险责任人一览表。

（5）职业健康风险分级管控　该集团分厂绘制本辖区职业健康风险等级分布图，根据职业健康风险点辨识管控情况，及时发布职业健康风险公告及预警信息，并落实到具体责任人（见图9-8），同时建立该分厂职业健康风险责任人一览表。

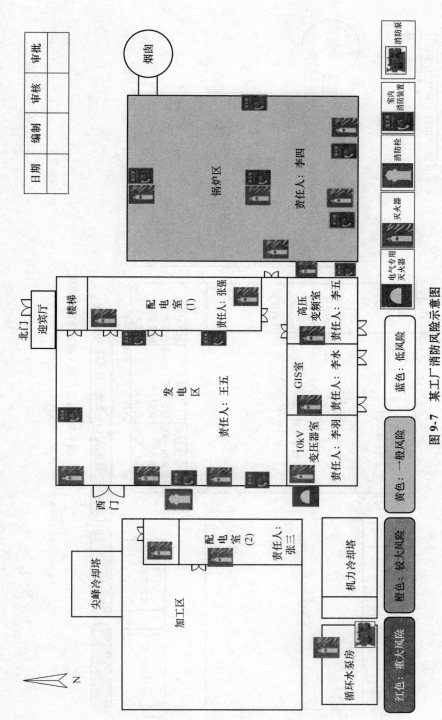

图 9-7 某工厂消防风险示意图

注：消防一般风险：锅炉区；消防低风险：配电室（1）、配电室（2）、发电区、10kV变压器室、GIS室、高压变频室。

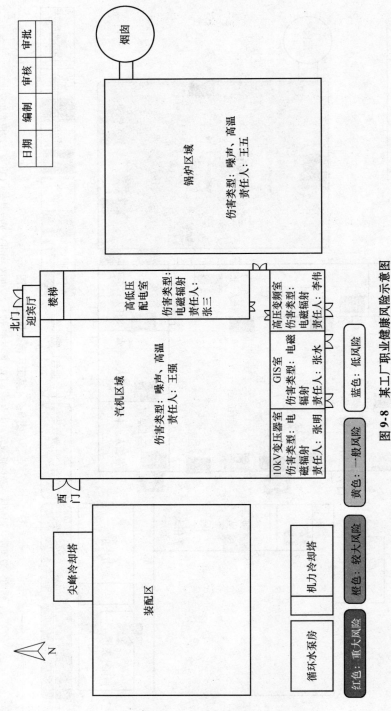

图 9-8 某工厂职业健康风险示意图

第五节　精益安全管理方法

工厂生产是一个综合系统，要识别、控制、预防、改造这个综合系统中的人、机、物、环境的危险性，就必须对它有充分的认识，充分揭示危险性的存在和危险发生的可能性，把当前的安全目标管理与精益安全管理有机地结合起来，加强对事故的预测预防工作，推动安全管理的科学化、制度化和规范化，积极应用精益安全管理方法是一项十分重要的工作。

一、安全人机工程

1. 人机工程研究的内容

主要内容：

1) 分析设备及设施在生产过程中存在的不安全因素，并有针对性地进行可靠性设计、维修性设计、安全装置设计、安全启动和安全操作设计等。

2) 研究人的生理和心理特性，分析研究人和机器各自的功能特点，进行合理的功能分配，以构成不同类型的最佳人机系统。

3) 研究人与设备相互接触、相互联系的人机界面中信息传递的安全问题。

4) 分析人机系统的可靠性，建立人机系统可靠性设计原则，设计出经济、合理且可靠性高的人机系统。

2. 人机系统中人和设备

在人机系统中人始终起着核心和主导作用，设备起着安全可靠的保证作用。解决安全问题的根本是实现生产过程的机械化和自动化，让工业机器人代替人的危险操作，从根本上将人从危险作业环境中彻底解脱出来，实现安全生产。

1) 人机系统主要有两类：一类为机械化、半机械化控制的人机系统；另一类为全自动化控制的人机系统。机械化、半机械化控制的人机系统，人机共体，系统的动力源由设备提供，人在系统中主要充当生产过程的操作者与控制者，即控制主要由人来操作。系统的安全性主要取决于人机功能分配的合理性。

2) 在全自动化控制的人机系统中，以机为主体，设备的正常运转完全依赖于闭环系统的设备自身的控制，人只是一个监视者和管理者，监视自动化设备的工作。系统的安全性主要取决于设备的本质安全性。

3) 机械失效防止，要求设计人员应该在设计中确使在发生故障时不会发生危险。这一类装置包括操作限位开关、预设制动装置和失效安全的限电开关等。

3. 设备进行合理的安全布局

在工厂内对设备进行合理的安全布局，可以使事故明显减少，布局时要考虑以下因素：

（1）空间　便于操作、管理、维护、调试和清洁。

（2）照明　包括工作场所的通用照明（自然光及人工照明，但要防止炫目和为操作设备而需要的照明。

（3）管、线布置　不能妨碍在设备附近的安全出入，避免磕绊，有足够的上部空间。保证维修时人员的出入安全。

4. 明适应和暗适应的过渡时间

暗适应是指人从光亮处进入黑暗处，开始时一切都看不见，需要经过一定时间以后才能逐渐看清被视物的轮廓。暗适应的过渡时间较长，约需要50min才能完全适应。

明适应是指人从暗处进入亮处时，能够看清被视物的适应过程，这个过渡时间很短，约需1min。

5. 视错觉造成误差

人在观察物体时，由于视网膜受到光线的刺激，光线不仅使神经系统产生反应，而且会在横向产生扩大范围的影响，使得视觉印象与物体的实际大小、形状存在差异，这种现象称为视错觉。视错觉是普遍存在的现象，其主要类型有形状错觉、色彩错觉及物体运动错觉等。其中常见的形状错觉有长短错觉、方向错觉、对比错觉、大小错觉、远近错觉及透视错觉等。色彩错觉有对比错觉、温度错觉、距离错觉及疲劳错觉等。

6. 机器外形设计成横向长方形

人们在观察物体时，视线的移动对看清和看准物体有一定规律。眼睛的水平运动比垂直运动快，即先看到水平方向的物品，后看到垂直方向的物品。所以一般机器的外形常设计成横向长方形。

7. 操纵速度低于人的反应速度

人们在操纵设备或观察识别事物时，从开始操纵、观察、识别到采取动作，存在一个感知时间过程，即存在一段反应时间。由于人的生理心理因素的限制，人对刺激的反应速度是有限的，为了保证安全作业，一方面在设备设计中，应使操纵速度低于人的反应速度；另一方面应设法提高人的反应速度。

二、人体生物节律

1. 人体生物节律的含义

部分国家的企业通过推行人体生物节律，进一步加强安全事故的预测与控制。这些国家的生理学家、心理学家和医学家经过大量资料分析研究和长期观察，认为人和其他许多生物生长活动一样，都存在着节律（周期）。人从出生的那一天开始，一生中始终有三个周期在循环往复，如图9-9所示。即体力周期23天，情绪周期28天，智力周期32天，这三个周期都按正弦曲线变化，曲线与横坐标相交的一天叫临界日，一条曲线与横坐标相交叫一临界，两条曲线同一天交横坐标叫双临界，三条曲线同一天交横坐标叫三临界，又叫危象日。这一天最容易发生事故。有60%左右的事故当事人的节律曲线都处于临界日。当体力周期处于正常期时，就会感到体力充沛，能承受较重的负荷，疲劳也容易消除。情绪周期处于正常期时，就会表现出创造力和艺术感染力，心情愉快达观。智力周期处在正常期时，头脑灵敏，思维敏捷，记忆力强，判断准确。相反，处在临界日时，就感到精力疲乏，力不从心，做事拖拉畏却；在情绪上表现不稳、急躁，自控力差；在智力方面则有注意力不易集中，健忘，判断力低下等感觉。

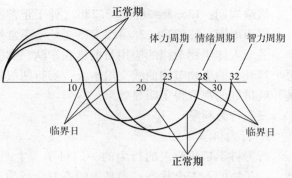

图9-9 人体生物节律曲线

2. 应用人体生物节律预测和控制事故

美国对多年来发生的13起飞机坠落事故进行分析，有10起出于驾驶员的差错，而这些出差错的驾驶员的生物节律大多处于临界日。体育界人士用生物节律的方法对奥运会的2000多名运动员进行分析，发现取得优异成绩的运动员，有87%的人当时的生物节律正处于正常期。十几年来，美国、加拿大、日本、瑞典等国应用生物节律理论，在指导汽车、火车、航空等项安全生产中取得显著成绩，使事故率下降50%~60%。生物节律与安全生产有密切关系，但不是说临界日就一定会发生事故，实践证明人的精神状态十分重要。即使是正常期，如果麻痹大意、违章蛮干、事故仍难避免。相反即使处在临界日，只要确立高度责任心，增强意志和毅力，注意休息和调节情绪，按章办事，一丝不苟，就一定能做到安全生产。当然人的生物节律还受到外界许多因素的干扰，所以应辩证地去认识和判断。

3. 人体生物节律的计算

人体生物节律计算公式：

$$X = 365A \pm B + C$$

式中　A——指预测年份与出生年份之差；

　　　B——本年生日到本年预测日相距天数，已过生日用"+"，未到生日用"-"；

　　　C——出生以来到预测年之间的总闰年数，即 $C = \dfrac{A}{4}$（取整数）。

例：某人1982年4月18日生，求他2019年5月6日这一天生物节律所处的位置？

根据公式：$X = 365A \pm B + C$

$X = 365 \times (2019 - 1982) + (30 - 18 + 6) + \dfrac{2019 - 1982}{4} = 13532$ 天……出生的总天数

用23、28、32分别去除总天数即得体力，情绪、智力三个周期所处位置。即：

体力周期：$13532 \div 23 = 588.348$（处于正常期）；

情绪周期：13532÷28＝483.286（处于正常期）；
智力周期：13532÷32＝422.875（处于正常期）。

关于人体生物节律的应用目前已在车队、驾驶班普遍开展，通过计算机绘制出每个驾驶员的生物节律曲线交给本人，实行两级控制，即领导与本人双重控制。凡是开展得好的都取得了明显效果。

三、行为科学

1. 行为科学含义

行为科学是研究人的行为的一门科学。生产过程中的不安全因素可分为两大类，一是物的不安全状态；二是人的不安全行为。而人的不安全行为包括人处在不安全的环境中和状态下或进行不安全的动作。这两类因素中，人是具有自由意志的。行为受多方面的影响，变化很大，不易掌握住它的规律，具有相当的偶然性，因而更难以预测和控制，是安技工作者研究的重点。实践证明，多数事故与人的不安全行为有关。

2. 行为科学在安全管理中剖析

日本劳动省对 50 万件工伤事故经过调查分析，结果有 96％ 的事故与人的不安全行为有关。我国有关部门对 204 件严重工伤事故进行分析，有 201 件与人的不安全行为有关，占 98％。另一份材料中说事故中属违章作业造成的约占 60％。某地方化工部门，对某年的 12 起多人工伤事故进行分析，均与违章有关，结论是不根除违章就不会有安全。江苏省某市机械冶金行业对 287 起工伤事故进行分析，也几乎 100％ 与人的不安全行为有关。这些事实说明人的不安全行为是导致事故的主要原因。因此，研究和探讨人的不安全行为产生的原因和规律，有针对性的引导人们避免不安全行为，是安全管理工作的一个重要课题。

（1）行为与事故　"感觉-判断-行为"构成了人们的信息处理系统。所以不安全行为往往是误判断引起的误操作。人的行为是在各种不同的情况下决定事故发生的频率、严重度和影响范围的一个重要因素，而在许多情况下人的行为又是发生事故的重要原因，因而可以通过人的行为的改变来减少错误和事故。发生事故是一种意外事件，事故发生前一定有不安全行为或不安全的条件，或者有不安全行为又有不安全条件，为了研讨不安全行为产生的典型因素和发生事故的行为动态，根据日本对 104638 起造成工伤后连续休息四天以上的事故，按照感觉-判断-行为的过程，对产生不安全行为的因素做了以下分析（分类原因）。

1）没看见、错读、没听见，其中又可分为显示不完善、输入信息混乱、噪声干扰、知觉能力缺陷、发生错觉等。

2）感觉、认识上的错误，人们在指定条件下的判断，是以接连不断输入的信息为依据的。经过识别、确认形成有机的联系，才能有效地处理复杂的信息。如果出现感觉、认识上的错误，结果必然导致判断错误。

3）联络、确认不充分，主要表现如下：联络信息的方式与判断的方法不完善；联络信息的实施不彻底；联络信息表达的内容不全面；收信人员没有充分确认信息而错误的领会了所表达的内容。

4）由于反射行为而完全忘记了危险，反射行为是仅仅通过知觉而无须经过判断的瞬间行为，也就是说未经过大脑的信息处理。反射行为快会避开危险，但有时也会带来伤害。反射行为造成伤害的情况很多，特别是在危险场所里，以不自然的姿态作业时，这一瞬间极易危及人身安全。

5）精神不集中，它有两种情况，一是信息处理时间特别长，想着分外的事，结果忘了或影响了信息处理；二是意识水平处于初阶段，即使是出现简单的信息也难处理好。

6）忽视安全操作规程的具体要求，主要有以下三方面：

① 不愿意改变已经掌握了的作业方法。也就是人们常说的习惯势力。

② 具有从事轻松工作的倾向，往往不按规程、规章办事，想走捷径，而引起不安全行为。

③ 随波逐流或者逞能好强，虽然可以把这一现象说成是心理学上的原因，但是往往也是与信息处理系统的误判断密切相关的。

7）疲劳状态下的行为，疲劳时往往对输入信息的方向选择性差，输出时程序混乱，行为缺乏准确性。

8）设备、工具等作业对象存在安全隐患。

① 从操作方向上错误来分析：一是没有操作方向的显示，易造成误操作；二是操作方向与人体的习惯方向相反，也往往由于习惯动作而引起失误。

② 操作工具等选择失误，一是操作工具形状、布局有缺陷；二是记错了操作对象的位置；三是方向性混乱或工具、防护用品等选择错误。

另外技术不熟练、过度疲劳或其他原因造成的意识水平下降，也能引起操作、调整等错误发生。

9）异常状态下的错误行为。缺乏经验的人，在这种情况下意识水平可立刻到（高度紧张或兴奋）阶段，使注意力集中于一点，忘了其他方面，失去了对输入信息的方向选择性，甚至惊慌失措，结果导致错误行为。

通过上述分析，进一步证实信息处理系统的不完善，是事故触发的媒介，在异常状态下往往导致不良后果。

（2）避免不安全行为 避免不安全行为从而减少事故，一般有以下方法。

1）消除或减少危害。

① 就人而言要有安全操作规范，实行规定操作，也就是使操作程序化、规范化，消除误动作。

② 设备方面减少危害的重点在机械、电气、结构等方面。

③ 有适合操作者的安全环境。

2）使用自动功能消除可能发生的误操作，这里可分别情况做三种选择：一是实现自动化操作，用机器代替人，可避免误操作；二是使用一定装置来减少工人在操作中发生误操作的复杂行为；三是使用设备安全开关或联锁装置来预防误操作或发现将要出现的错误，误操作信息自动反馈加以纠正对加强安全是一种有效方法。

3）应用人机工程技术，设计适合于人的能力和极限的工作环境的设备，能影响孕育着潜在事故的各个方面，设备、工具、信息系统和指令、工艺规程、工作地点和周围环境皆对事故有直接或间接影响。因而有效的人机工程设计，完全是受所要提供的行为特征所支配的。

4）改善操作的监测，以消除错误及错误后果。对人的误操作进行监测至少可达到三个与安全直接有关的目的。首先监测往往能够在严重事故潜势与后果发生前阻止和避免误操作的发生；其次它能够提供用于指导修改设计、工艺规程、配备人员和培训的资料来源；再其次监测能向操作人员提供警报与修正反馈信息，有助于员工掌握业务情况。

5）改善关于误操作和操作后果的反馈。工作信息的反馈也就是说加强员工对产生误操作的工作习惯（特别是有事故可能性的那些误操作）的敏感性。主要介绍下面五个关于反馈的重要特征：

① 速度，误操作或误判断出现后，反馈越迅速则纠正错误和使员工对错误的认识机会越大。

② 特殊性，反馈越能集中于特定的错误上，其效果越明显。

③ 准确性，反馈的准确性至关重要，任何不准确或错误的反馈都可能助长与目的相反的工作。例如汽车驾驶员见到有人横穿马路时，本应踩制动，但大脑给脚的指令后，脚却起相反的反馈，不去踩制动而去踩加速踏板，这就有很大的肇事危险性。

④ 内容，信息内容和媒介应该与所要求的行为相适应。为了保持警觉并能引导出简单刺激－反应的行为，可采用铃声、灯光或其他通用调节信息。复杂行为如做出决策则需要更加复杂的信息反馈。

⑤ 幅度，为了有效地改变行为，显然反馈必须能足够地区分开各种不同的、能引起操作工注意、并要求其察觉的刺激内容，但不能过于突出，否则适得其反。

6）安全培训和加强检查。要消除不安全行为产生的因素，其中很重要的一环是进行培训，使之具有熟练的操作技能和安全操作知识。其次是加强督促检查，制止不安全操作行为。

7）生产与安全矛盾。这里要注意三个问题，第一生产服从安全，当生产与安全发生矛盾时，生产必须服从安全，做到安全第一；第二保持均衡生产，防止盲目追求速度，忽视安全生产；第三防止过度紧张和疲劳。紧张－松弛是人类生理的最重要的机能，长期紧张得不到休息，会造成疲劳，是造成事故的重要因素。

（3）避免事故的基本因素

1）作用：对有事故行为的员工所担负的工作职责的考虑。

2）行为：过激的工作内容、性质和可变性，心理过程对员工要求的反应与反馈。

3）工作：指工作的量度如速度、产量、质量。

4）任务：指任务数量，任务重复的频率，工种的变化，任务的变化，紧张程度等。

5）人员特点：包括身体的、社会的、智力的特性。

（4）需要－动机－行为　行为科学的基本理论是以个人行为、组织行为、领导行为为主线展开的，它运用心理学、社会学等多学科的基本知识和理论，研究人的心理活动规律，以及人的行为产生的客观原因、主观动机和需要之间的内在联系，以提高各级管理人员对人的行为进行预测、控制和引导的能力，达到减少和避免事故的目的。

1）行为科学要求安技工作者研究人的行为动机和心理运动规律，以前人们对于事故肇事者的分析往往简单定论为责任心不强或违章操作。很少研究过他们当时的心理状态和特征，这种笼统的分析和结论对减少事故效果不大，对肇事者和其他人的教育也不深刻，事实上除有意破坏者外，任何一个操作者主观上并不愿意发生事故，往往是由于不安全行为引起事故，而产生不安全行为的原因是多方面的，如有侥幸心理，认为不会发生事故，即使发生事故也不一定落到自己头上；怕麻烦、图省事或者为了抢时间而不遵守安全操作规程；认为自己有经验，以前曾多次这样干过都没出事；只有理性知识而缺乏实际经验；一时判断错误；疲劳过度从事力所不及的或力不从心的工作；偶然因素影响，如家庭、社会影响等；只有认真分析掌握人的行为的心理状态和动机，才能找到事故的真正原因，有的放矢地采取措施，预防和控制事故。

2）另一方面，人有一定的失误率，有的不安全行为是人的失误率引起的。失误率的表现大致有以下几方面：做错了某项工作或某个动作；忘做了某项工作或某个动作；采取了不应当采取的步骤；没有按程序完成某项工作或某个动作，没有按规定时间完成某项工作或某个动作。人的失误率很复杂，有人做过专门研究，在一般情况（正常情况）下人的失误率在 1% ~ 1‰ 范围内，即做某个动作 100 次或 1000 次有一次可能失误，或者说每一次动作有 0.01 ~ 0.001 失误的可能性，这就是概率的概念。有人做过试验，人对警报声的失误率如下：

听觉失误率为　　21.3×10^{-3}；

判断失误率为　　18.3×10^{-3}；

反应失误率为　　30×10^{-3}。

这是指在正常情况下的失误率，其实失误率受作业环境（如噪声、高温、振动等）、作业紧迫度、作业单调性、不安全感、生理因素、心理因素影响。比如冲压工人的作业场所噪声大，作业节奏紧迫、单调，视野狭窄，始终盯着工件视神经很容易疲劳，体力消耗大等，都是事故失误率高的原因。

3）行为科学家和心理学家认为人的行为是受心理活动支配的，而人的心理活动又是由客观需要引起的，也就是说行为是由动机发动的，动机是由客观需要引起的（包括物质、精神、生理需要），所以需要是行为的第一动机，即需要－动机－行为－新的需要。心理学专家马斯洛把人的需要分成五个台阶，如图9-10所示。这五个台阶是由低级向高级、由物质到精神一步一步向上发展的，某一特定时期，总是某一层次的需要最突出，成为激励人们的行为的主要动机，这就是马斯洛定律。如果我们能把握住人们某种

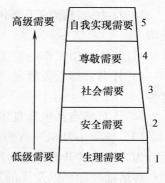

图 9-10 马斯洛定律示意

不安全行为产生的主要动机，事先满足他的客观需要，或者因势利导加以引导，就使不安全行为转化为安全行为，事故也就避免了。例如某厂的夜班工人总睡觉，开始领导又是批评，又是扣奖金，但还是有睡觉的。后来做了分析，认为是睡眠不足，于是专门设置了休息室，让他们在班前睡一觉，休息一段时间，由于解决了睡眠这一生理需要，在岗上睡觉的人再也没有了。

行为科学认为人不仅是物质的人，更是社会的人，物质金钱这一低级的需要产生的作用往往是短暂的，而高级的精神需要所产生的强大动力则能持久起作用，因而应坚持管理与教育并重，以教为主，要从感情上激励职工，充分发挥他们的主观能动性，在教育方法上要晓之以理，动之以情，要改变那种单纯的说教的方式，如广播、电视、宣传漫画、智力竞赛等都是广泛进行宣传和教育的好形式。"高高兴兴上班，平平安安回家""为了您的家庭幸福，请您注意安全"等口号深受职工欢迎，收到潜移默化的良好效果。

四、安全心理学

许多国家的企业里设有工业心理学家，专门从事工业心理学或叫安全心理学的研究，他们认为大多数工伤事故是人的不安全行为引起的，缺乏工业心理学知识的人，必然缺乏从心理活动角度来分析事故原因的能力，因而也难以从技术上、组织上采取有效的预防措施改进安全工作，因此设置工业心理学家。其研究内容主要有以下四个方面。

1）经过测验分配工作，即由工业心理学家根据需要与可能两个方面选定员工的工作，其步骤是：初步口头审查、填写申请表、进行心理测验、查阅证件、最后审查、体检。比如心理测验，由于工作的性质不同，测验方法也各有异，如对流水线上作业员工，其测验项目之一是将带孔的一张长纸带在被测试者面前移动，要求被测者用一根针穿过纸条上的小孔，如全部击中，即可判定大脑的反应灵敏，手眼配合良好。对于必须具有极其灵敏的反应能力和能承受高度的身心紧张的特殊作业人员（如宇航员、飞行员、潜水员、大型动力系统调度员等），还必须进行评定气质特性的心理测验。

美国用此法挑选了一批飞行员，飞行训练结束时的淘汰率由原来的65%下降到36%，后来法国人也采用此法，淘汰率由61%降至31%，都取得了很好的效果。

2）针对劳动者的年龄、个性、文化、智力、体格、兴趣、情绪等对工作效率、安全健康会产生什么影响进行研究。

3）针对劳动环境（如高温、照明、噪声、颜色等）对劳动者的影响进行研究。比如高温、照明不良、噪声太大、颜色不协调等因素，会引起烦躁、疲倦，造成工伤或职业病和其他恶劣影响。

4）运用安全人机工程学，研究如何使机器工具适合于人，达到人机最佳匹配，以减少差错和事故，提高工作效率。

从心理与安全的角度来说，高高兴兴上班，平平安安回家，反映了人们的心理愿望。但是周围环境、客观条件、家庭和社会的影响等，都会给人的认识、情感、意志等心理以不同的影响，造成每个人不同的心理特征，必须采取不同对策，才能做好安全工作。

五、预先危险性分析

1. 预先危险性分析内容

对系统存在的危险类别、出现条件、导致事故的后果进行分析，叫作预先危险分析。预先危险性分析一般应用于新工艺、新项目、新产品、新工程，它是在工程项目开始之前进行危险性分析，有哪些危险？可能发生哪些事故？如何预防？由谁负责？使之做到安全施工，安全生产。它的特点是"预先"二字，即分析工作做在行动之前，避免由于考虑不周而造成损失。当生产系统处于新开发的情况时，对其危险性还没有很深的认识，或者是采取新的操作法，接触新的危险物质、工具和设备时，使用预先危险性分析就十分合适。某齿轮厂在两个车间大搬迁时采用了预先危险性分析法，收到良好的效果，240多人在15天时间里拆装吊运了150台设备无一碰伤。

2. 危险因素等级划分

危险因素的等级是对危险程度的一个综合的量度（即危险性大小），此处讲的危险因素是指人员失误、环境影响、设计错误、程序失效、元件故障，以及功能失常等。

危险等级划分共分为四级：

第一级，安全级——不会发生危险。

第二级，极限级（临界级）——处于形成事故的边沿状态，虽暂时还不致发生事故，但必须予以排除和控制。

第三级，危险级——会造成人员伤亡或系统损坏，必须立即采取措施。

第四级，破坏性级——会造成灾难性事故。

分级的目的是为了排列出危险因素的先后程序和重点，以便抓住重点优先处理。但由于危险因素发展成事故的条件不同，其后果也有轻重，因此这种分级方法只能作为定性的相对评价。

3. 预先危险性分析的步骤

1）查出危险因素。根据过去的经验和类似系统发生过的事故，查明分析的对象是否会发生这类情况。

2）对生产目的、过程及操作中的环境进行确切的分析。

3）确定能够造成受伤、损害、功能损失或物质损失的初步伤害。

4）确定导致初始伤害的危险性。

5）提出消除或控制危险性的预防措施。

6）在危险性失控的情况下找出最好的防止损伤的方法。

7）落实负责采取改进措施的部门、日期和人员。

4. 危险性的辨识

由于危险性具有潜在的性质，只有在一定条件下才能发展成事故，如何辨识危险性需要有丰富的基础知识和实践经验，为了迅速地查出危险性，可以从能量转换的概念入手。

能量可作为制造产品和提供服务之用，但一旦失去控制便会转化为破坏力量，造成人员伤害和物资损失。能够转化为破坏能量的有电能，原子能，机械能（直线或旋转运动），压力势能、拉力势能、重力势能、燃烧和爆炸的热能，腐蚀，放射线热辐射、辐射等。另一种破坏能量如加速度、污染、化学分解、火灾、泄漏、氧化、化学灼伤、机械冲击等也不可忽视。系统、子系统或元件中都有能量存在，例如变压器、蓄电池均存在电能、电动机则有电能和机械能同时存在；再如一个人平躺在地上不会有什么危险，当他站起来时就有位能存在，摔跤跌伤就是位能转换的一种形式。

5. 危险性的控制

了解危险因素性质和种类后，就可以采取预防措施避免事故。下面是主要方法。

（1）限制能量或使用安全能源　如使用限速装置、低压电气设备、安全设备，限制生产用量等。

（2）防止能量积蓄　如使用温度自动调节、熔体、气体检测仪等。

（3）能量放出缓冲装置　如使用爆破板、安全阀、保险带等。

（4）在能量放出的必经路上或放出时间上采取保护措施　如使用除尘器、防护性接地、安全联锁、安全标志，划定禁止入内区域等。

（5）防止能量逸散　如使用同位素的放射源铅容器、绝缘材料、安全带等。

（6）对能量源采取防护措施　如使用防护罩、水幕、喷水装置、过滤器、防噪声装置、隔火装置等。

（7）在能源与人之间设立防护措施　如使用玻璃视镜、设置防护栅栏等。

（8）采取个人防护措施　如使用防护眼睛、安全靴、头盔、手套、呼吸器、防护用具等。

(9) 提高耐受能力 如采用耐火、耐酸材料等。

(10) 降低伤害程度 如使用紧急淋浴、急救医疗等措施。

一般说，能量是危险因素的基础，所以以上措施大多是从能量的角度上来考虑的，当然也有一些事故与能量无关，如中毒、窒息等。

下面我们通过热水器的事例来说明预先危险性分析表的应用。有一台天然气的热水器（见图 9-11），装有温度和天然气开关联锁装置，当水温超过规定温度时，联锁装置动作将天然气阀关小，如果联锁装置发生故障不能自动调节时，则由泄压安全阀开启泄压，防止发生爆炸事故。天然气的热水器预先危险性分析见表 9-79。

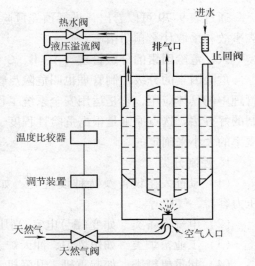

图 9-11 天然气的热水器示意

表 9-79 天然气的热水器预先危险性分析

危险因素	触发事件	现象	形成事故的事件	事故情况	后果	危险等级	预防措施
水压高	天然气连续燃烧	有气泡产生	安全阀不动作	热水器爆炸	人身伤亡物资损失	3	装爆破板，定期检查安全阀
水温高	天然气连续燃烧	有气泡产生	安全阀不动作	水过热	烫伤	2	装爆破板定期检查安全阀
天然气	火嘴熄灭，天然气阀开，天然气泄漏	天然气充满室内	火花	火灾爆炸	人身伤亡物资损失	3	火源与天然气阀装联锁。定期检查通风。安装气体检测仪
燃气	火嘴熄灭、天然气阀开，天然气泄漏	天然气充满室内	人在室内	中毒	人身伤亡	2	同上
燃烧不完全	排气口关闭	室内充满一氧化碳	人在室内	中毒	人身伤亡	2	安装一氧化碳检测仪，警报器。定期通风
火嘴着火	火嘴附近有可燃物	火嘴附近着火	火嘴引燃	火灾	人身伤亡物资损失	3	火嘴附近改为耐火结构，火嘴附近无可燃物
排气口高温	排气口部分关闭	排气口附近着火	火嘴连续燃烧	火灾	人身伤亡物资损失	2	安装联锁排气口温度过高时自动关闭天然气阀排气口改为耐火结构

通过表9-79可以看出，进行预先危险性分析，可以知道热水器将会发生些什么事故和采取什么预防措施。

六、危险因素的分级管理（A、B、C分析法）

危险因素的分级控制管理也叫危险点管理或安全控制管理，是系统思想在安全管理中的具体应用，它是运用安全系统工程的一些基本方法对生产系统进行事故控制的好方法。选点原则是根据危险性程度、伤亡事故严重度、直接经济损失和事故概率的大小来确定的。

1. 控制分类

（1）动能发生设备及特种设备类　如锅炉、空压机、发电机、乙炔发生器、压力容器、气瓶等。

（2）电气设备类　如变（配）电室、高压电气设备、高频设备、移动式电具等。

（3）工业窑炉类　如熔炼炉、冲天炉、电炉等。

（4）起重机械类　如起重机、升降机、电梯等。

（5）锻、冲压机械类　如蒸汽锤、油压机、精锻设备、冲床等。

（6）运输机械类　如机动车辆、翻斗车、铲车、电瓶车、三轮摩托车等。

（7）危险作业类　如登高作业、焊接作业、明火作业、吊运作业等。

（8）尘、毒、噪声类　如尘点、毒点、噪声源等。

（9）危险场所　如油库、油漆库、气瓶库、危险品库、试车场等。

2. 对安全控制点的管理要求

1）建立全厂性安全控制点管理网络。

2）落实各点负责人和责任人。

3）建立安全控制点管理制度、台账资料。

4）拟订安全控制点检查表。

5）安全控制点采取定人、定机、定岗操作。

6）安全控制点采用挂牌标志。

7）安全控制点采用点检表，班组周查、车间月查，负责人定期抽查。

8）操作者凭证上岗操作，应熟悉本岗位安全操作规程，并具有一定应变能力。

9）发现异常情况时及时报告安技部门，并填写事故隐患反馈表。

七、事故树分析（ETA）

1. 事故树的定义

事故树——描绘事故因果关系的有方向的树。事故树分析采用从果到因逆过程分析，从事件顶上开始，一层一层向下分析，直至基本原因事件，每层间用逻辑符号连接，以说明它们之间的关系，整个分析过程类似一株倒挂的树，顶端是顶上事件（事故），末梢是构成事故的基本原因事件，所以形象地称为事故树。

2. 事故树分析的优点

树的分析属系统工程网络分析技术。事故树分析是安全系统工程重要的分析方法，有利于查明发生事故的所有原因，并能发现成为事故原因的意想不到的基本事件的组合；树形图是明确表示事故发生的过程和结果的一种有用手段。如果系统设计不当，事故树分析可查出系统的弱点及其与事故的关系；可用于定性分析，又可用于定量分析，在计算系统事故概率方面是一种既方便又有用的形式；还能对系统的危险进行辨识和评价，所以它的适用面很广，是目前用得较多的方法之一。

3. 事故树的种类

主要有通用的事故树，根据事故类别编制的事故树，针对重大事故编制的事故树等。由于它可以用于定性、定量分析，常常用它进行案例的原因分析、责任分析和制定整改对策措施。

例：从脚手架上坠落死亡事故树，如图 9-12 所示。

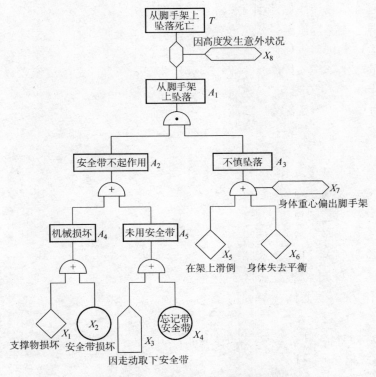

图 9-12　从脚手架上坠落死亡事故树

事件树分析是利用逻辑思维的初步规律和逻辑思维的形式分析事故的过程，也称为判断树分析，判断是思维的一种。造成伤亡事故是若干个事件按时间顺序相继出现的结果。在事故发展过程中，出现的事件可能有两种结果，"出现"或"不出现"，而每一事件的发展都可能有两条途径，"成功"或"失败"不过受到各种安全状态的影响，向哪一条途径发展，具有一定的随机性。

事件树是从因到果的分析，通过事件树分析，把事故发展过程直观地展现在人们面前，可以在事故发展的不同阶段采取适当的措施，让事件向好的方向发展，从而避免事故的出现，而且可求得各变化阶段的概率进行定量计算，所以它是以元件可靠度表示系统可靠度的分析。

事件树的编制，一般按事件发展过程自左向右画，树枝代表事件发展途径，把结果好的分枝画在上方，结果不好的画在下方，或者说把"成功"画在上方，"失败"画在下方，推断出成功的原因和失败的教训。

第十章 财务（总务）管理

第一节 财务（总务）管理制度

某公司财务（总务）管理制度实际应用案例，供读者参考借鉴。制定财务（总务）管理制度时，要考虑具体单位的性质、规模、经营状况、所在地区等因素，不能生搬硬套其他单位的制度。

第一章 总 则

为规范公司总务、财务行为，发挥其在公司经营管理和提高经济效益中的作用，便于公司各部门及员工对公司财务工作进行有效监督，同时进一步完善公司总务、财务管理制度，维护公司及员工相关的合法权益，制定本制度。

第二章 机构设置

机构的设置，必须根据实际情况，以"精简、高效率"为原则，按本公司实际需要设置适当部门，在总经理的领导下进行工作（见下图）。

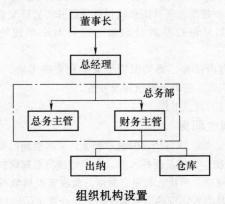

组织机构设置

第三章 财务人员岗位责任制

根据《中华人民共和国会计法》及财政局的有关规定，每个企业要根据本单位的实际情况，建立财务人员岗位责任制，以便分清责任。各司其职，各尽其责。坚持"精简、高效率"的原则，切实做到事事有人管，人人有专责，办事有标准，工作有检查，业绩有奖惩。

一、财务主管岗位职责

1. 贯彻执行国家颁布的有关财务制度，严格按照《中华人民共和国会计法》进行记账、算账、报账，严格遵守财务纪律，做到手续完备、内容真实、数据准确、账目清晰。

2. 负责编制公司年度财务计划；编制月、季、年度会计报表及有关说明，每月5日前向市有关部门和公司领导及时、真实、准确地报送上月会计报表，完整地反映财务状况及财务分析书面报告，上报产品单位成本明细表；每月10日向领导汇报有关本月财务经费情况及资金计划平衡表。

3. 负责会计核算，特别对应付、应收等往来账要及时清算和催收；定期对固定资产、低值易耗等财产物品进行盘点，做到账账相符，账物相符，发现不符必须查明情况及时汇报。

4. 负责公司的资产管理和各项财产的登记、核对、抽查与调拨，按规定计算折旧费用，确保资产的资金来源，每月底最后一天会同生产部进行工场产品盘点工作，在每月5日上报营业额对比图、累计营业额对比图、利润对比图、累计利润对比图等。

5. 妥善保管会计凭证、会计账本、会计报表等档案资料。

6. 完成上级领导交办的其他有关工作任务。

二、出纳岗位职责

1. 负责现金及银行转账票据的收付，不得积压，按时将现金送存银行。

2. 严格遵守现金管理制度，库存现金按规定限额执行，不得挪用，不得以白条抵库，不得坐支营业款。

3. 根据会计人员签章的收、付款凭证，按款项的审核批准制度办理收付。

4. 开具支票，办理汇款时要按公司的财务管理制度办妥有关手续，不符合规定的予以退回。

5. 填制有关收入、支出的会计凭证，登记银行存款，现金出纳日记账，保证账款相符。

6. 负责保管未签发的支票，支票本及已签发的支票存根联。

7. 结合公司的业务实际情况，每月汇总收付款凭证并将凭证交会计登记明细账。

8. 每月2日前，将上月银行存款日记账与银行对账单逐笔核对，编制银行余额调节表。

9. 保管库存现金和有价证券，要确保资金安全和完整无缺，如有短缺要负赔偿责任。

10. 妥善保管保险柜钥匙，密码不得泄露及外传。

11. 完成上级领导交办的其他工作。

三、仓库管理员岗位职责

1. 严格遵守国家政策法规，执行公司的规章制度，采取措施向零库存目标努力工作。

2. 做好原材料、包装物、低值易耗品入库，仓库管理员根据购物申请、发票或送货单及相关的合格证来核对实物的规格、单价、数量、质量，验收无误后填写收料单，进行登账；隔日把相关资料送会计入账。凡购入物资的质量和价格不符合要求的，暂缓入库，并报部门负责人处理。若仓库管理员玩忽职守，造成不良影响或经济损失的，追究其经济责任。

3. 成品入库，仓库管理员根据入库单核对规格、数量验收无误后填写入库单，隔日把相关资料送会计入账。

4. 所有货物出仓（或出厂）按总经理签字同意的领料单（单价500元以下的由生产负责人签字）或发料单或出库单发出物品，经客户或经手人签字后，认真核对货物发放，并做好登记。

5. 生产部所有换料，必须有质检部门鉴定方可更换，补料必须列明原因及生产主管经理签字方可发给。

6. 建立实物账册,做好财产保管卡的登记工作。每月末最后一天盘点仓库的物品一次,编制存货盘点表。做到账、卡、物三相符,每月 30 日前将存货盘点表、材料收付月报表、包装物月报表、成品收发存月报表送会计处入账。年终财务部门会同有关部门全面清查盘点,发现盘盈、盘亏或毁损,应查明原因,明确责任后,有关部门应写出书面报告(除应由过失人或保险公司理赔外)其净损失部分须总经理审批后予以处理账务,共同做好每月底最后一天会同生产部进行工场产品盘点及清查公司积压物品;建立员工领用物品台账。

7. 仓库物品需要妥善保管,堆放有序,做好防火、防盗、防潮工作。

8. 做好废旧物品的回收、统计工作,如需报废应报部室负责人批准并将出售废品款项交公司财务入账。

9. 完成上级领导交办的其他工作。

第四章 财务工作管理

一、通则

1. 会计年度自公历每年一月一日起至十二月三十一日止。

2. 本公司的记账方法,采用国际上惯用的借贷复式记账方法,一切凭证、账簿、报表都必须用中文书写,以人民币为记账本位币,对于现金、银行存款、其他货币款项以及债权债务收益和费用等实际收付的货币,如与记账本位币不一致时,还应同时记录外币金额。

3. 本公司的会计核算工作以实际发生的经济业务为依据,做到记录准确,内容完整,方法正确,手续齐备,符合实际。

4. 本公司根据权责发生的原则处理账务,收益与费用的计算应当相互配合,不应脱节,不得提前和延后。

5. 本公司的各项财产按照实际成本核算。除另有规定外,本公司不得自行调整财产的账面价值。

6. 本公司会计处理的方法,前后各期应一致,不得随意改变。如需改变应经董事会同意和报送当地税务机关备查,并在会计报告中加以说明。

7. 本公司在经济活动中所发生的资金收入和支出,统一由总务部负责办理,总务部是代表公司对外结算债权、债务的唯一机构。未经授权和委托,任何人无权处理有关资金收支的工作。

8. 财务部门工作人员必须廉洁奉公,严于律己,不谋私利,如发现有利用工作之便,挪用公款,假公济私,贪污舞弊,监守自盗等行为,一律加倍处罚,严惩不贷。情节严重的,移交国家有关司法部门处理。会计与出纳必须明确分工,各司其职,相互制约,既相互合作又相互监督。按照会计管账不管钱,出纳管钱不管账(指除现金、银行日记账外的账)的原则进行工作。每月终盘点现金,双方核对现金、存款账目,并将存在问题向上级报告。

9. 凡是支付款项必须取得合法的、有效的单据,经手人应该在单据上签名、盖章、整理好单据,经有权审批的领导批准,会计人员核对无误并符合支付原则,方可办理报销支付款项,如手续不全,内容有错或可疑,财务人员有权拒绝付款。

10. 为保障公司财产的安全不致流失,凡是公司的资产都应设置账簿登记,由专人负责管理。会计与管理人员按情况规定月、季、年终盘点一次,进行财产清查。对于损坏、变质或短缺情况,由直接责任人(或使用人)提出报告,经批准方可办理报废注销手续。

11. 强化公司管理，公司与外界签订的一切经济合同，最终由总务部负责执行，总务部建立经济合同管理档案。派专人负责管理，严格按合同规定的权利义务执行，以维护公司的经济权益。

12. 财务人员调动工作或因故离职时，必须办理交接手续，不得中断会计工作，财务人员交接工作时，由总经理监交。

二、投入资本

本公司按章程规定的资本总额、出资方式在规定的期限内投入资本，委托中华人民共和国政府批准的注册会计师验证，并出具验资报告。

三、现金管理

1. 所有现金收支由公司总务（出纳）负责。
2. 公司可以在下列范围内使用现金：
① 职工工资、津贴、奖金、福利费、工资等由出纳负责打入职工银行账户，并做好保密工作。
② 出差人员必须携带的差旅费。
③ 零星支出。
④ 总经理批准的其他开支。
3. 出纳支付个人款项，超过使用现金限额的部分，应当以支票支付；确需全额支付现金的，经财务主管审核，由总经理批准后支付现金。
4. 库存现金限额超过 5000 元时必须存入保险柜或者银行。
5. 公司的固定资产、原材料、辅助材料、包装物、低值易耗品及其他工作用品必须采用转账结算方式，不得使用现金。因特殊情况确需支付现金的，经财务主管及分管领导审核，由总经理批准后支付现金。
6. 财务人员支付现金，可以从公司库存现金限额中支付或从银行存款中提取，不得从现金收入中直接支付。
7. 出纳使用的收据必须由财务主管统一登记领用，收据用完后，出纳必须把收据存根联交回财务主管进行核销，审核无误后再继续领用。
8. 出纳人员从银行提取现金，应当填写"现金支票使用记录单"，并写明用途和金额，由财务主管及分管领导批准后由总经理核批后提取。
9. 任何现金支出必须按相关程序报批。因出差或其他原因必须预支现金的，须填写借款单，经总经理签字批准，方可支出现金。借款人要在出差回来或借款后三天内向出纳还款或报销。
10. 收支单据办理完毕后出纳须在审核无误的收支凭单上签章，并在原始单据上加盖现金收、付讫章，防止重复报销。

四、支票管理

1. 支票由出纳员保管。支票使用时须有"应付款支付单"，经总经理签字批准，然后将支票按批准金额封头，加盖印章、填写日期、用途、登记号码，领用人在"支票使用记录簿"上签名备查。
2. 所开支票必须由收取支票方在支票头上签收或盖章。
3. 支票付款后凭支票存根，发票由经手人签字、会计核对（购置物品由保管员签字）、总经理审批。填写金额要无误，完成后交出纳人员。出纳员统一编制凭证号，按规定登记银行账号，原支票领用人在"支票领用单"及登记簿上注销。

4. 对于报销时短缺的金额，财务人员要及时催办，月底清账时凭"支票领用单"转应收款。

5. 建立和健全"银行存款日记账"簿，出纳应根据审批无误的收支凭单，逐笔顺序登记银行流水收支账目，并每天结出余额。

五、印章使用的管理

1. 公司印章包括公章、财务专用章、法人代表章、合同章等。公章及法人代表章由总务主管保管，财务专用章、发票专用章和合同章由财务主管保管。

2. 保管人员必须坚守职责，未经领导批准，不得将印章带出办公室，不得私用，不得委托他人代管。

六、现金、银行存款的盘查

1. 出纳人员在每月完成出纳工作后，应将库存现金、银行存款的上存、收入、支出、结存情况编制"出纳报告表"，对出纳保管的库存现金每月编制一张"现金盘点表"，由财务主管于每月底进行定期对账盘查，其他时间进行抽查。

2. 出纳应根据银行存款日记账的账面余额与开户银行转来的对账单的余额进行核对，对未达账项应由会计编制"银行存款余额调节表"进行检查核对。

3. 其他依据相关会计制度及法规执行。

七、财务审批、报销规定

本公司所有资财均属投资者所有，受到国家法律保护。禁止任何人以任何借口，不经过正当审批手续，非法调走或挪用资金，财务部门有权制止这些违法行为，拒绝支付款项。如不加制止，造成事实，财务主管应负连带责任。

1. 公司各部门应根据工作需要，事先提出申请报分管领导批准后，由总经理核批，再由经办人按规定办理借支或报销手续。

2. 公司员工报销，报销人将票据粘贴好，填写内容、金额，需经下列审批程序：经办人－部门负责人签字－总经理签字－出纳付款。

3. 上述开支的必须支出，如果总经理不在，需经电话请示总经理同意后，方可予以支出，待总经理回到公司后再进行补签。

注：因公借款，经办人必须在事毕后3～5天内（如购物或出差回来等）办理报账手续。

4. 公司支付任何款项，必须凭合法的有效发票或有关收费凭证，由经办人签名或盖章确认，注明付款理由，按审批权限报有关领导批准，财务主管审核签字后，方可办理支付款项业务。

5. 凡属预付款项，由经办人提出书面申请，按审批权限报有关领导批准后，连同合同或有关文件交财务部审核，总经理签字后方可办理付款，但在该项业务完结后，经办人必须取得对方正式发票或合法的收款凭证，交由财务部结清往来账目，否则造成损失由经办人负责。

6. 工作人员因工作失职，所造成的罚款或其他经济损失，应由责任者本人负责。

八、费用开支管理

1. 差旅费：

（1）各级别出差乘坐交通工具标准：

1）总经理可乘坐飞机、火车软卧。
2）其他人员，可乘火车硬卧或硬座、轮船三等舱，一般不能乘坐飞机，特殊情况需经总经理批准。
注：上述各标准采用实报实销，凡超过上述标准乘坐交通工具的费用，由本人负责，公司不予报销。
（2）食宿费和其他费用及各种补助标准根据各城市物价的实际情况不定期调整。
2. 办公费：
1）购买办公用品、用具等均由总务部统一负责，公司各部门按实际需要列出清单，交总务部统一处理。严禁各部门擅自购买，并要严格控制其开支金额。
2）所有购买的物品均须办理验收入库，并按审批权限报有关领导审批方能报销。总务部门要指定专人按部门或个人建立低值易耗品辅助台账，及时登记领退情况，职工离开本公司时，必须办理移交手续，丢失和损坏的物品，要其本人赔偿。
3. 借款程序：
（1）借款人填写借款单，部门负责人签字。
（2）财务主管按用途、计划、实际开支情况审核。
（3）总经理根据部门负责人、财务部意见以实际需要进行审批。
（4）出纳员根据审批后的借款单给予付款，借款人签名。
4. 对生产及新品开发所需的采购和资金具体操作程序见下图。

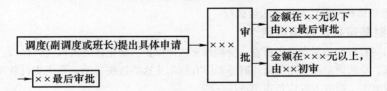

操作程序示意

5. 原材料（钢材）的采购作为特例，每次采购钢材数量、金额、时间，由公司相关部门共同商定。

九、库存管理

1. 本公司的库存，包括原材料、包装物、低值易耗品、物资采购、在制品以及产成品等。
2. 本公司的各种库存均按实际成本记账。外购原材料、包装物、低值易耗品等的实际成本包括买价、外地运输费、装卸费、保险费、运输途中的合理损耗等。
3. 低值易耗品采用一次性摊销计入有关成本的费用账户。
（1）低值易耗品是指单价在 2000 元以下，不是使用一次而是多次重复使用，使用期在一年或一年以上的用具和物品。
（2）对摊销的用具物品，仓库保管员需建卡登记。使用人必须办理领用低值易耗品手续，方能领用并成为当然的保管人，妥为保管，如使用人调离岗位，应办理移交手续，年底前对实物进行盘点，核对账目，检查财产实际情况。
（3）低值易耗品如因使用人的主观原因造成损坏或遗失，使用人应负赔偿责任。
4. 物资采购：
（1）采购价值在 2 万元以上（原材料除外）的物资，必须由总经理审批。采购时，必须向两家以上供应商摸底询价,并签订供货协议。

(2) 采购价值在 2 万元以下的物资,需经总经理或分管副总经理批准后,方可采购。采购时,必须向两家以上供应商摸底询价,并签订供货协议。

(3) 各部门在报购前先核对仓库无库存,再填写费用申请表,经部门负责人审核后报批。

5. 存货必须正确分类,合理计价,妥善保管。建立存货月终(每月最后一天)盘点制,填写公司积压物品清单,由仓库负责填写,财务主管审核,车间在制品由生产部组织盘点,并填写工场产品盘点表,由财务主管审核。

6. 仓库工作:在实物管理上,由生产、采购部负责,并按其要求提供相关货物资料或库存数量,在票据处理、账簿报表上对财务科负责。仓库保管员必须处理好日常工作,做好货物的收进、发出及登记工作。

7. 领用或者发出的材料、产品等存货:公司采用移动加权平均法,存货的核算一般采用永续盘存制。

8. 对仓库管理员的要求:仓库管理员必须对自己经管的所有货物做到心中有数,收发货物准确无误,正确处理单据,保持实物与账本、报表的一致,对于任一种货物,必须能随时随地查到其准确数量(即可投入生产数量)、不合格品或次品数量,以确保生产的顺利进行。

十、固定资产的管理

1. 公司的固定资产包括使用年限在一年以上的房屋、建筑物、机器、机械和运输工具;其他与生产经营有关的设备、器具、工具等。

2. 固定资产的计价:应以原值为准,购进固定资产,应包括买价、运输费、装卸费、包装费、保险费和安装费等。

3. 本公司固定资产计提折旧,按税法规定采用直线法计算。

4. 固定资产的折旧年限。按国家的有关规定并根据公司的实际情况,在年终董事会做出决定。

5. 按照规定,当月使用下月提,月内减少下月停,已经提足不再提,提前报废不补提。

6. 由于特殊原因需加速折旧和改变折旧方法,应经董事会确认,由公司提出申请,报税务机关审批。

7. 每进一台固定资产都进行编号登记,针对体积较小的固定资产,指定专人保管,在财产保管卡上登记,建立固定资产明细账,每年年终必须进行一次固定资产盘点,做到实物和账表记录相符,核算资料准确。对固定资产遗失、损坏的,要查明原因,上报董事会,经总经理批准后进行会计处理。

8. 购置固定资产必须有经总经理批准的购置申请;购置时,经总经理批准,可借用限额支票,在申请范围内使用。

9. 购置的固定资产报销时按财务制度审批程序进行。

十一、工资管理

1. 每月 15 日支付本月职员工资。
2. 工资的核定:
(1) 以计件为主的员工工资标准,由总经理确认。
(2) 以计时为主的职工工资标准,由总经理确认。
(3) 中层员工工资标准由总经理确认通过。

(4) 总经理、副总经理工资标准由董事长确认通过。

3. 总务主管依据各部门每月提供的核发工资资料（考勤表、工资考核办法）编制职员工资表，于付款期限前两日送交财务主管。

4. 因特殊情况需提前支付者，由经办人另行签字呈主管转呈总经理批准后，再予支付。

十二、销售和利润

1. 销售收入的确认，以产品已经发出，并已将发票等有关单据提交买方作为销售实现。

2. 发生销货退回时，不论是属于本年度还是属于以前年度销售的，都应冲减本期的销售收入。

3. 本月实现的销售收入，应全部计入本月账内，并相应结转销售成本。

4. 财务部门按月计算利润，并做到及时准确，如实反映本月经济效益。

5. 储备基金平时用来扩大企业的流动资金，企业发生亏损时，可将储备基金用来弥补的亏损。

6. 企业发展基金可用于购置固定资产和公司现有设备技术改造及增加企业的流动资金，扩大企业的生产经营。

7. 职工奖励及福利基金用于支付职工的非经常性奖金（如特别贡献奖，年终奖等）和职工集体福利。

十三、合同的管理规定

1. 以公司名义向外发送的正式文件需经部门负责人审阅，总经理签发。

2. 以公司名义签订的合同，一般合同只需经总经理签字后办理；重大合同必须经总经理和高层管理人员达成共识后统一进行办理，并在办理完毕后将原件分类存档，以便随时备查。

十四、会计档案与查账

1. 本公司的账簿、凭证和报表，应在中华人民共和国境内保管，不得丢失和损坏年度会计报表，与本公司权益有关的重要档案需永久保存，一般的会计报表至少保存15年或按政府有关部门规定执行。

2. 会计档案保存期满需要销毁时应抄具清单，报经董事会和政府有关部门同意后才能销毁，销毁会计档案的清单永久保存。

3. 本公司有关部门对公司账目进行检查时，应经总经理批准后执行。公司应对查账人员提供所需要的凭证、账簿和有关资料，查账人员应负责做好保密。

第二节 年度综合计划预算

做好年度综合计划预算是企业十分重要的基础工作，以下为实际案例样表。

1) 产品生产销售计划，见表10-1。

2) 原辅材料采购付款计划，见表10-2。

3) 制造费用预算，见表10-3。

4) 制造费用预计现金支出，见表10-4。

表 10-1 产品生产销售计划

年度_____ (单位:万元(含税))

批准		审核		编制	

单位	产品编号	1~6月 单价	一月	二月	三月	四月	五月	六月	7~12月 单价	七月	八月	九月	十月	十一月	十二月	合计
	数量合计															
	金额															
	数量															
	金额															
	数量总计															
	金额总计															
	其中:销售额															
	增值税															
	代购代售款															

批准	审核	编制

表10-2 原辅材料采购付款计划

年度_____

(金额单位：万元)

序号	品名	1月	2月	3月	4月	5月	6月	7月	8月	9月	10月	11月	12月	合计
1														
2														
3														
4														
5														
6														
7														
小计														

批准	审核	编制

表 10-3　制造费用预算

_____年度　　　　　　　　　　　　（单位：元）

变动制造费用	固定制造费用
间接材料	租赁费
机物料消耗	折旧费
修理费	工资
水电费	供电服务费
其他	模具、夹具费用
	其他
合计：	合计：
分配率	现金支出合计

批准	审核	编制

表 10-4　制造费用预计现金支出

_____年度　　　　　　　　　　　　（单位：元）

期间	1 季度	2 季度	3 季度	4 季度	全年
生产量					
变动性制造费用					
固定性制造费用					
现金支出合计					

5）管理费用、营业费用预算，见表 10-5。

6）管理费用、营业费用有关的预计现金支出表，见表 10-6。

批准	审核	编制

表10-5 管理费用、营业费用预算

_____年度   （单位：元）

变动性营业费用	固定性管理费用
运输费用	工资
其中：	租赁费
仓储费	折旧费
售后服务费	其他资产摊销
	劳动保险费
	福利费
	税费
	办公费
	差旅费
	业务费
	其他
合计：	合计：
	减：折旧及其他资产摊销
分配率：	现金支出合计

批准	审核	编制

表10-6 管理费用、营业费用有关的预计现金支出表

_____年度   （单位：元）

期间	1	2	3	4	全年
生产量					
变动性营业费用					
固定性管理费用					
现金支出合计					

7）原材料、外协件、包装物供应计划，见表10-7。

8）收益法收入成本、利润预测，见表10-8。

9）现金预算，见表10-9。

10）直接人工费用（工资）计划，见表10-10。

表 10-7 原材料、外协件、包装物供应计划

____年度

(金额单位：元（含税）)

批准		审核		编制	

序号	名称	规格	单位	单价	1月		2月		3月		4月		5月		6月		7月		8月		9月		10月		11月		12月		合计	
					数量	金额	数量	金额	数量	金额	数量	金额	数量	金额	数量	金额	数量	金额	数量	金额	数量	金额	数量	金额	数量	金额	数量	金额	数量	金额
1																														
2																														
3																														
4																														
5																														
6																														
7																														
8																														
9																														
10																														
11																														
12																														
13																														
14																														
15																														
16																														
17																														
金额合计																														
以上增值税																														

表 10-8 收益法收入成本、利润预测

年度_____ （金额单位：万元）

批准	审核	编制

序号	项目	1月	2月	3月	4月	5月	6月	7月	8月	9月	10月	11月	12月	合计
1	产品销售数量/台													
	平均单价/元													
	产品销售收入													
2	平均制造单价/元													
	产品销售成本													
	减：直接材料成本													
3	直接人工													
	制造费用													
4	营业费用													
5	管理费用													
6	财务费用													
7	税后利润													

表 10-9　现金预算表

　　　　年度　　　　　　　　　　　　　　　　　　　　　　　　（金额单位：万元）

批准	审核	编制

项目		1月份	2月份	3月份	4月份	5月份	6月份	7月份	8月份	9月份	10月份	11月份	12月份	合计
初期现金余款														
收入货款														
其中	1)													
	2)													
	3)													
可用现金合计														
减	采购直接材料													
	直接人工													
	制造费用													
	管理费用													
	营业费用													
	财务费用													
	设备购置													
	模具、夹具、检具购置													
	办公设备购置													
	增值税													
现金支付合计														
借款														
还款														
还款利息														
末期现金余款														

表 10-10　直接人工费用（工资）计划

年度_____

项目	一月	二月	三月	四月	五月	六月	七月	八月	九月	十月	十一月	十二月	小计
人员/人													
工资/元													

批准	审核	编制

注：1. ①／② 框内①表示预计量；②表示实际量。
2. 表内仅反映直接人工费用（工资），不包含管理人员费用（工资）。

第三节 财务工作流程及图表

做好财务工作是十分重要的,同时必须建立或完善相关的工作流程及图表,以指导企业经营和生产活动。以下给出财务图表示例。需要说明的是,企业应根据自己的实际情况设计相应的图表,不可生搬硬套。

1) 财务资金使用、支付工作流程,如图10-1所示。
2) 费用申请,见表10-11。
3) 资金计划平衡表,见表10-12。
4) 仓储、采购、检验、财务工作流程,如图10-2所示。
5) 年度营业额同期对比,如图10-3所示。
6) 年度营业额累计对比,如图10-4所示。
7) 月度财务分析表,见表10-13。
8) 直接材料明细表,见表10-14。
9) 产品单位成本明细表,见表10-15。

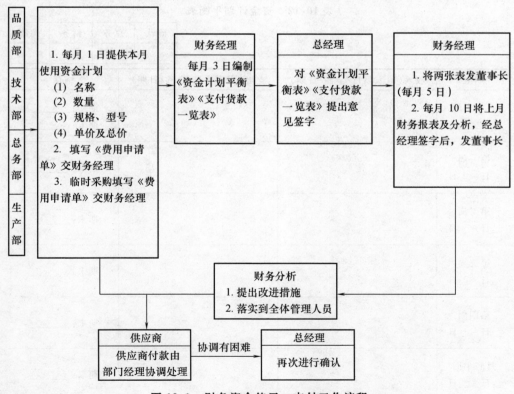

图 10-1　财务资金使用、支付工作流程

表 10-11　费用申请单

申请人		日期		收款单位	
支付金额	___万___仟___佰___拾___元			支付形式	

申请原因：

部门负责人		财务部		总经理	
备注					

注：本表可以进行多项费用申请，列出具体清单。

表 10-12　资金计划平衡表

			确认	总务	财务	编制

_____年_____月

期限	收入（收入项目/金额/日期）	支出（支出项目/金额/日期）	结存
月初半周 __日 ~ __日			期初：_____ 期末：_____
第一周 __日 ~ __日			期末：_____
第二周 __日 ~ __日			期末：_____
第三周 __日 ~ __日			期末：_____
第四周 __日 ~ __日			期末：_____
月底半周 __日 ~ __日			期末：_____

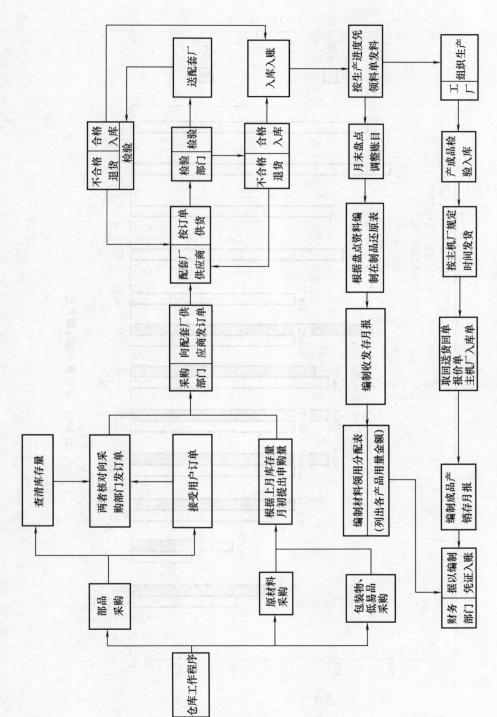

图 10-2 仓储、采购、检验、财务工作流程

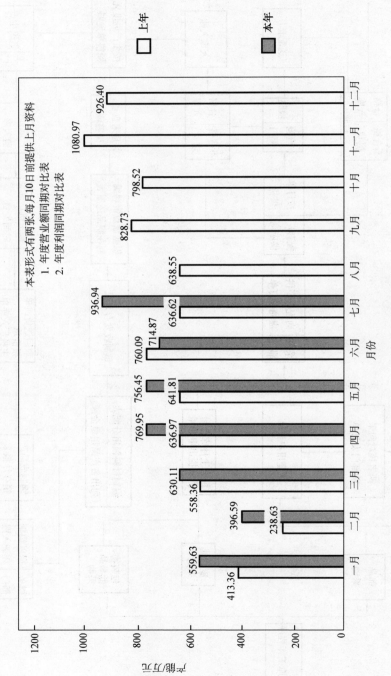

图 10-3 年度营业额同期对比

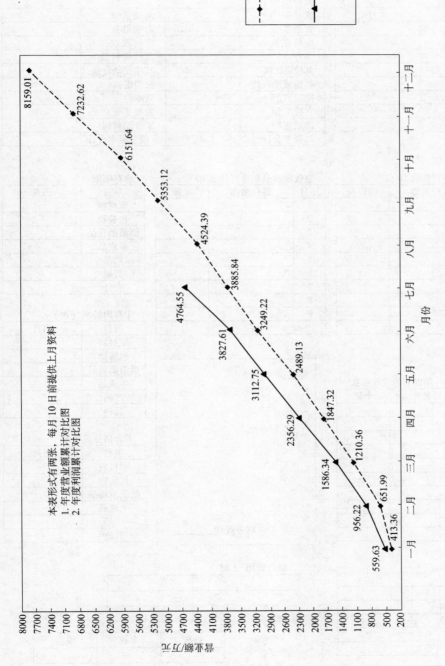

图 10-4　年度营业额累计对比

表10-13　月度财务分析表

_____年_____月　　　　（金额单位：元）

利润表

项目	当月
销售收入	
其中：（1）	
（2）	
销售成本	
销售费用	
管理费用	
财务费用	
营业利润	

资产负债表

流动资产		流动负债	
货币资金		短期借款	
应收账款		应付账款	
库存		其他应付款	
其他应收款		其他流动负债	
其他流动资产		长期借款	
固定资产		资本金	
在建工程		发展基金	
递延资产		未分配利润	
资产合计		负债·资本合计	

销售收入排行榜前10位

序号	客户名称	销售额
1		
2		
3		
4		
5		
6		
7		
8		
9		
10		

应收账款余额排行榜前10位

序号	客户名称	余额
1		
2		
3		
4		
5		
6		
7		
8		
9		
10		

库存明细

项目	当月
原材料	
包装物	
低值消耗品	
半成品	
产品	
其他	
合计	

库存周转率（次）

项目	当月
原材料	
包装物	
低值消耗品	
半成品	
产品	
其他	

账龄已超过一年以上的应收账款

序号	客户名称	余额
1		
2		
3		
4		
5		
6		
7		
8		
9		
10		

建议：
1.
2.
3.

财务经理_____

不合格品发生率

项目	当月
原材料	
包装物	
低值消耗品	
半成品	
产品	
其他	

项目	当期
产量	
制造费用	
原材料费	
制造费用/支（台）	
原材料费/支（台）	

制造费用/工时

批准	审核	编制

表10-14 直接材料明细表

年　月

客户	产品名称	本月产量/支(台)	直接材料总成本/元	材质	圆钢		锻件		棒料		铸件		半成品	
					单位消耗量/kg	单位消耗成本/元	单位消耗量/kg	单位消耗成本/元	单位消耗量/kg	单位消耗成本/元	单位消耗量/kg	单位消耗成本/元	单位消耗量/kg	单位消耗成本/元
合计														

批准	审核	编制

制表：　　　　　日期：

表10-15 产品单位成本明细表

年　月　　　　　　　　　　　　　　　　　　　　　　　　　　（单位：元）

客户	产品名称	本月产量/支(台)	成本项目						单位成本合计	销售价	盈亏情况
			直接材料	设备	直接人工	制造费用	营业费用	管理费用	财务费用	赔款			

批准	审核	编制

日期：

第四节 财务支出款项规定

案例：某公司财务支出款项规定。

为加强公司管理，保证公司资金的安全以及各项业务的顺利进行，使公司付款规范化、程序化，节约付款时间，提高各环节的工作效率，特对公司支出款项做如下规定，请各部门遵照执行。

1. 公司购进原辅材料、劳保用品、办公用品及其他日常用品，由需要的部门提出购物申请，经批准后由采购部统一采购，并由其统一填写业务付款预借单。任何部门未获授权，不得擅自购买任何物品。

2. 公司实行采购合同管理，采购部门负责与所有供应商签订合同，其合同须经总经理确认后方可生效。

3. 凡办理由公司支出款项时，必须使用公司的表格或公司允许使用的外购表格，按公司的要求进行填写。

4. 公司支出款项应根据合同及报价单、订单、付款请求书和发票，填写规定的表格，然后报财务部门。

5. 各部门向财务部门申请支出款项时，要由本部门主管和总经理签字认可。

6. 各部门管理人员做付款单时，必须使用公司规定的颜色塑料文件夹按规定程序进行传递。

7. 付款时间的确定：

（1）各部门的各项付款预定须在每周三中午12:30之前，将下周付款预借单送到财务部门所指定的盒子内。

（2）支出款项的现金付款时间为每周四下午14:00～16:00。

（3）支出款项的付款次序是上周三的预借单在本周四支付。

（4）急需付款的事项，需总经理签字批示方能付款。

（5）因业务需要需借备用金1000元以上的需提前三天向财务部门通告，以便提前准备。

8. 付款预借单的用途、付款要求及填写方法和规定。

（1）"业务付款预借单"要填写清晰。

1）用途：此付款预借单主要是用于购买、采购零件、办公、劳保用品、包装物、原辅材料，以及支付加工费等时，由经办人填写。

2）付款要求：

① 支付原辅材料、包装物、劳保用品款项时，必须附有本公司仓库保管员开具的"入库单"、订单，客户提供的报价单、付款请求书，符合国家规定的发票和与对方签订的购货合同。

② 支付零件、办公用品及日常消耗用品，如不开具"入库单"必须由验收人在物品清单上签字，且必须附内容填写齐全的购物申请单。

③ 如有多张发票需分别编号，逐一填写在相应的表格内。

④ 需通过银行划款的，应在预借单上注明对方的单位名称（全称）、开户银行、账号，并保证准确无误，以免公司汇出的款项由于上述原因对方不能收到，影响公司的信用。

3）填写方法及要求：

① 用红笔分别在付款预借单中圈出应付款单位，申请付款人所属部门、付款方式。

② 将所附发票用红笔编号另贴在一张纸上，附在预定表后，将编号用红笔填入表中。

③ 注明所预借款的付款时间。

④ 表上金额要与各附件金额一致，小计金额之和等于总计金额。如有千位要有分节号，如123，456.78，小数点、分节号要清晰；大写要用规范字来填写，壹、贰、叁、肆、伍、陆、柒、捌、玖、拾。小写金额、小计、总计前加"￥"符号，大写总计前划"〇"。

⑤ 付款预定金额不得涂改，如有错误，请申请付款人重新填写。

⑥ 发票要随付款预定及时附上，如不能及时取得发票的，要在表上注明原因及何时能取得发票。

⑦ 支付加工费，除提供订单、报价单、付款请求书及正式发票外，还必须提供经加工方确认的"委托加工结算单"。

（2）"个人经费支出明细表"要填写清晰。

1）用途：主要用于个人交通费、公务用车、送货用车、员工因公外出午餐补贴及其他一些办公费用。

2）付款要求：

① 交通费项目要注明乘车的具体事由，并按金额大小序列填写。

② 交通费以外的费用要在原始票据上注明目的和餐费及交际应酬费的人员与人数。

③ 办公用车、运送货物及员工因公外出补贴的经费预定表，由总务部门按照公司的规定填写。运送货物运费由仓储部门按照公司的规定填写。

（3）"差旅费报销单"填写要清晰。

1）要按格式要求填列，其所附票据要注明用款事由、人数、人员等。

2）出差补助要按公司规定，按标准计算填写。

（4）"购物申请表"的应用：

购物申请表是用于购买生活用品、固定资产及生产、办公临时急需的物品。在填写时，应注明所需物品的名称规格、数量、用途，临时急需物品应注明急需购买理由及购买时间，经总经理签字后方可购买。

1）购买后应按规定填写"业务付款预定明细表"，并按业务付款预定的管理规定申请付款。

2）付款预定表附件中的发票必须使用国家规定的正式发票，如不能取得正式发票的需由申请付款人写明原因，由总经理签字后方能付款。

3）财务部应做好票据的审核工作。

第五节　常见九种浪费

1. 制造过多的浪费

原因：没有事先制作好详细的计划，致使生产的半成品及最终产品积压，从而造成堆货、卸货、重复搬运，还会提前使用为生产下批产品准备的材料，致使下批生产原料不足。因而带来时间浪费、利息负担、增加库房占用使库房管理费用升高。

2. 等候时间的浪费

原因：生产安排不合理，造成在生产流水线运行加工中，后工序操作人员只是站着等候前道工序加工品的到来，从而造成时间浪费。

3. 搬运的浪费

原因：摆放位置不合理，造成搬运距离太长，所以先将物品暂堆放某处，再转移运输，因重复搬运造成浪费。

4. 人力浪费

原因：制造不良品无法使用，还要为退货烦恼，造成人力的浪费。

5. 加工本身的浪费

原因：使用不合格加工工具或不良原材料，使制作过程不能顺利进行，而造成时间及材料的浪费。

6. 存库过多的浪费

原因：存库过多将造成仓库面积增加，租金增加，还需要新购叉车及增加搬送人员、记账人员工作量的浪费。

7. 动作（重复）的浪费

原因：看上去操作人员很忙，其实有很多没有必要的动作（移动）造成时间、体力的浪费。

8. 制作不良品的浪费

原因：制作不良品造成设备、人、材料、返工的消耗及费用的浪费。

9. 检查的浪费

原因：检查本身是做不出好的产品的，如减少检查项目还能确保好的产品，这才是目标。

第六节　岗位职权职责

建立和完善公司岗位职权职责是一项重要的基础工作，现将某公司岗位职权职责有关内容提供给读者供参考使用。

一、总经理工作职权、职责

1. 职权

在董事会授权下，全面主持公司工作。

1）组织指挥公司的日常经营管理工作和对外业务工作。

2）在法人代表授权范围内代表公司签署有关协议、合同、合约和处理有关事宜。

3）负责组织体制和人事编制，决定公司中层及以下员工的聘请、辞退、任免、薪酬、奖惩，对中层以上管理人员的聘请、辞退、任免、薪酬、奖惩有建议权，最后由董事会批准。

4）审批在法人代表授权范围内相关财务支出。

5）与副总经理配合，审批公司目标、发展规划和各部门业务计划、规划，原材料计划和大型设备购置计划；审批采购物资价格。

6）与副总经理配合，审批公司产品标准、管理手册、管理程序、公司行政公文和有关人事、财务的管理制度。

7）董事会授权的其他事宜。

2. 职责

1）主持制订公司中长期发展规划和年度经营计划并组织实施，保证经营目标的实现。

2）指导协调公司各职能部门工作，考核各职能部门负责人，完善公司各项管理制度，保证公司管理体系科学、有效、高速运行。

3）致力于培育公司核心竞争力：质量、品牌、信誉；建设保证公司永续经营的企业文化：发挥供应商竞争性、发挥员工积极主动性、拓展客户市场多样性。

4）主持办公例会、管理评审会议、年终总结会议等。

5）及时处理好职权范围内的各项日常事务。

二、副总经理工作职权、职责

1. 职权

1）协助总经理主持公司日常生产管理工作，直接领导质量技术部、生产部、总务部。

2）根据订单产品预先的生产工作计划和总经理授权可下达相应生产制造命令。

3）审核分管部门的工作计划，人员配置方案。协助审核管理手册、程序文件、行政公文、人事管理制度。

4）审核技术文件、质量记录、除财务外（除由董事会/总经理授权）的管理文件；审批生产用品、用具申购。

5）提名所分管部门人员的任免、奖惩。

2. 职责

1）协助总经理制定公司中长期发展规划和年度经营计划及实施。

2）根据公司发展规划和年度经营目标，结合行业发展动向，建议/制定年度工作计划（含新产品开发计划、成本降低和技术改造计划、质量改进计划），并组织实施；根据年度工作计划和公司生产经营实际需要制定月度生产工作计划并组织实施。

3）协助总经理，负责公司质量管理体系的策划、运行、维护、监控、持续改进，尤其是生产现场的质量控制管理。

4）协助总经理进行进出口业务的管理和品牌质量维护，拓展公司产品出口业务。

5）配合总经理，组织出口产品的订单评审、认定；审核签发出口产品生产计划单；组织检查跟进原辅材料供应、工艺技术、生产、质量、包装、商检（如果有）、报关、发运的每个环节到位情况；做到万无一失，按时、按质、按量交货。

6）组织制（修）订公司各种管理手册、程序文件、技术文件、管理文件并监督执行。

7）组织协调生产部工作，保证生产计划和质量目标的实现；组织协调综合部工作，推动企业文化建设和员工综合素质的提高。

8）检查指导、帮助所分管部门主管工作；督导人事部做好劳动工资、绩效考核工作。

9）组织筹备各种会议、庆典、文体活动；做好来访客户的接待和走访客户工作。

10）完成总经理交办的其他工作。

三、总务（财务）部长工作职权、职责

1. 职权

1) 在总经理领导下，协调生产部、技术（品质）部工作，做好总务部的日常管理工作，各部门之间的协调工作、配套供应商管理工作、日常生产物资采购和订单管理工作、财务、仓库和办公室管理工作、劳动人事工作等。

2) 根据公司规定做好生产部及各分厂报送生产运营方面的数据（产量、材料消耗量、工位器具数量等）。

3) 其他职权：

① 劳保用品、办公用品发放标准的审批权。

② 公司工场以下人事的安排权。

③ 公司公文、合同、用印（由总经理授权）的审核权。

④ 对下属部门员工的作业调度、监督、考核权和奖惩建议权。

2. 职责

总务部长应组织本部门完成以下工作：

1) 根据出口产品月排产单和内销产品交货期，以及实际生产完成状态确定交货期，协同生产部编制周生产作业排产计划。

2) 报送每单出口产品到进出口公司或直接处理海关报单（适用于直接设立公司报关部门的情况），负责和进出口公司的出口货单日常事务。

3) 管理协调供应商供货关系，了解生产部原辅材料供应，了解生产进度，发现偏离计划及时协调生产部采取调度措施并报告总经理或副总经理。

4) 配合技术（品质）部的产品开发计划，完成相关工装、夹具等的准备、协调工作，包括相应的外协供应的联络工作。

5) 根据生产实际需要，进行全面市场调查，多方询价；根据采购规程拟定采购协议；根据总经理审核意见进行采购工作。

6) 对公司财务制度、办公室管理制度等进行管理，领导财务、仓库、办公室等工作。

7) 协助总/副总经理召开生产调度会和月总结会。

8) 完成总/副总经理交办的其他工作。

四、生产部长工作职权、职责

1. 职权

1) 在总经理领导下，有对生产现场有关人员、设备、工作时间、生产任务等的临时调度、调整权力。

2) 有权制止未经检验或检验不合格的前道工序产品进入下道工序，有权对不合格的材料、产品向生产部下达隔离存放指令，有权直接向总经理报告违反"不合格品控制程序"的情况。

3) 有对违规违纪员工按公司规定做出处罚决定（须按审批程序报批）的权力。

4) 有向总经理建议调整人事、申报员工奖励的权力。

5) 总经理授予的其他权利。

2. 职责

1) 贯彻执行生产计划、现场管理、外协管理及发货，确保生产部完成以生产指令形式下

达的日生产任务。

合理编排班组，安排维修人员工作，根据生产指令开出领料单领取辅助材料并发放。

2）配合生产总调度，根据年度、月度工作计划和公司生产经营实际需要制定月度、周生产工作计划并组织实施。

3）参与产品（尤其是新品试制）的工艺开发计划、技术改造计划、质量改进计划，并组织实施，实现过程的质量策划，落实质量控制各项措施，组织全面质量管理和全员质量管理活动，确保公司质量目标的达成。

4）对所有进入车间的材料/产品质量把关，及时向有关部门报送检验报告。不断提高检验操作水平，完善检验项目。

5）建立生产台账。每天统计登录投入、产出、废品数，随时根据需要向总经理或副总经理提供生产数据；按月收集、整理、归档生产部文件、资料。

6）按定制管理、5S要求搞好化验室、检验室环境。验收、保管化验设备、化学药剂，建立化验设备、化学试剂台账。

7）贯彻落实公司相关人事培训、设备管理、安全管理、质量管理等各项规章制度。

8）组织、安排员工思想教育、技术培训工作。

9）掌握员工思想动态，深入、细致地做好员工的思想工作，并定期向总经理或副总经理报告员工动态及员工意见和要求。

10）做好员工技术考核、绩效考核和考勤工作。

11）完成总经理或副总经理交办的其他工作。

五、技术（品质）部长工作职权、职责

1. 职权

1）在总经理领导下，配合生产部的生产安排，组织领导全公司原辅材料、工序产品、成品检验和日常质量管理工作。

2）对质检科质量检验员、材料检验员有指挥调度权；对生产科工序检验员、包装成品检验员有检查监督、业务指挥权和撤换建议权。

3）对生产班组有依据公司质量管理体系文件责令返工、报废、停产的处置权和质量奖罚建议权。

2. 职责

1）品质管理：

① 负责质量信息采集、分析、传递工作，按时报出月、季、年度报告；监控质量体系运行状况，按月上报质量分析报告。

② 组织领导质量检验员按检验规程对成品进行抽检，保证出厂产品质量合格率100%。

③ 组织领导材料检验员对进厂原辅材料进行检验，保证不合格原辅材料不投入生产；按检验规程对工序产品进行首检和监督抽检，保证不合格品不混入下道工序。

④ 保证检验数据准确、质量记录齐全、统计报表完整。

⑤ 负责检验规程的制（修）订草案编写。

2）技术管理、新品报价及开发：负责新品报价和技术研发工作；参与产品（尤其是新品）的工艺开发计划、技术改造计划、质量改进计划，并组织实施，实现过程的质量策划，落实质量控制各项措施，组织全面质量管理和全员质量管理活动，确保公司质量目标的达成。对生产

工序检验员、包装成品检验员的工作进行检查监督，进行技术指导、培训、考核。
3）计量管理：对生产用的计量器具检定、工装器具检验工作进行监督管理。
4）完成总经理或副总经理交办的其他工作。

第七节　工作报告要求

一、工作报告目的

工作报告是提供给各部门与相关人员的书面沟通文件，表达希望得到的协助，更好地完成任务。

二、写报告的原则

工作报告是写给别人看的，应让对方看清楚、看明白，因此在写报告时按照5W1H要求写清以下几点：

1）写清日期、时间。
2）写清地点、场所。
3）写清领导者及参加人员。
4）写清事件、议题，即交谈的内容、目的。
5）写清指导的目的是什么，从中获得了什么。
6）写清结果如何，即对有用实物或资料进行解释，用何方法、何种手段，结果处理等。

三、报告内容

主要写出在工作中发现了什么、存在什么问题、得到什么收获、有什么想法及改善的建议，以及工作中有哪些不足等。这就要求我们在工作中不但要注意观察发现问题，而且还要思考问题，不断提出疑问。有发现才能有新的想法，工作才能得到改善。

四、报告的格式

1）具体公司的全称或简称，如：TO：××。
2）具体接收报告之人或相关人员，如：ATTN（总经理）、CC（副总经理）。
3）编号，年份（如2009年为09）－姓名或部门（拼音缩写）－收件人姓名或部门－编号，如：09－ZW－PO－001。其中ZW是"总务"的拼音首字母；PO代表的是总经理（另：HM代表的是副总经理）；001的意思是当年总务部发同一人的第1号报告，编号是为了方便自己和对方的整理、查找、存档（如001、002等）。
4）日期，写清报告日期；如××××年××月××日。
5）落款（末尾署名）；无论是打印还是手写，报告末尾应有落款，即签名和所属部门，以表示礼貌。

如：--
------------------------。

谢谢！
（表示所述内容完毕）

祝好！

总务部×××
年　月　日

五、案例
1. 报告

TO：　　　　　　　　　　　　　　NO. 09-ZW-PO-001
ATTN：　　　　　　　　　　　　DATE：××××—××—××

您好！

1. ------------------------（小标题）

   ------------------------。

2. ------------------------（小标题）

   ------------------------。

3. ------------------------（小标题）
   ----
   (1) --
   ------------------------。
   (2) --
   ------------------------。
   (3) --
   ------------------------。

谢谢！

祝好！

总务部×××
年　月　日

2. 会议纪要

			批准	审核	编制

时间：_____ 地点：_____　　　　　　　　　No. _____

序号	项目	内容与要求	完成时间	责任人	备注

参 考 文 献

[1] WOMACK J P. 精益思想 [M]. 沈希瑾, 等译. 北京: 机械工业出版社, 2008.
[2] 毛清华. 精益经营: 比对手做得更好的法则 [M]. 北京: 机械工业出版社, 2009.
[3] 中国机械工程学会设备与维修工程分会. 设备管理与维修路线图 [M]. 北京: 中国科学技术出版社, 2016.
[4] 杨申仲, 等. 压力容器管理与维护问答 [M]. 2版. 北京: 机械工业出版社, 2018.
[5] 杨申仲, 等. 企业节能减排管理 [M]. 2版. 北京: 机械工业出版社, 2017.
[6] 徐小力. 机电设备故障预警及安全保障技术的发展 [J]. 设备维修与管理, 2015 (8): 7-10.
[7] 杨申仲. 设备工程师管理实用手册 [M]. 北京: 机械工业出版社, 2020.
[8] 杨申仲, 郑清春. 高等院校机械类专业实验实训教学基地环境建设要求工作指南 [M]. 北京: 机械工业出版社, 2020.
[9] 杨申仲, 李秀中, 杨炜, 等. 特种设备管理与事故应急预案 [M]. 北京: 机械工业出版社, 2013.
[10] 中国机械工程学会设备与维修工程分会. 设备管理、监测诊断及维修改造 [M]. 北京: 机械工业出版社, 2013.
[11] 杨申仲, 等. 工业锅炉管理与维护问答 [M]. 2版. 北京: 机械工业出版社, 2018.
[12] 杨申仲, 等. 数控机床管理与维护问答 [M]. 2版. 北京: 机械工业出版社, 2020.
[13] 王庆锋, 高金吉. 过程工业动态的以可靠性为中心的维修研究及应用 [J]. 机械工程学报, 2012, 48 (8): 135-143.
[14] 杨申仲, 等. 空调制冷设备管理与维护问答 [M]. 2版. 北京: 机械工业出版社, 2019.
[15] 杨申仲, 王玲, 栾大凯. 工程科技人才队伍建设 [M]. 北京: 党建读物出版社, 2016.
[16] 装备制造业节能减排技术手册编辑委员会. 装备制造业节能减排技术手册: 上册 [M]. 北京: 机械工业出版社, 2013.
[17] 装备制造业节能减排技术手册编辑委员会. 装备制造业节能减排技术手册: 下册 [M]. 北京: 机械工业出版社, 2013.